国家出版基金项目
NATIONAL PUBLICATION FOUNDATION

高校主题出版
GAOXIAO ZHUTI CHUBAN

"一带一路"系列丛书

"一带一路"国别概览

新加坡

李向阳 总主编

杨静林 编著 管木 审定

大连海事大学出版社

ⓒ 杨静林　2019

图书在版编目(CIP)数据

新加坡 / 杨静林编著. — 大连 : 大连海事大学出
版社, 2019.11

("一带一路"国别概览 / 李向阳总主编)
国家出版基金项目
ISBN 978-7-5632-3860-6

Ⅰ. ①新… Ⅱ. ①杨… Ⅲ. ①新加坡－概况 Ⅳ.
①K933.9

中国版本图书馆CIP数据核字(2019)第228792号

大连海事大学出版社出版

地址:大连市凌海路1号　邮编:116026　电话:0411-84728394　传真:0411-84727996
http://press.dlmu.edu.cn　E-mail:dmupress@dlmu.edu.cn

大连海大印刷有限公司印装　　　　　　　　　大连海事大学出版社发行

2019年11月第1版　　　　　　　　　　　　　2019年11月第1次印刷
幅面尺寸:155 mm×235 mm　　　　　　　　　印数:1～3000册
印张:15　　　　　　　　　　　　　　　　　　字数:227千

出 版 人:余锡荣　　　　　　　　　　　　　　项目策划:徐华东
责任编辑:宋彩霞　　　　　　　　　　责任校对:史云霞　张　冰
　　　　　　　　装帧设计:孟　冀　解瑶瑶　张爱妮

ISBN 978-7-5632-3860-6　　　　　　　　　　　　　　定价:75.00元

"一带一路"国别概览

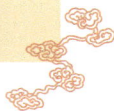

丛书编委会

总序

2013年秋，国家主席习近平在哈萨克斯坦和印度尼西亚出访期间，先后提出共建"丝绸之路经济带"和"21世纪海上丝绸之路"的倡议，倡导共商、共建、共享理念，得到国际社会广泛关注和积极响应。"一带一路"倡议旨在积极发展与沿线国家的经济合作伙伴关系，共同打造政治互信、经济融合、文化包容的利益共同体、命运共同体和责任共同体。

"一带一路"倡议源自中国，更属于世界，它面向全球、陆海兼具、目的明确、路径清晰、参与方众、反响热烈。五年间，"一带一路"倡议从理念转化为行动，从愿景转变为现实，在顶层设计、政策沟通、设施联通、贸易畅通、资金融通、民心相通等方面都取得了显著的成果，为实现世界共同发展繁荣注入推动力量、增添不竭动力。目前，我国已与100多个国家和国际组织签署了共建"一带一路"合作文件。共建"一带一路"倡议及其核心理念被纳入联合国、二十国集团、亚太经合组织、上合组织等重要国际组织成果文件。

"一带一路"沿线国家地理地貌、风俗人情、经济发展、投资环境各不相同，极有必要对其进行系统的介绍和分析。此外，目前针对"一带一路"沿线国家的研究仍不够深入，缺少系统、整体的研究资料。大连海事大学出版社组织策划的"'一带一路'国别概览"丛书（首批65卷）适逢"一带一路"倡议提出五年后下一个阶段深入推进的需要之时，也填补了国内系统地介绍"一带一路"沿线国家国情的学术专著的空白，获得了国家出版基金项目资助，并入选教育部全国高校出版社主题出版选题。

"'一带一路'国别概览"丛书（首批65卷）联合中国社会科学院、北京大学、山东大学、宁夏大学、广西民族大学、上海对外经贸大学、黑龙江大学等多家高校及研究机构编写，并组织驻"一带一路"沿线65个国家的前大使对相关书稿进行审定。本套丛书不仅涵盖了各国地理、简史、政治、军事、文化、社会、外交、经济等方面的内容，突出了各国与丝绸之路或海上丝绸之路的历史渊源，力争为读者提供全景式的国情介绍，还从"一带一路"政策出发，引用实际案例详细阐述了中国与各国贸易情况及各国的投资环境，旨在为"一带一路"的推进提供强大的智力支持，加快科技成果转化，促进合作人才培养，帮助我国"走出去"的企业有效地防控风险，从而全方位地助推"一带一路"建设。

"'一带一路'国别概览"丛书（首批65卷）的顺利出版得益于大连海事大学出版社的精心策划和组织，也凝聚着百余位相关领域专家学者的心血，在此深表感谢。

国家主席习近平曾深情地说："'一带一路'建设承载着我们对美好生活的向往，将把每个国家、每个百姓的梦想凝结为共同愿望，让理想变为现实，让人民幸福安康。"我们也希望本套丛书可以为"一带一路"建设架起一座沟通的桥梁，推动"一带一路"倡议在沿线国家向更深远和平稳的方向发展。

"'一带一路'国别概览"丛书编委会

2018年6月

前言

　　2013年,习近平主席提出"一带一路"倡议,赢得"丝绸之路经济带"和"海上丝绸之路经济带"沿线65个国家和地区的广泛关注。新加坡作为"一带一路"建设的重要节点国家之一,尤其重视在"一带一路"倡议下拓展中新合作的新领域、新高度和新内涵。新加坡作为亚洲"四小龙"之一,是东盟地区经济最发达的国家之一,中新两国在政策沟通、设施联通、贸易畅通、资金融通、民心相通等方面成为中国与"一带一路"沿线国家合作最为成功的典范之一。新加坡港和新加坡政府共管的马六甲海峡是"海上丝绸之路"的重要枢纽,也是东亚各国与欧洲、非洲的大宗货物海运的必经之地。

　　随着中新经贸关系的强化及外交对话的加强,新加坡在"一带一路"建设中起到了不可忽视的示范性作用,其重要意义表现在:一是早在秦汉时期,古代中国就通过海上丝绸之路开始与新加坡及周边地区开展友好的经济、文化交往。中新两国有着良好的合作基础,双边经济互惠互利及政治互信方面远远超过同一时期中国与东盟地区的其他国家。随着习近平主席"一带一路"倡议的提出,中新交流与合作更是以全方位、深层次的势头良好发展,中新双方贸易与投资结合度高,互为重要的投资、贸易伙伴。二是新加坡在东盟地区的诸多重要议题和区域制度建设方面具有重要的话语权,新加坡对"一带一路"倡议的态度影响着区域内其他国家的相关立场。而新加坡对东盟经济事务的参与在极大程度上也能影响中国同东盟的关系,新加坡一直以来是中国对东盟贸易的口转点,中新关系的发展进而影响到"一带一路"倡议在东盟各国的落地实施情况,如泛亚铁路、中新通道建设从海路和陆路加强了中国西南地区与东南亚的互联互通。三是中国与新加坡主体民族文化同源、民族同宗、血缘相近、语言相通、习俗相同,中新两国深厚的文化渊源成为双方"一带一路"合作的文化基础,双边文化交流增进了双方的政治互信,促进了国际大通道及天津、重庆、广州、苏州等示范产业园建设的蓬勃发展。四是中新两国外交关系有着良好的基础。多年来两国领导人保持亲密的交往，政治高层互动与对话从未间断，新加坡领导人为中国改革开放和廉政建设提供了宝贵的建议，加深了双边政治交往的信任。此外，中新两国不存在领土争端和重大冲突，一直以来新加坡充当了海峡两岸、中国与东盟国家及中国与西方国家对话的信使。

在推进"一带一路"建设的过程中，中国如何利用自身的优势，扬长避短，继续深化与沿线国家的睦邻友好关系，加强政治、经济、文化、安全等各领域的交流与合作，增加政治互信，有效推进合作项目的有效落地与实施是"一带一路"研究的重要内容。本书在参阅国内外学界对新加坡研究已有成果的基础上，结合新形势下国家战略的实际需要编写而成。本书分上、下两篇，共十三章，上篇系统性介绍了新加坡的地理、简史、政治、军事、文化、社会、外交、经济及对外经济关系等国情概况，下篇主要阐述了中新关系及"一带一路"倡议下中新经济合作等问题，详细介绍了作为"一带一路"沿线国家之一的新加坡的国情概况，侧重于在"一带一路"的视角下的全面阐述。本书编撰过程中，注重现状描写与分析有机结合、历史性与现实性相结合，运用新数据、新材料，力求做到数据翔实、内容丰富，使本书的内容更具时代性和可读性，起到知识普及和通识教育的作用。希望通过对本书的阅读，读者能了解到新加坡的基本国情和新加坡对"一带一路"的认知和立场，全面认识在"一带一路"倡议中新经贸合作、政治文化交流的现状趋势与发展潜力。

本书由广西民族大学东盟学院杨静林副教授主持编写，杨静林负责全书框架的拟定、指导全书的编撰、通稿和审稿工作。广西民族大学东盟学院硕士研究生魏梦豪编写第三章的初稿，叶智豪编写第四章的初稿，夏会儒协助第九章相关数据的收集工作。在本书编写过程中，课题组充分参考和吸收了国内外新加坡研究学者的最新研究成果和观点，并得到了国内外同行的相助和建议，对此表示由衷地感谢。

受资料和学术水平及知识结构等诸多因素的限制，书中难免有不当或疏漏之处，恳请国内外专家、学者对书中的不当之处提出指正和修改意见。

编　者
2018年9月

目录

● **下篇**

上 篇

第一章 地理

第一节　地理位置

新加坡在地球东经103°36′至104°36′、北纬1°09′至1°29′，在赤道至北136.8千米处，属东八时区。新加坡位于马来半岛最南端、马六甲海峡东口，北隔柔佛海峡与马来西亚毗邻，并有1 056米的长堤与马来西亚柔佛州的新山相通，南隔新加坡海峡与印度尼西亚廖内群岛最北的宾坦岛相望，东临中国南海，与加里曼丹岛相对，西濒马六甲海峡，是东南亚的心脏地带。从整个东南亚的地理分布来看，新加坡居于东南亚的中心，介于大洋洲和亚洲之间，扼住了太平洋与印度洋的航运通道——马六甲海峡的咽喉，是连接欧、大洋、亚、非四洲的海上交通枢纽，也是贯穿亚、欧、大洋洲的交通桥梁，其具有重要的战略位置。因此，新加坡素有"远东十字路口"和"东方直布罗陀"之称。新加坡岛与印度尼西亚廖内群岛之间的新加坡海峡是马六甲海峡的一部分，为国际海上航运系统中的重要环节，是世界上船舶运量最大的航道之一。在陆路运输方面，新加坡北部柔佛长堤与西马来西亚相连，建成后成为亚洲陆路交通的南端门户，经马来西亚、泰国、缅甸、印度、巴基斯坦等国可直达西亚，并与欧洲陆路交通相连。海陆空方面的交通十字路口均重叠在新加坡这一国际城市上，国际交通枢纽的中心是新加坡地理位置的显著特征。

新加坡面积为699平方千米，由主岛和其他63个小岛组成，海岸线长约197千米，新加坡岛占全国面积的88.5%，是新加坡领土的主体部分，其国土面积狭小，是东南亚11国中面积最小的国家。由于人口拥挤，新加坡政府从独立后一直实施填海造地工程，并持续到现在，在柔佛海峡一带的围海造地导致其国土面积大约增加了20%。

从所处的地理位置看，新加坡岛以外的岛屿大体分为北部岛屿和南部岛屿。北部十多个岛屿散布在新加坡岛东北角柔佛海峡的东端，其中德光岛、乌敏岛是较大的岛屿，南部40多个小岛散布在新加坡海峡的西部，其中包括圣淘沙岛、梅里茂岛、亚逸查湾岛、西拉耶岛、亚逸美宝岛、武公岛、小武公岛、巴威岛、苏东岛等。

新加坡本岛是政治、经济、文化中心，是新加坡最大的岛屿，位于马来半岛南端，全岛东西长42千米，南北宽23千米，面积为570多平方千米，占全国土地面积的92%左右。新加坡市位于岛的南岸中段，海港码头分布在南岸西段及北岸中段，国际机场在岛东端樟宜，与南北岸岛屿有轮渡联系。

第二大岛屿是北部岛屿群中的德光岛，面积约有17.92平方千米，基本是居民居住地，也是新加坡武装部队的军事实弹演习场地。第三大岛屿为面积10.14平方千米的乌敏岛，为新加坡的旅游胜地，岛上保留少量农业、果园、采集场和原始森林。岛上早年开矿留下的被废弃的矿湖、荒山与沼泽地，近年来被开发为体能训练的场地。第四大岛屿是位于南部的圣淘沙岛，其在英殖民地时期是英国海军基地，1972年被建为重点旅游区，目前是新加坡本岛之外发展得最完善的岛屿，也是新加坡最著名的旅游胜地，每年吸引近400万国内外游客，是新加坡旅游业收入主要来源地。

西部的裕廊群岛中有两个小岛分别租给莫比尔公司和壳牌石油公司。此外，英国石油公司在裕廊群岛建立炼油基地。三大跨国石油公司都在裕廊群岛建立庞大的炼油中心，使不生产石油的新加坡成为亚洲第二大炼油中心。

新加坡地理位置优越，海运、航空快捷，吸引了各大洲的转口贸易，成为一个重要的国际贸易中心，也是一个绝佳的供应链管理枢纽。

第二节　气候

新加坡距离赤道不远，虽然四面临海，但极少受台风影响。受季风影响，新加坡气候比非洲中部以及南美洲赤道型气候优越很多，新加坡属于热带雨林气候，气候温暖而潮湿，昼夜温差小。"常年是夏，一雨成秋"是对新加坡天气最好的概括。其气候特征有：

（1）常年高温，年均温约27 ℃。这是由于新加坡接近赤道，阳光直射的天数多。

（2）气温较差小，年较差仅1 ℃，日较差约有10 ℃。这也是由于接近赤道，气温随季节变化很少，加之受海洋影响，调节了气温。

（3）降水量丰富，年平均降水量约2 200毫米。因其临海，空气所含的水汽丰富，加之太阳辐射强烈，易形成对流雨。

（4）湿度高。以新加坡市为例，其常年降水丰富，无干季，相对湿度在80%以上。

（5）风向和季节划分不显著，一年受两种季风影响，天气稍有变化。总的来说，6月到9月受西南季风影响，较为干燥；11月到次年3月，受较潮湿的东北风影响，雨量多，可以说是湿季。一般在下午时降雷阵雨，平均气温在24~25 ℃。在4月到5月及10月到11月两个季风交替月里，地面风弱多变，阳光酷热，新加坡岛最高温度可达35 ℃。

总体而言，新加坡气候宜人，环境优美，故而有"花园城市"的美誉，是世界知名的旅游胜地。

第三节　地势地貌

新加坡地势起伏较为平缓，平均海拔17米，东部以及沿海地带都是平原，西部和中部地区是丘陵地。从地质上来看，新加坡岛中部由花岗岩和其他火成岩组成，它们之间有明显的界线，各地质构造的差异形成了不同的地形特征。

新加坡可划分为三个地形区：

（1）西部低丘浅谷区，是由中生代沉积岩构成，地质结构多为页岩、砾岩和砂岩，经过高温多雨的淋蚀，土壤多属砖红土，地势多呈山脊、陡崖以及谷地等景观，西南部有一些短峭壁和沿海浅谷。该区山丘高度平均在30米左右，其中以花柏山最高，约高105米。由于近年来该区裕廊工业区及住宅区的建设，一些小丘陵因作为填土方便建筑工程而被夷为平地，自然地貌改变了不少。本区域主要河流新加坡河向东汇入新加坡海峡，裕廊河向南注入森美兰海峡，蔡厝港河、克兰芝河以及丁加河都流入柔佛海峡。

（2）中部低丘陵区，是由火成岩构成，因耐风化作用，目前还保留一定的高度，这些山地平均高度在60米左右。例如武吉知马山就是本区最高的山丘，高177米，其他山丘如武吉甘伯高133米，武吉班让高132米，武吉万礼高129米。其附近山区的树林是新加坡天然动植物保护区。本区是新加坡全岛最高的部分，同时也位于岛的中央，成为新加坡主要河流的发源地和新加坡的水源区，如实里达蓄水池、庇亚士蓄水池和麦里芝蓄水池都是在河流上游筑水闸贮水而成。本区主要河流有实里达河、森巴旺河、方礼河，北流注入柔佛海峡；加冷河、黄埔河以及梧槽河，南流注入新加坡海峡。除了南部各河流域地区已开拓为建筑用途外，北部各河口仍为大片红树林沼泽地。

（3）东部平地区，包括东部的加东区、樟宜区、淡宾尼区、榜鹅区以及东北部的德光岛等地，本区地形更为低平，只有一些小丘，很少超过30米，地质构造多为冲击层，以砂砾为主。该区主要河流有实龙岗河以及淡宾尼河，流入柔佛海峡，勿洛河及芽笼士河流入新加坡海峡，已经大大地改变了原来的景观。

新加坡虽然只有197千米的海岸线，但是海岸性质却相当复杂，有人造海岸和天然海岸，人造海岸范围相当广，主要在岛的南部，如裕廊工业区的海岸，直至新加坡河口南岸、河口北岸以及东部沿海地区，都是经过人工改造的海岸。人造海岸的特征为海与陆相互邻接的地方全是坚固笔直的石堤岸。天然海岸主要分布在东、西两岸的全部以及北部大部分的海岸地区，这些海岸可分为红树林沼泽海岸及沙质海岸，前者多分布在西部及北部地区，后者多分布在东部。

第四节　水文

　　新加坡领土面积狭小，河流密布，但都很短小，最长的河流实里达河长也不过14.5千米，主要河流是新加坡河，其他较小的河流有克兰芝河、实龙岗河、榜鹅河等共32条主要河流。一般来说，各河的源头全是小溪，水量很小，可航行小船，各河的上源水源依赖雨水的汇集，无雨即干；河口地方依赖涨潮的海水。因此，新加坡各河上源的水是淡水，可是到了下游，因涨潮的关系，变成咸水。新加坡岛中部地区地势较高，河流都发源于中部，之后向四面八方流出。因此，新加坡的水系大致呈辐射状，如实里达河向东北流，实龙岗河向东流，加冷河、梧槽河向东南流，裕廊河向南流，丁加河、比力河、波扬河向西流，克兰芝河向北流。很多河流都被改造成蓄水池，为当地居民提供可饮用的水源。早在1969年，新加坡政府扩建了实里达河上游蓄水池和8座供水站。

　　新加坡在丘陵和山谷建有一些水库，如下庇亚士水库、上庇亚士水库、克兰芝水库、丁加水库等。尽管新加坡降水量丰沛，但由于新加坡是一个四面临海的岛国，国土面积小，岛上河流或湖泊稀少，淡水资源十分匮乏。在2003年联合国公布的世界水资源发展报告统计，在180个国家和地区中，新加坡因淡水资源缺乏，排在一百七十一位，与异常干旱的海湾国家和地区一起排在了最后十位。新加坡淡水供应量的50%～60%曾经由邻国马来西亚的柔佛水库经40千米长的管线引入，其他生活用水来自新加坡国内水库集水、淡化海水及再生水水源。新加坡淡水供应高度依赖外国，时刻面临着淡水供给困境和淡水安全危机。为了降低对外来水源的依赖，新加坡政府提出"四大水喉"的长期战略：一是蓄水区，二是外来水供，三是海水淡化，四是新生水。新加坡从历史上严重依赖外来水源，逐步完成淡水资源自足，还成为水资源管理和水务技术的输出国。

第五节   自然资源

新加坡植物资源丰富，产有木材、橡胶、椰子等农林产品。新加坡临近海洋，形成了其独特的植物资源和海洋资源，但矿产资源极其贫乏，只有少量花岗岩，渔业资源也不丰富。

新加坡温暖潮湿、雨量丰沛的热带雨林气候适宜植物的生长，已发现的植物物种达到2 000种以上。其中，橡胶树、椰子树是价值较高的经济作物，但现在种植量已经不大。随着气候变化、物种演变，有数百种植物已经灭绝，政府有意移入外来物种。据调查表明，1997年记录的新加坡植物种类中现在有443种可能已经绝迹，只剩下1 643种。自2002年以来，外来移入的植物从11种增加到90种。胡姬花（兰花）是当地著名的热带观赏性花卉，种植普遍，种类繁多，是新加坡重要的出口产品之一。新加坡已经成为世界第二大剪枝胡姬花出口国，其生产的胡姬花大量销往西欧、日本、澳大利亚和中国香港等地，每年出口创汇3 000多万新元。

新加坡森林主要分布在中西部地区、乌敏岛和德光岛，中部的武吉知马山位于武吉知马自然保护区内，是新加坡热带雨林最茂密的地方，另有中央集水区天然保护区和麦里芝自然保护区。19世纪初期，原始的热带森林基本完全覆盖了新加坡全境，随着居集人口的增加和城市化建设，原始热带雨林的面积不断缩减，在20世纪末，仅有23%的国土被森林覆盖或被设为自然保护区。到目前为止，大约有578平方千米的林地被清除，只剩下28.6平方千米，不到最初原始森林面积的10%。

新加坡土地贫瘠，可耕地少，只占国土面积的5%，依靠现代化密集的农业技术，50%的可耕地已成为水果、蔬菜的高产地。

新加坡矿产资源极其匮乏，除武吉知马和大、小德光岛产花岗岩外，几乎没有其他矿产。

新加坡虽然四面环海，但是沿海渔业资源并不丰富，渔业也不发达。而在渔业生产中，捕捞业所占比重远大于养殖业。从总量看，近年来新加坡的渔业生产规模呈缩小的趋势，捕获量总计在6 000~7 000吨。

新加坡国家公园局和新加坡国立大学从2010年起，对新加坡海域展开为期5年的海洋生物多样性调查，至2013年，科学家们首次发现新加坡海域有100种海洋生物。

　　新加坡动物资源中，还有一些家禽、家畜，如鸡、猪、牛、羊等。经考察，新发现了9种动物，其中包括4种哺乳动物，分别是红颊飞松鼠、针褐老鼠、凹面蝙蝠和百尾菊头蝙蝠。近一百年来，超过三分之一的动物物种已经在境内消失。新加坡现有141种哺乳类、爬行类和两栖类动物，其中有80种已濒临绝迹。野生动物主要集中在麦里芝自然保护区、武言知马自然保护区和义顺沼泽区。新加坡境内共有超过300座公园及4个自然保护区。

　　为了保护不多的动植物资源，新加坡在1993年实施"绿色新加坡计划"，设立自然保护区，国家公园局的法令规定，随意砍伐森林、破坏植物或捕杀自然保护区内的动物，将会受到最高为1万新元的罚款或6个月监禁的处罚。私自捕捉动物有罪，捕捉后即使把动物放生也要至少被罚款100新元。

第六节　行政区划

　　新加坡是一个城市国家，在行政区划上无省市之分，不设政权机构，由中央各部直接管理各项事务，设有公民资讯委员会、民众联络所、人民协会等社区组织，担负起准地方政府的任务，作为沟通新加坡政府与居民之间的乔梁。

　　新加坡社区发展理事会是在1997年大选之后成立的。2001年新加坡总理吴作栋宣布把全国9个社区发展理事会合并为5个社区发展理事会，并且委任全职市长领导5个社区。这5个社区发展理事会是按照地区划分，定名为东北、东南、西北、西南和中区社理会，其下包括55个规划区和2个集水区。

　　2015年新加坡政府对5个社理会进行了重新划分，分为29个选区，包括13个单选区和16个集选区。单选区有后港、先驱、裕华、丰加北、蒙巴登、盛港西、榜鹅东、武吉班让、波东巴西、拉丁马士、凤山、武吉巴督、麦波申。集选区有义顺、裕廊、三巴旺、蔡厝港、东海岸、西海岸、阿裕尼、宏茂桥、淡宾尼、马林百列、丹戎巴葛、碧山-大巴窑、荷兰-武吉知马、白沙-榜鹅、摩棉-加冷、马西岭-油池等地。

第二章　简史
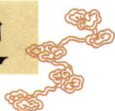

第一节　古代海上丝绸之路上的新加坡

新加坡最初是一个马来部族居住的村落，岛上原始居民是从马来半岛上迁移而来的原始马来人后裔，他们以捕鱼为生，用棕榈、竹枝结庐而居。从马来人流传的故事中可知，新加坡最早的名字是"单马锡"。一些往来的中国商人、阿拉伯商人将新加坡作为行程中的中转站和补给地。7世纪中叶，在苏门答腊岛上的巴林邦（今巨港）兴起了一个庞大的海洋帝国——室利佛逝，新加坡被纳入了其势力范围。

12世纪中叶，室利佛逝的王子圣尼·罗优多摩带着随从和武士来到新加坡建立城市，作为自己统治的王国，并命名为"信诃补罗"。从此，信诃补罗王朝作为室利佛逝王朝的分支正式建立。据《马来纪年》记载，从圣尼·罗优多摩在新加坡建国，狮城王朝共经历五世，统治123年。《马来纪年》中提及，在第二任国王在位期间（约14世纪中叶），新加坡已发展成为繁荣的城市，多国商贾远来经商。新加坡发展成一个国际性的商埠，史料记载："信诃补罗（古代新加坡）是一个大国，从各方来的商贾不可胜数，它的口岸、人口极为稠密。"马可·波罗记载，信诃补罗王朝所建城镇"大而美，商业繁盛"。造船与航海技术的进步，使地处东西方海上交通要塞的信诃补罗逐渐发展成古代海上"丝绸之路""香料之路""陶瓷之路"上的一个重要停靠站。每年的5—8月阿拉伯商人乘西南季候风驾舟东来采购香料和丝绸，每年的10月到次年的3月，满载中国丝绸、瓷器和香料的商船乘着西北季风西去。往来东西方的高船都会在新加坡避风、修补船只、补给淡水与食物、交换货物。这样一来，商船云集海港，也使新加坡的商人发财致富。他们买来中国的丝绸、香料群岛的香料、苏拉威西的燕窝、马来亚的金沙、苏门答腊的锡砂。他们建造了良好的栈房贮存这些商品。另外，不少随船而来的商人、僧侣、工匠上岸定居，或摆摊设市或传道讲经，古新加坡迅速从一个渔村发展成繁华的商港。王朝的国王具有至高无上的权力，国王以下的重要官员有盘陀阿罗（相当于宰相）、奔呼卢·盘阿里（财政大臣），以及其他各部大臣。国家中的阶级和阶层有贵族、商人及农民、奴隶等。国王拥有二三百艘武装船，管辖港口和海峡，句过往船只收取税金和贡品。13—14世纪初，新加坡已经是古代海上丝绸之路上的一个重要贸易中心。

从14世纪30年代起，信诃补罗王国遭到北面暹罗素可泰王朝军队和南面崛起的爪哇满者伯夷军队的多次入侵。特别是1377年和1391年新加坡两次遭到满者伯夷和素可泰王朝的毁灭性攻击。14世纪，元朝典籍《岛夷志略》证实古新加坡曾经受敌的情况，暹罗以70余艘来侵，攻打城池。古新加坡城镇被夷为平地，勃兴的马六甲取代古新加坡发展成为新的国际贸易港口。而古新加坡由于长期受到外来侵略者的暴力摧残，从一个独立国家变为廖内柔佛王国的属地。柔佛王国委派具有"天猛公"官衔的人常驻新加坡。新加坡成为马来亚联邦组成部分的柔佛土邦的属地，在政治、经济和地理上都和马来亚有着极密切的关系。

第二节　殖民者东来与英国统治下的新加坡港

16世纪地理大发现以后，西方列强为了资本的原始积累，扩大殖民势力范围，开始向东南亚地区扩张。由于往返欧洲和亚洲的航线太长，欧洲人必须在中途设立贸易中转站，为往来的船只提供补给。

❀ 一、英国殖民者入侵

英国的东印度公司于1818年派莱佛士在远东地区寻找新的贸易据点，以打通英国在欧洲到亚洲的商路，打破荷兰、葡萄牙、西班牙等国对东南亚市场的垄断，控制中、印之间海上交通与贸易。他在巡航中几经考察，发现新加坡具有独特的地理位置和发展港口的潜力。1819年1月28日，莱佛士率军舰和商船等登陆新加坡岛，2月6日，莱佛士施用种种手段强迫柔佛苏丹侯赛因签订条约，以租借的名义占据新加坡岛的一部分地区。条约的主要内容如下：（1）允许英属东印度公司在新加坡建立商馆；（2）苏丹和天猛公同意不和欧洲国家或美国签订任何条约，亦不允许其在领土内设立殖民地；（3）苏丹和天猛公停留在新加坡时，受到英国保护；（4）英属东印度公司不干涉柔佛内政或以武力维持苏丹的权力；（5）英国付给苏丹年俸叻币五千元，付给天猛公年俸叻币三千元；（6）天猛公收取土著船只进出港口关税金额的一半。莱佛士在新加坡河北岸建英殖民政府大楼，在新加坡河北岸建设护岸。1822年，根据莱佛士的授意，由杰克逊对新加坡进行了整体规划，新加坡河商贸航运功能的重要性提升，大量的商贸经济活动沿河孕育而生，促成了新加坡的早期开发与近代经济的发展。同时，英国成为新加坡唯一准许通商的欧洲国家。

1823年6月7日莱佛士又强迫苏丹和天猛公签订新约，迫使他们放弃征收关税权力，除保留他们拥有的房地产外，新加坡全境交由英国殖民者管理。为了与荷兰殖民地印度尼西亚雅加达港、西班牙殖民地马尼拉港进行竞争，获取海上贸易的优势，莱佛士宣布新加坡为自由港，废除奴隶制并消除不公平的现象，建立一种"能最大限度保证所有人的自由贸易和平等权利，能保护财产和人身安全"的管理方式。另外，他还实行零关税政策，对各国商品免税，外国商船进入新加坡港，货物加工、储藏、交易、装卸及重新包装，输入或输出货物一概免除税收。此时在东南亚，荷兰、西班牙等大部分殖民主义者实行保护主义，对外来商船征收重税，很快新加坡自由港的贸易优势突显，吸引了东南亚各地、中国沿海商船及西方国家的帆船前来，络绎不绝，新加坡转口贸易迅速发展，带来了新加坡港的商业繁荣。

1824年8月2日，苏丹和天猛公被迫同东印度公司签订条约，将新加坡岛的主权完全割让给英国，新加坡完全沦为英国的殖民地。1826年英国把新加坡同马来西亚的另外两个英属殖民地——槟榔屿和马六甲合并为海峡殖民地，新加坡成为海峡殖民地三块属地最繁盛的一块。1832年新加坡成为海峡殖民地的行政中心，1867年英国将海峡殖民地改为由英王直接统治的直属殖民地。

❖ 二、莱佛士治理下的新加坡自由贸易

莱佛士在新加坡拓殖，改良港口，修筑船坞，建设城市，兴修桥梁、医院、学校，发展商业市区，吸引马来人、印度人、中国人、犹太人等周边外来移民流入，新加坡的人口与商业增长迅猛。1827年新加坡人口不到1.6万人，1836年已增长到3万多人，到1860年增至8.1万人。华人成为新加坡社会中最大的群体，到1867年时，华人的数量占到总人口的65%。出入新加坡的商船总吨位在1824年只有3 500吨，1866年跃增为153万吨。港口原有的基础设施已经不能满足不断扩大的常住人口的日常生活与商业贸易的需求。莱佛士以"发展贸易"的需要为理由，进行城市扩建与改造，规划城市布局，疏通河道，建设港口，调解各个族群、宗教之间的冲突，利用法律来保障商业贸易，新加坡快速实现了商业上的繁荣。在城市建设方面，1823年1月1日，莱佛士颁布建设新加坡城的法令，将新加坡城划分成政府区、商人区、欧洲人区、华人区、印度人区，沿袭甲必丹制度，每个区任命一个领头的甲必丹。1926年莱佛士尝试以法律制度取代甲必丹制度管理新加坡，力图把英国法律中的所有精华都传到新加坡。在宗教方面，深信宗教对于人的陶冶作用，莱佛士鼓励不同族群的宗教文化信仰自由，各种宗教文化得以在新加坡和谐共存。在教育方面，他一手创办了莱佛士学院，培养当地的社会精英，依靠人才实现新加坡的长远发展。莱佛士的苦心经营将新加坡从一个小渔港变成了一个国际贸易的都市。它已经牢固树立自己的国际地位，成为东西贸易线路上重要的货物集散地、马来半岛与荷属东印度群岛之间贸易转换的中介，以及大英帝国最重要的商贸港之一。总之，新加坡的兴起是近代西方列强追逐"海上权力"的产物。地处东西方交通要道的优越地理位置使新加坡的发展具有了不可比拟的优势，加之，莱佛士较早地将西方的自由主义理念推行于新加坡社会经济的治理，确立了新加坡在世界贸易体系中的国际地位，促成了新加坡经济开放式的原则与模式。

英国殖民者将新加坡打造成一个国际化的贸易商港，建立军事基地，维系英国的远东殖民利益与统治秩序，英国在新加坡的殖民统治取得了巨大的经济、政治及军事利益。

首先，英国殖民者把新加坡作为东南亚地区掠夺自然资源、倾销工业品的场所。英国殖民者利用新加坡日益增多的过往船只进行的转口贸易，将来自周边群岛、马来半岛的初级产品，如香料、锡矿、橡胶等重要商品输出到欧洲、北美市场，将来自欧洲的资金和工业制成品输入新加坡，再分销到东南亚各地，从中获利。1921—1929年，世界各国特别是美国消费的锡和橡胶约有半数是从新加坡输入的。在大量掠夺自然资源的同时，英国殖民主义者还从国内运来大量工业制成品，通过转口贸易输往东南亚及远东各国。英国殖民者不仅从中获取巨额利润，而且树立和巩固了它对东南亚地区的垄断地位。

其次，英国殖民主义者把新加坡作为进一步进行殖民扩张的跳板。英国殖民者在新加坡立住脚跟后，立即向马来半岛扩张势力，利用马来半岛与新加坡在地理上、经济上的紧密联系，以收买、威胁和使用武力的手段，把马来半岛上诸多土邦变成英国的殖民地。到19世纪末，整个马来半岛沦为英国殖民地。同时，英国殖民者把新加坡作为跳板，向中南半岛地区渗透，发动英缅战争，筹备发动侵略中国的鸦片战争。

再次，英国殖民主义者利用新加坡所处地理位置的优越在岛上驻扎重兵，在新加坡建立了英国在亚洲最大的海空军事基地，维护其在亚洲地区的殖民利益。为了攫取更多的经济利益，英国殖民者将经营烟馆、赌场、妓院合法化，并收取营业税，造成底层民众生活的赤贫，使新加坡殖民社会贫富差距不断扩大，社会矛盾暗流涌动。1831年、1851年和1854年新加坡华人移民爆发了三次暴动，袭击了英国殖民警察署，捣毁契约劳工营房。为了维系英军庞大海外殖民地的开支，殖民当局开征税费，损害了新加坡民族商业利益，新加坡商会及不愿交税的民众与殖民机构之间矛盾激化，明争暗斗不断，1915年，驻新加坡印度士兵爆发一次以反抗英殖民当局的暴力统治为目的的大规模起义。二十世纪二三十年代新加坡工人力量壮大，不断发动有组织的罢工运动。1930年，马来亚共产党成立，坚定不移地领导工人和广大群众推翻英国殖民统治。在马来亚共产党的领导下，新加坡人民反殖、反帝斗争的规模日益扩大。

第三节　日本占领下的新加坡

　　1941年12月7日，日本偷袭美国的珍珠港，太平洋战争爆发。日军参谋部制定作战大纲，拟订进攻马来半岛和新加坡的详细计划。对于占领新加坡对日军的重要性，辻政信写道："攻下新加坡是整个南方作战的关键。"在日本的南侵计划里，新加坡是主要战略目标之一，夺取新加坡可使日军有效控制马来半岛和周围重要岛屿，并进一步占领印度尼西亚、澳大利亚、新西兰以及打开通往印度洋的航线。日军通过泰国向英属马来亚进军，在进攻新加坡前，炸毁了柔佛向新加坡输送淡水的水管，切断了驻守新加坡的英军的淡水供给，这使新加坡岛内百万军民难以持久防御，英殖民军队很快失去了抵抗能力。1942年2月15日，英军投降，新加坡开始了为期三年零六个月的日军占领时期。

　　日本接管新加坡之后，将新加坡改名为"绍南特别市"，建立殖民统治，将新加坡的工业、交通通信、商业和金融业转为为日本战争机器服务。日军大肆搜刮民财，滥发军用券代替英国货币，导致通货膨胀严重，物价飞涨；日军大肆掠夺，使新加坡经济瘫痪，工农业生产萎缩，私人企业基本停产，转口贸易停顿；日本建立同业行会以垄断供应短缺的战争物资，保证对军队的供应，百姓生活物资短缺；在族群政策上，日本采取分而治之的措施，政治迫害"马来西亚华人"，征收"奉纳金"；进行了大屠杀式的"肃清"行动，在刚占领之时，数以万计的华人被处死。据不完全统计，在日本占领期间，有2万~5万名华人华侨惨遭杀害。日本对马来人和印度人的政策稍微缓和些，对传统的马来领导人表示了一些尊重，并且在一些地区为年轻的马来人设立了特别教育项目，征召印度尼西亚的少数族群加入"印度国民军"。在教育上，推行奴化教育，鼓吹日本军国主义，推广日语，代替原来使用的欧洲语言。日本扫除马来亚英属殖民地经济上层结构，将所占领土融入"大东亚共荣圈"的政策使新加坡陷入了严重的困境。在新加坡活动的马来亚共产党领导了反抗日军暴行的斗争，1941年12月30日，以马来亚共产党为核心的各阶层群众参加的抗日义勇军成立，迅速发展到万人。1945年8月15日，日本宣布投降，9月5日，英国恢复对新加坡的殖民统治，实行军事化管理。

日本对新加坡的统治虽短，但对新加坡采取疯狂的经济掠夺，以战养战，实施杀鸡取卵、竭泽而渔的经济统制政策，隔断了新加坡与原宗主国及周边地区的经济联系，给新加坡的经济造成严重的破坏，酿成物价高涨、黑市猖獗、民不聊生的惨象，日占时期的经济管制的严酷程度远远超过了欧美殖民统治时期。

第四节　　自治时期的新加坡

战争后的新加坡城市被摧毁，经济凋敝，社会几乎处于瘫痪状态；战时日军的族群政策加剧了新加坡内部的民族问题，造成社会内部矛盾重重；新加坡的民族主义意识觉醒及战后要求独立与解放的左翼政治势力壮大，新加坡人要求结束殖民统治、国家独立的愿望越来越强烈；加之，受战争摧毁的英国已经难以维系战前马来亚殖民统治体系，无法用战前的英国殖民方式管理新加坡。

1946年1月，英国发表《马来亚的新加坡——关于未来宪法的声明》，即所谓"白皮书"，内容是把战前分散的海峡殖民地、马来联邦和马来属联合并成英属殖民地的马来亚联邦，新加坡从战前的海峡殖民地划分出来，成为英国的直辖殖民地。同年12月又发表《马来亚政制建议书》，成为马来亚政制改革的蓝皮书，其内容本质上与白皮书大致相同，不同的是马来亚联合邦代替马来亚联邦。1948年2月1日，英国当局宣布"新马分治"，取消海峡殖民地，将槟榔屿、马六甲和马来亚属邦一起组成"马来亚联邦"。"马来亚联邦"成立，新加坡正式成为英国直辖殖民地，马来亚联邦和新加坡都以英国女王委任的总督为最高统治者。1946—1948年，新加坡由富兰克林·金森总督委任的咨询委员会管理。在民族自决和反殖民主义的压力下，英国当局不得不考虑在新加坡建立自治政府的问题。1958年4月11日，英新代表签订《关于新加坡自治谈判的报告书》，规定英国允许新加坡在英联邦范围内自治，成立新加坡自治邦，享有管理经济在内的所有内部事务的自治权，但新加坡的外交和国防仍由英国掌管，英国在新加坡有驻军和军事基地，新加坡内部治安由英国、新加坡、马来亚联邦三方代表组成的内部安全委员会共管。同年5月，英国、新加坡代表起草和通过《新加坡自治宪法草案》，规定新加坡于1959年5月30日举行新的立法议会选举。人民行动党在此次选举中获得绝大多数席位。6月3日，新加坡自治邦正式成立，由人民行动党组成首届内阁，该党秘书长李光耀出任总理。自治邦的成立，标志着新加坡基本上摆脱了140年的英国殖民统治，开始国家发展的新里程。

第五节　新马分裂

　　1961年5月，马来亚联邦首相东姑提出的将新加坡、文莱、沙捞越、北婆罗洲和马交亚合并，建立马来亚联邦的计划，得到了新加坡的支持。新加坡自治邦总理李光耀亲自到吉隆坡讨论合并的条件，同意将新加坡的外交、国防和内部安全的权力交给马来西亚中央政府，但保留教育和劳工的地方自治权。1962年9月1日，新加坡进行全民公投，公投结果是同意新加坡自治邦加入马来亚联邦。新加坡加入马来亚联邦的目的之一是扩大经济活动范围。因新加坡是资源极其匮乏、市场狭小的小岛，需要广大的马来亚联邦市场与资源。1963年7月9日，新加坡、马来亚联合邦、沙巴、沙捞越四个地区代表在伦敦签署《关于成立马来亚联邦的协定》，规定新加坡、沙巴、沙捞越分别为马来亚联邦的一个州；英国继续保持在新加坡设置和使用军事基地及其他设施的权力；新加坡仍保有自由港地位，拥有劳工、教育和保障方面的自治权。1963年9月16日，马来亚联邦正式成立，新加坡成为马来亚联邦的一个州。

　　但马来亚联邦成立不久，便与印度尼西亚发生对抗，导致两国断交，双边贸易被禁止，这严重打击了新加坡的经济。而新、马领导人在中央政府领导人选、联邦中央议会议席分配、新加坡自治权益和经济贸易等一系列问题上出现分歧，致使新加坡的政局动荡不安，经济下滑。新加坡的一些知名人士和各阶层呼吁要求独立。

　　1964年马来亚联邦进行大选，以李光耀为首的新加坡人民行动党和联邦政府发生对立，特别是在新加坡接连发生华族和马来族之间的两次大规模种族冲突后，新加坡地区被宣布为威胁地区。马来亚联邦政府中央政府同新加坡自治政府关系越来越紧张。由于担心新加坡加入马来亚联邦将激化马来亚联邦内部的种族矛盾，引发冲突，要求新加坡脱离马来亚联邦的声音高涨。新、马双方分歧日益尖锐，无法继续合并。1965年8月7日，在英国政府主持下，英、马、新三方代表签订《1965年新加坡独立协定》，马来亚联邦正式通知新加坡，要求其退出。8月9日，双方同时宣布，新加坡脱离马来亚联邦，成为独立的国家。同年12月，新加坡立法议会通过宪法修正案，成立新加坡共和国，尤素福·伊萨出任总统，李光耀出任总理。

第三章 政治

从建国之日开始，新加坡在人民行动党的领导下走出了一条东西方政治制度与国家治理相融合的发展模式，实现了新加坡族群的融合、现代法治国家的建构，推动了新加坡由一个靠转口贸易的小港口发展成为世界著名的大港、"亚洲四小龙"之一，跻身发达国家之列。新加坡的成功与其独特政治制度的完善道路不无关系。

第一节　国家标志

1959年11月30日，新加坡立法议会颁布《新加坡国徽、国旗、国歌法》并开始实施，条例具体规定了新加坡国旗、国徽的使用规章，并对演奏国歌提出了要求。

一、国名

新加坡国名的全称为新加坡共和国。新加坡梵文意为"狮子城"，其中，"新加"是狮子，"坡"是由"坡拉"演变而来，是"城市"的意思。

古希腊地理学家托勒密曾称新加坡为"萨巴拉"，11—13世纪被称为淡马锡。关于新加坡国名的来源一种说法是来源于马来语的音译，意为"海上之城"；另一种说法是来源于爪哇语，新加坡主要的山脉武吉知马山曾产有少量的锡，在《航海图》中，把武吉知马山亦称为淡马锡；还有一种说法是新加坡意为"海口"或"海上之城"，指其临近马六甲海峡。

❖ 二、国旗

　　新加坡国旗又称星月旗。1959年11月，新加坡在英国殖民政府组织下成立自治政府，立法议会通过了以星月旗为自治政府官方旗帜的决议。1965年新加坡独立后它被选为国旗。新加坡国旗长与宽之比为3∶2，由上红下白两个面积相等的横长形组成，左上角有一弯白色新月和五颗白色五角星。红色象征人类的平等和友谊，白色象征纯洁和美德；新月象征新加坡是一个新建立的国家，而五颗星代表了新加坡国家的五大理想——民主、和平、进步、公正、平等。新月和五颗星的组合紧密而有序，象征着新加坡人民的团结和互助精神。

　　2004年之前，在新加坡政府建筑、军事建筑、教育院校门前均悬挂国旗，个人住宅和非政府组织只有在每年的八月才能悬挂国旗，以纪念8月9日新加坡国庆日。新加坡国旗允许在交通工具上悬挂，如汽车、船只、飞机，也允许用于戏服、服装上。2004年新修订的《新加坡国徽、国旗、国歌法》，放宽了对个人和非政府组织使用国旗的限制，允许个人住宅和非政府组织在特定情况下悬挂国旗。

❖ 三、国徽

　　新加坡国徽在新加坡正式独立之前是新加坡自治邦的邦徽，在1959年11月经新加坡立法议会通过。1965年8月9日，新加坡正式独立，其升格为国徽。新加坡国徽是以国旗图案为基础设计的，中心是红色盾徽，一轮上弯的新月托着排列成圆环的白色五角星，它的含义与国旗相同。盾徽两侧各有一只猛兽，左侧金色的鱼尾狮代表"狮城"新加坡，右侧带有黑色条纹的金虎表示马来西亚，反映了新加坡原来与马来西亚的联系。国徽基部是金色的棕榈枝和一条蓝色饰带，上用马来语写着"MAJULAH SINGAPURA"，中文意思是"前进吧，新加坡"。

四、国歌

新加坡国歌为《前进吧，新加坡》。新加坡国歌始创作于民族主义高涨的1956—1957年，词曲作者是音乐家朱比赛。1959年12月3日，在新加坡获得自治后的最高元首就职典礼上，其与邦徽、邦旗一起被列为自治邦的象征。1965年8月9日新加坡独立时，《前进吧，新加坡》被确立为新加坡共和国的国歌。部分歌词大意是：

来吧！新加坡人民，
让我们共同向幸福迈进；
我们崇高的理想，
要使新加坡成功。
来吧！让我们以新的精神，
团结在一起；
我们齐声欢呼：
前进吧！新加坡！
前进吧！新加坡！

第二节　　宪法

新加坡宪法是典型的民族主义国家宪法，即以民族主义为指导理念而制定并运行的宪法，是现代殖民地、半殖民地民族民主革命的产物，具有浓厚的民族主义色彩，既不同于西方资本主义国家宪法，也不同于社会主义国家的宪法，体现了民族主义的道德与思想意识。在宪法的具体体制上，新加坡宪法受西方国家宪法的影响，以西方宪政为模式建立本国的宪法体制。1963年，新加坡成为马来亚联邦的一个州，但是它拥有一定的教育、文化、经济自治权力。1965年新加坡退出马来亚联邦宣布独立，同年12月22日国会通过了《新加坡宪法（修正）法案》，并于之后不久又通过了《新加坡共和国独立法案》，把《新加坡州宪法》修改为《新加坡共和国宪法》，并规定马来亚联邦宪法中的部分内容对新加坡仍适用。从1965年新加坡独立到1980年，新加坡的宪法包含了三个基本文件，即《新加坡共和国宪法》、《新加坡独立法令》和马来亚宪法中适用于新加坡的部分。新加坡受英国殖民统治，新加坡宪法不可避免地受到英国宪法和《威斯敏斯特条例》模式的影响。同时新加坡从马来亚联邦独立出来，很多宪法内容与马来西亚有着十分密切的联系。宪法是新加坡的根本大法，在政治生活中具有至高无上的地位，宪法规定："新加坡是议会共和制国家，国家元首改称总统，立法议会改为新加坡国会，议会实行一院制，总统委任国会多数党领袖为总理，内阁集体向国会负责，立法、司法、行政三权分立。"

新加坡独立后的几十年，国内外政治、经济等各个方面都发生了很大变化，新加坡政府为了适应这种变化，也对宪法进行了多次修改，尤其是在1965年第八号法案放宽了宪法的修正程序，新加坡宪法极具柔性，也为新加坡政府频繁修改宪法提供了法律依据。1980年新加坡出版《新加坡共和国宪法》重印本，把三个文件融为一体。此后，新加坡的宪法几乎每年都有补充，经历几次大的修改。1984年新加坡政府成立了一个特别工作小组，对宪法修改和宪法改革进行研究。1988年，政府提出《宪法修正白皮书》，并让国会和社会各界开展讨论。1990年，吴作栋向国会提出新的宪法法规，并于1991年被国会通过。这次宪法修改最主要的内容是将总统由国会选举产生改为选民直接选举产生，任期从四年改为六年，并扩大了总统的权限。2001年，国会又通过宪法修正法案。宪法是新加坡效力最高的法律，它强制规定，任何与宪法冲突的法律都会被宣告无效。只有经超过全体国会议员中的2/3的人数投票通过，宪法条款才可以被修改。对于特别宪法修正案涉及寻求更改民选总统的自主权力范围和有关公民基本自由的条款，除了国会投票，还要求在一次性的全国公民投票中获得至少2/3以上的选票同意。

进入21世纪后，经济全球化带来的跨国移民与社会价值观的多元交融，新加坡宪法适应国际形势的变动不断被调整与完善。2004年

4月，新加坡修改宪法，规定具有新加坡公民身份的妇女在海外生育的子女只要出生日期是2004年5月15日当天或之后，就有资格成为新加坡公民。这项修宪让新加坡男女公民的后代享有平等待遇。在这之前，只有男性公民有资格为在海外出生的子女申请新加坡公民权。2008年10月，新加坡国会通过《新加坡共和国宪法修正法案》，扩大可动用的国家储备净投资收益的定义。法案通过后，政府可额外拨入相当于国内生产总值的2%的资金进行投资。2010年4月，国会通过宪法修正案，将非选区议员人数增加，让反对党的最少席次由现在的最多6席改为最少3席、最多9席，同时把政府指派的官委议员制度固定为永久制度，将单选区从9个增加为12个。新加坡自独立以来的50多年里，宪法被修改超过了40次，这在世界上也是罕见的。

新加坡作为移民及其后裔组成的国家，种族和文化的不同促使不同的宪法文化和宪法制度对新加坡宪法的建构，新加坡宪法的渊源呈现了多样性。由于早期殖民统治，新加坡在制宪的初期直接采用英国的法律制度，英国法体系对新加坡法治发展的影响十分广泛，直接构成新加坡法律制度的基础。早在海峡殖民地时期，以英王敕令的形式颁发的《海峡殖民地宪章》效仿西方三权分立的模式，构建起海峡殖民地完整的政府组织体系。第二次世界大战结束后，随着新加坡境内废除殖民统治的声音高涨，英国政府被迫公布了《伦德尔制宪报告书》，其后公布《新加坡自治宪法》。在宪法领域，虽然新加坡采用成文宪法，但除关于国家独立的规定的个别条款外，宪法条款的修改比较容易，实际上类似于英国的柔性宪法。新马分离后，新加坡独立，但马来亚联邦宪法仍保持强大的影响力，特别是在基本自由和国家紧急权方面，新加坡宪法明确规定可以继续适用。第二次世界大战后新加坡宪法受美国宪法的影响不断加强，特别是在宪法的最高法规性、正当法律程序的保障等方面，都借鉴了美国宪法的相关理念。此外，新加坡宪法很多内容直接受印度宪法的影响，如在关于公务员的相关规定、公民的基本自由以及国家的紧急权等方面的条款间接地来源于印度宪法。

《新加坡共和国宪法》突出加强了某些基本权利，如宗教信仰自由、言论自由和公民的平等权利。这些个人权利并不是绝对的。出于公共秩序的维持，道德良俗和国家安全的理由，它们也会被加以限制。除了少数族群和少数宗教群体受到了一般性保护之外，新加坡本土的马来人原住民的特别地位受到宪法明确保障。宪法还规定了国家的各个机构所具有的权力与职能，包括立法、行政和司法三方面。新加坡宪法共七编一百零五条，此外还有三个附表（各式宣词、效忠和忠诚以及公民资格）。

第一编"政府"，包括四章三十一条。第一章总统，规定总统的任职资格、产生的法律程序和职权。第二章伊斯兰教，规定设立总统委员会，处理伊斯兰教宗教事务。第三章行政机关，规定行政权力属于总统，总统任命国会多数党领袖为总理，并根据总理的建议任命部长，组成内阁；规定了内阁的法律地位和基本职权；同时规定设立总检察长一职，就总统和内阁交付的法律问题给政府提供建议。第四章关于财产契约和诉讼的能力，规定政府可以起诉和被诉。

第二编"立法机构"，包括31条。规定立法机关由总统和国会组成；规定了议会的产生程序、组成、立法程序、工作方式、议事规则、基本职权和议员资格。

第三编"公民资格"，包括17条。规定公民权的取得与丧失；公民享有的政治、经济、社会、文化权利以及宗教信仰、出版、结社和人身等方面的自由。

第四编"公共事务"，包括11条。规定公务员制度的基本内容，包括设立公务委员会作为实施公务员制度的机构，对公务员的选拔、录用、管理、考核、晋升、退休等做了明确规定。

第五编"财政条款"，包括6条。规定除经法律或根据法律批准者外，不得由新加坡或新加坡之用，征收任何国家税或地方税；国家设立统一基金，财政部部长应在每一财政年度结算前后向国会提出上一年度的财政结算和下一年度的财政概算，并得到国会批准等。

第六编"一般条款"，包括6条。规定保护少数民族和少数宗教集团的利益，规定了宪法的修改程序以及对宪法中一些重要概念的解释。

第七编"临时性和过渡性条款"，包括11条。主要是规定与1958年的宪法，即《新加坡自治法案》的衔接问题。

新加坡宪法渊源的多样性及独特的国家发展历史及法统的历史基础使新加坡的法律体系形成有机的统一体。新加坡宪法是西方的模式，但又大量充斥着东方的政治文化和理念，东西交融的模式使得新加坡宪法不断发展完善，并在实际运用中与新加坡的实际相结合，形成了具有新加坡特色的宪攻体系，为新加坡民主政治、经济发展和社会稳定提供了保障。

第三节　政党制度

　　新加坡虽然只是一个"城市"国家，但国家竞争力却一直处于世界前列，其强大的竞争力是各种因素综合作用的结果，富有效率的政党制度是其中一个非常重要的方面。无论从政党的产生还是从发展历程看，一方面，新加坡政党政治制度带有浓重的西方烙印，是从西方移植来的；另一方面，它的政党政治制度又是在东亚特定的政治、经济、文化土壤中生长和成熟的，带有地道的东方特色。是以，新加坡政党制度呈现出"一党居优执政、多党并存"的特征。

❀ 一、"一党独大"的政党体制

1.政党体制的形成

　　新加坡是在第二次世界大战结束后才出现政党的，各政党多以结束殖民统治为目标号召群众参与。1954年，新加坡人民行动党成立，该党成为新加坡历史上第一个独立性政党。其领导人李光耀看到了当时民众反对殖民统治的情绪高涨，因而采取了左翼的立场，争取到了下层民众的支持。1959年，新加坡的自治地位得到确立，人民行动党通过大选上台执政。人民行动党上台后不断扩大自己的力量，对内清除左翼派系，确立李光耀为首的主流派的统治地位；对外不断镇压和排挤其他政党，并在1958年的大选中取得全部议席，基本上确立了人民行动党"一党独大"的政党体制。人民行动党的长期执政地位是其在长久地励精图治、辛勤耕耘的基础上取得的，并且皆是由选民通过选举授予其国家权力的委托，具有执政合法性。

2.多党并存

　　除人民行动党外，新加坡政坛上一直存在着较多的"施加压力的政党"，目前注册的反对党有24个，其中工人党、民主党和新加坡民主联盟等政党具备一定的政治实力和参政能力。但自1959年以来的历届选举，人民行动党在国会中始终占据绝对优势，执政地位从未发生过动摇，而各个反对党由于过于弱小，人民行动党也一直提倡所谓"一个主要政党和几个小党并存"的模式，认为"这种政治哲学最能符合新加坡人的利益"。新加坡有定期举行的一人一票的全国公开大选，有合法存在的反对党，反对党可以独立宣布自己的政纲以争取选民支持，议会中的多数党有权组成政府施政，等等。

3. "一党独大"体制的发展

近年来，随着新加坡民主政治的稳健发展，人民行动党对反对党不再一味地施行打压政策，为反对党的发展留足了发展空间。1984年，新加坡国会出台宪法修正案，创立了非选区议员制度，为反对党对执政党发挥监督和制约作用提供了平台。在现实政治生活中，新加坡反对党也开始走向务实和理性，发挥监督作用并影响政府决策，督促人民行动党照顾社会底层民众的利益。值得注意的是，进入21世纪以来，人民行动党包揽国会全部席位的局面开始被打破，越来越多的反对党议员开始进入议会。在被称为"分水岭"的2011年的大选中，工人党在阿裕尼集选区竞选中首次击败人民行动党，获得了历史上第一个集选区选举的胜利，同时获得了一个单选区席位。2015年新加坡出现历史上"最激烈的大选"，反对党在所有选区向人民行动党发出了挑战，人民行动党不战而胜的局面一去不复返，而工人党保住了一个集选区的议员席位。这次选举再次验证了"新加坡式民主"的含金量，人民行动党和反对党实现了新加坡民主的双赢。在50多年的政治发展历程中，人民行动党在多党制的框架内不断主动引入民主和竞争的因素，不断消除自身的政治垄断性基础，实现了执政党与反对党的良性互动，形成了独具特色的政党政治模式，成为"新加坡式民主"的重要标志。

因此，新加坡"一党独大"体制下的议会民主制，一方面保持了政治上的稳定与行政运作的高效率，另一方面又通过程序民主的选举与反对党的合法存在，形成对执政党一定程度的监督与制衡。

❧ 二、人民行动党长期执政的原因

1.领袖魅力

从某种程度上讲，政党形象由其主要领袖的气质决定。政党领袖的特点越凸显，政党权威的依附性就越强。在新加坡第一代领导集体中，李光耀可以说是领袖中的领袖，在新加坡独立与建设中起着主导作用。独特的个人魅力和务实的行事风格为其在新加坡赢得了广泛的群众支持。他展现出来的领袖气质强化了人民行动党的内生权威和外生权威，使得人民行动党虽然历经分裂依然保持团结统一，得以在历次大选中获得胜利，长期稳定地致力于新加坡的经济腾飞和国家建设。得益于人才供给的保障，人民行动党在理论、组织和制度等方面拥有完善体系，各项政策能够符合发展趋势和现实需求，宣传效率较高，为人民行动党权威争取了雄厚的"散布性支持"，有利于人民行动党的长期执政。

2.威权主义政治

实行威权主义的政治制度，维护国家的稳定与思想统一，排除异己政治思潮的干扰，集中国家一切力量，强化政治统治的力量，发展经济，加速国家现代化进程，摆脱小国的不利局面，是李光耀政治战略的一个重要组成部分，也是新加坡政治形态的主要特点。人民行动党正规组织的最高一级是中央执行委员会。

3.党群联络

人民行动党通过加强党群联络，有效结合了民、党、国三者的利益。总理秘书隶属总理府，协助人民行动党政府同民众联络。随着新加坡基层组织分工逐渐细化，公民咨询委员会开始承担基层组织活动的协调工作。如1960年成立的人民协会已经成为新加坡官方基层组织的管理中枢。全覆盖的基层组织和定期召开的沟通活动发挥了上情下达和下情上达的功能，议员和基层党员成为为人民服务的先锋和表达民意的使者，增强了人民行动党的社会灵敏度，为人民行动党树立了亲民、爱民的形象。

4.廉政建设

"腐败是政府官员违背公约的准则以谋取私利的行为"，腐败是政治合法性最大的天敌。人民行动党执政下的新加坡政府非常重视自身的廉政建设，把为政清廉看作事关国家兴亡的首要大事，因此在政治发展中采取多种措施抑制腐败的滋生。第一，政治精英和政府首脑以身作则并廉洁自律。第二，建立健全一整套防止贪污腐败的制度，包括公务员的选拔和任用制度、严格的财产申报制度、法庭宣誓制度、品德考核制度、行为跟踪制度等。第三，制定和完善一整套反贪污腐败的法律条规和行为规范，其中最重要的是《反贪污法》和《公务员指导手册》。前者规定了详细的违法行为和严厉的处罚措施，后者则对公务员日常工作和生活做出严格的规定和限制。第四，建立和充实反贪污腐败的执法机构，严厉而又快捷地惩治贪污腐败。第五，高薪揽才、法治保廉、标本兼治，全力反对和避免金钱政治。新加坡政府正是以其系统和卓有成效的廉政建设，不仅赢得了国民的广泛认同，而且也使新加坡成为举世称赞的"廉洁之邦"。

第四节　　政治体制

新加坡的政治体制是议会共和制，总统为国家名义元首，由全民选举产生，任期六年。由总理任命的各部部长组成新加坡政府内阁，管理日常行政事务。新加坡国会实行一院制，任期五年。

一、国会

按照《新加坡共和国宪法》的规定，立法机关由总统和国会组成。但是总统的作用多是礼仪性的，并不拥有参与立法的实际权力，因此真正发挥立法机关作用的是国会。国会是最高立法机关之一，采用一院制，原称是立法会议，由普选产生。

新加坡国会设议长、副议长、国会委员会、国会秘书处等正式组织。议长在每一届新国会首次集会时选举产生，其职责是管理国会的日常活动，制定和实施国会的辩论规则，确定发言顺序，指导议事过程，负责维护国会的特权。新加坡国会的职权主要有立法权、决定权和监督权。立法权主要包括立法的创制权和讨论、修改、通过或不通过法案的权力；决定权就是决定国家重大政策的权力，主要包括制定国家重大政策部署、制定国家社会经济发展战略与计划的权力等；监督权主要是对政府财政的监督。国会的职权主要通过议员的活动来实现。新加坡效仿英国建立起议会制政体，议会是一切权力的合法来源，政府由议会产生并对议会负责，且接受它的监督。

新加坡宪法规定："议员必须是年满21岁的新加坡公民，由公民投票选举产生，任期五年。议员享有法律所规定的豁免权，其发言、表决不受追究，并拥有接受年薪和其他津贴的权利。"议员主要分为三种类型：第一类是普通议员或民选议员，这是通过选举即大选或补选产生的议员，这些议员要为各自的选区服务，一个议员只能代表一个选区。在2015年大选中，民选议员从全国13个单选区和16个集选区中由公民选举产生，集选区候选人以3~6人一组参选，其中至少1人是马来族、印度族或其他少数种族。第二类为非选区议员，他们不是直接通过选举进入国会的，并且不能代表选区参加某些法案的表决。非选区议员从得票率最高的非执政党未当选候选人中任命，最多不超过6名，以确保国会中有非执政党的代表。第三类是管委议员，他们不是由选举产生，也不为选区服务，而是由总统提名，任期为两年半，设置的目的是不偏不倚地反映无党派人士意见。

二、总统

总统是新加坡的国家元首，也是国家机构的重要组成部分，是新加坡国家权力的象征。1991年，新加坡议会修改了关于总统选举、任期和权限等规定，把总统由过去的议会选举改为全民直接选举，任期由四年改为六年。2016年11月新加坡国会通过宪法（修正）法案，改进民选总统机制并确保少数族群有机会当选总统。修宪后，如果连续五届总统选举，即30年内有某个族群代表没有当选总统，第六届总统选举只保留给该族群竞选。2017年9月，新加坡宣布举行总统选举，但仅限马来人参选。新加坡总统选举唯一候选人、国会前议长哈莉玛·雅各布自动当选第八任总统，她也是新加坡首位女总统。形式上，总统是最高国家权力的执行者，对内、对外总统都是新加坡的最高代表。但是，新加坡总统的法律地位与实际地位是分离的，总统只是没有多大实权的虚位元首。法律上，总统作为国家元首享有极大的权力，在立法、行政、司法上均处于最高的地位，但总统并不能单独地行使这些权限。

新加坡总统的职责有：保管国家储备金的第二把钥匙；委任获多数国会议员支持的议员为总理；拒绝解散国会；否决有关调整公积金投资等法案；否决法定机构和政府公司的预算；赦免死囚等罪犯，但须听取内阁的建议。例如，宪法规定总统有任命总理、最高法院院长、总检察长和公共事务委员会成员的权力，但是，总统任命的总理只能是议会中取得多数席位政党的领袖，而不能根据总统意愿自由任命。同样，其他人员的任命，总统也只是根据内阁（或总理）的提名履行程序而已。另外，根据宪法第五条第一款的规定，总统的国事行为，也只是依照内阁或在内阁正常领导下的部长的咨询意见行事。

❧ 三、政府

政府在新加坡国家机构体系中居于主导地位，对内，政府是最高国家行政机关，是议会的执行机关，管理一切社会公共事务；对外，政府代表新加坡共和国处理国际事务，与世界各国保持和发展国家间关系。

新加坡政府由总理、副总理、各部部长、政务部长和政务次长组成，一般任期与议会相同，均为四年。但是，如果议会通过不信任案，政府有可能提前结束任期。新加坡政府下设15个部门，包括国防部，内政部，外交部，贸易与工业部，财政部，国家发展部，交通部，人力部，教育部，新闻、通信及艺术部，卫生部，律政部，环境发展部，社会发展部，不管部。

新加坡政府组织形式采用内阁制，主要有以下特点：行政大权集于内阁，特别是总理手中；内阁总理一般由在议会中占多数席位的政党领袖担任，内阁成员通常应为议会议员，由总理提名组成内阁；内阁总理和有关部长定期向议会报告工作，集体对议会负责；议会对内阁表示不信任或通过不信任案时，内阁应当集体辞职，或者提请总统解散议会，重新举行大选，但是如果新选出的议会仍对内阁通过不信任案，内阁就必须立即辞职。

新加坡政府的职权由宪法和政府组织法规定，主要包括以下几项：首先，制定政策，保证法律的贯彻执行，管理全国的公共行政事务。其次，提出各类法律草案，提请议会讨论通过。再次，管理国防及国内社会治安，领导全国的武装部队及警察部队。此外，处理外交事务，发展与世界各国的友好合作关系，为新加坡的经济发展提供良好的国际环境；编制并组织实施经济社会发展战略和国家财政预算，设立法定机构，直接参与经济发展过程；制定行政法规、任免政府官员等也是新加坡政府十分重要的职能。这里应当特别指出的是新加坡实行的是政府主导型的市场经济模式，政府对经济发展过程干预力量十分强大。政府除通过法定机构直接管理经济发展过程外，还通过财政部、国家发展部等部门和国有企业直接参与社会经济活动，控制着国民经济命脉。因此在新加坡，政府管理经济的职能非常重要，几乎一半以上的政府活动都与社会经济活动相关联，这也是新加坡政府职能的一大特色。

四、司法机关

新加坡司法体系的建立最早可追溯到 1867 年海峡殖民地的成立。根据殖民地宪章，海峡殖民地组建成立法院和总检察署。从此以后，这套司法体系一直延续至今，这期间虽然做了一些调整，但总体框架基本没有变化。

1.新加坡的法院结构

现行的新加坡宪法中并没有法院组织的内容，这部分制度的主要依据是 1867 年以来一直适用的《法院组织法》。根据该法，新加坡法院设两级，即最高法院和初级法院，但涉及三个审判层级。需要特别指出的是，由于新加坡国土面积小，即城市国家，因此，与一般国家法院分为地方和中央两级不同，新加坡法院没有中央与地方之分，只有高级与初级之分。最高法院由高等法庭和上诉庭组成，也就是说最高法院本身就有两个审判层级。从人员的角度看，最高法院由首席大法官、上诉庭法官、高等法庭法官和司法委员组成。新加坡具有普遍管辖权的基层法院被称为初级法院，下辖地方法庭、推事法庭和几个专业法庭，如小额索偿庭、家庭法庭、少年法庭、交通法庭等。

2.新加坡总检察署

新加坡的检察机关为新加坡总检察署（简称 AGC），新加坡总检察署只是设在内政部下的一个行政部门。

新加坡的检查制度是总检察长负责制。总检察署是新加坡司法体系中的重要组成部分。其下设 3 个部门：立法处、刑事处和民事处。总检察署由正副总检察长、检察官和其他附属人员组成，并且实行总检察长负责制，总检察长同时也是新加坡政府的首席法律顾问。此外，总检察署严格奉行检察权独立的原则，通过特殊的检察官委任和遴选制度、特殊的薪酬和评价考核机制，使得新加坡检察机关的独立性得到了充分的保障。总检察署除了履行对犯罪行为提起公诉的职能以外，它的主要任务还有：为新加坡各政府部门提供法律咨询和负责法律事务，为各政府部门解释和分析法律，以确保各政府部门正确地依法行事，依法治国。此外，总检察署也负责起草法律。

第五节　新加坡政治发展历程

　　独立以来，新加坡在人民行动党的领导下走出了一条东西方制度和文化融合下的政治发展道路。新加坡50多年的政治发展主要经历了两个主要时期：李光耀时期和后李光耀时期。这两个时期的交替是和平和有序的，而不是通过革命、暴动或者群众运动而实现的。这种和平有序的交替反映了政治发展的延续性和继承性，也推动着新加坡从威权政治向民主政治的转型。

一、李光耀时期：威权政治

　　独立以来，基于自身历史和现实需要，新加坡逐渐建立起介于有限极权与有限民主之间的威权政治体制。

1.威权政治形成

　　第二次世界大战结束后，东南亚地区以其独特的地理位置成为美苏两国进行争霸的重要区域。在冷战格局中，东西方两大阵营对立。新加坡是以华人为主体的国家，因此受到了周边的印度尼西亚以及马来西亚等国家的敌视。相比于其他东南亚国家，新加坡由于所处的政治地缘环境以及外向型经济发展特征，使得新加坡在复杂的国际环境中显得无所适从。新加坡自治后，自治邦政府掌握的权力并不完整，英国依然掌握着新加坡的防务以及外交大权。新加坡本国并没有建立军队来实现对本国安全的保障。1963—1965年，新加坡加入了马来亚联邦，后来又独立出去，这使得新加坡更加孤立无助。1968—1971年，驻新加坡的英国军队逐渐撤离，使得新加坡丧失了最基本的安全感。在这种复杂的国际政治环境中，新加坡的政治精英终于觉察到，要想使新加坡在如此复杂的国际政治形势下得以生存并实现进一步的发展，首先应当构建一个具有强大凝聚力的政府来确保新加坡的基本安全，从而实现新加坡政治的稳定以及经济的发展。此外，错综复杂的国际环境是使新加坡威权政治产生的促发因素。

一方面，英国政治制度遗留的影响。新加坡自1867年开始便是英国的直属殖民地，由伦敦殖民公署直接进行管辖。直到1959年，新加坡才彻底摆脱了英国的殖民统治，实现了基本的独立与自治，但是长达一个半世纪的英国殖民统治给新加坡带来的影响是深远的，给新加坡在经济、政治以及社会发展的各个层面都烙上了深刻的印记。英国人的殖民所采用的总督集权制以及威斯敏斯特民主制给新加坡后来的威权政治的树立带来了深刻的影响。

另一方面，华人政治理念传统的影响。新加坡精英民主政治的形成，与其传统儒家政治文化的影响不无关系。尽管英国在新加坡进行了140多年的统治，但仍然无法抹去新加坡社会东方文化的底色。因为殖民时期的国家与社会、社会的上层与下层是分离的。上层的文化很难形成对下层文化的有力冲击，尽管这种冲击确实存在；同时，大多数华人移民是在殖民统治的中后期涌入，他们受西方文化影响的时间并不长，而中国传统儒家文化的影响在华人中却根深蒂固。传统儒家思想中典型的忠君理念以及皇权专制理念等儒家政治文化在新加坡经过长期的体验和教化后，形成了一种独特的"整体号召机制"，使人民行动党可以充分地调动潜涵于新加坡的传统政治文化因素，实现社会和政治力量的整合。从一定程度上来说，新加坡建国之后的人民行动党政府就是依托儒家传统思想中的"家长制"理念创新形成了开明型的威权主义家长制管理政府，一方面扮演着"慈父"的角色，对外打造按照民主程序并且开明施政的政府形象，另一方面扮演着"严父"的角色，运用铁腕政策与权威要求社会民众的完全服从。

正是在这种国内外因素交织的政治环境下，新加坡的威权政治才得以产生，为新加坡的发展提供了体制保障。

2.威权政治取得的成就

新加坡确立的威权政治对维护新加坡的政治稳定、族群融合、公民国家的建构，集中力量，发展国家经济，发挥了重要的作用，成为全球现代化国家最为成功的案例，创造了新加坡奇迹。

第一，强化了新加坡国民公民的身份认同。新加坡政府还进行了全民范围内意识形态的重塑，使广大民众认同并服从国家政治体制的管理，充分运用意识形态领域的作用确保广大普通民众对人民行动党的忠诚度。新加坡政府的目标是实现普通民众对威权主义政治体制的支持。李光耀治理时期，儒家传统文化理念被威权主义政府通过广泛宣传的方式进行针对广大民众的价值理念灌输以及意识形态的植入。20世纪90年代初期，吴作栋上台成为新加坡政府的总理之后，在李光耀时期宣扬的儒家传统文化基础上，构建了更高层次的"共同价值观"体系，即"亚洲价值观"。其核心是国家至上，其根本目标是求同存异，最终实现社会的和谐。吴作栋政府通过"共同价值观"构建起了整个新加坡民众的国家层面的意识体系，有利于促进各民族之间的不断融合，在弱化民族特征的基础上强化民众的国民身份，以实现新加坡经济社会发展的长治久安。

第二，为实现国家现代化奠定了坚实的政治基础。新加坡的政治体制具有较高的制度化水平，其法制建设非常完善，对于法律的执行也是公正严明的，特别需要指出的是以人民行动党为主导的政党体系。一方面严禁任何有损于人民行动党政府及其领导人威信的言行；另一方面则是不断完善人民行动党及政府本身。如：建立廉洁而高效的政府，广纳贤才，政府领导人团结一致，政府制定政策时尽可能考虑全体人民的需要和利益，领导人自我提升，保持人民行动党政府的活力等。尽管人民行动党建立起来的威权政治及强大政府是以牺牲一定程度的民主为代价的，但它为新加坡带来了相当长时间的政治稳定和经济繁荣，为实现国家现代化提供了良好的社会环境。

第三，创造了国家经济发展的奇迹。新加坡政府自上台以来就坚持推行"经济先行，民主渐进"的国家发展战略，人民行动党的领导者一直以来将经济的发展作为国家发展的首要目标，认为只有经济发展了才能实现真正的民主。在国家经济的发展方面，新加坡威权政府既尊重市场经济发展的必然规律，又保持了政府对经济发展的适当干预。在人民行动党执政新加坡的几十年间，人民行动党始终将经济的繁荣发展作为首要任务来完成，并通过三次产业结构调整使得新加坡的经济发展实现了翻天覆地的变化。20世纪60至70年代，新加坡威权政府实行了第一次产业调整，依托劳动密集型产业开展出口，逐步实行外向型经济的发展模式，同时出台多项政策引进外资，经过这一次的产业调整，新加坡迈入了新兴工业化国家的行列；20世纪70年代末至80年代中期，新加坡威权政府实施了第二次产业结构调整与升级，着重发展了技术密集型产业，积极推进生产技术与工艺的不断升级，加大对高精尖技术产业的扶持力度，逐步替代原有的劳动密集型产业。经过第二次产业结构调整，新加坡进入了建国历史上第二次经济腾飞的黄金时期。20世纪90年代，新加坡威权政府开展了第三次产业结构调整，主要是发展具有高科技性与高增值性的信息产业，并且对金融、旅游、医疗等服务行业的发展给予了极大的支持，保持了新加坡经济发展的强劲势头。

二、后李光耀时期：民主转型

进入21世纪以来，国际民主化浪潮的冲击，加之近年来由于经济发展带来的社会阶层分野，让新加坡的政治稳定遭遇到了多重阻力，为新加坡的政治发展带来了挑战，推动着新加坡政治的民主化转型。

（一）民主转型的原因

1.国内因素

一方面，反对党的实力不断增强。20世纪80年代中期以来，人民行动党适当放宽了对反对党的限制，使反对党在国会中也能有一席之地。之后，反对党政治实力的不断增强，加上民众对于政治多元化和分权制衡的强烈呼吁，为新加坡政治发展带来了更多的不稳定因素。另一方面，多元政治诉求。20世纪80年代以来，随着工业化进入高潮和经济的高速增长，中产阶级逐渐形成。与此同时，中产阶级政治参与意识增强，政治民主化的需求日渐凸显。虽然新加坡已经构建了人民行动党主导下的社会基层组织系统，但大量的中产阶级民众仍希望通过政治选举程序之外的各种独立的非政府组织和利益集团来施加政治影响力，包括消费者组织、宗教团体、妇女组织、学生组织以及各类专业协会等。而且于新加坡公民的政治自由和政治权利相较西方自由民主国家还有一定的差距，年轻一代对于要求得到更多民主和人权的呼声更强。另外，日益扩大化的社会分层使新加坡的政治精英模式面临新的挑战。依照新加坡现有的政治精英培养模式，政治精英受到重点培养和眷顾，但精英之外的大众则被相对忽视，上升的通道变窄，政治精英与中下层民众之间的鸿沟扩大，培养政商精英的机制已经被部分民众质疑为"服务于特权阶级"，权力精英执政的民意基础就会动摇。为此，新加坡第二代领导人吴作栋曾发出警告：即将"接班"的第四代领导人必须建立一个更具包容性的"千禧一代"团队，在确保精英政治不会偏离目标的同时，努力避免社会阶层的分化。

2.国际因素

"长期以来，在经济发展方面，新加坡政府强调引进外来经济力量的重要性，但在政治与社会方面，新加坡政府则严斥外来势力对新加坡内政的不当干预。20世纪80年代中期，第三次民主化浪潮席卷东南亚国家，并呈多米诺骨牌效应。西方民主浪潮的冲击之下，"新加坡式民主"饱受西方国家的指责，并引发了新加坡民众对现行民主发展模式的质疑和不满，衍生出了以实行两党制、变革选举机制为声音的政治诉求和呼吁。随着互联网和新媒体的兴起，政府对民众的控制力也在逐步弱化。受国际政治思潮的影响，新加坡的政治体制承受到了巨大的压力。如2016年国际社会"黑天鹅"事件频发，西方国家民粹主义思潮泛滥，给开放性极高的新加坡带来一定的挑战。尤其年轻一代政治精英深受西方民主政治文化的影响，新加坡威权政治的根基正在松动。

（二）民主转型的两个分期

李光耀在担任了31年的总理后，于1990年卸下总理一职，让位给他的接班人吴作栋，可以说，这是新加坡精英民主政治的正式开端。吴作栋任总理14年后把职位交给李显龙，权力顺利交接，精英民主政治持续发展。

一方面是吴作栋时期的延续与创新。在李光耀时期，践行的是一种实用理性的执政理念，它不分中西，不限左右，只是以是否符合新加坡政治发展的实际为根本标准。吴作栋时期继续延续了这种实用理性主义的理念，既保留了李光耀时期"家长制"的优势，又不断开放创新，推动了新加坡威权政治向民主政治的转型。

吴作栋在继承李光耀实用理性的基础上，对新加坡民主建设有了更多的倾向与侧重，在想方设法保持经济健康快速发展的同时，行政上体现出更为协商、更为平等的方式与作风，实行了许多具有新意的民主行政举措。首先是营造"社会开放、管制宽松"的行政环境；其次，吴作栋政府还创立了"引导正确、参与积极"的行政文化；最后，吴作栋政府还创制了"价值合理、运作规范"的行政程序。在此基础上，吴作栋所注重的是较为法治、讲究规则、依照程序，这是一种程序性民主的体现，即吴作栋时期更注重民主过程的先后顺序及其相关制度性规定，强调民主的机制、规则和程序。综上，吴作栋政府时期，保证了政治的稳定与发展、经济的繁荣与增长及社会的进步与和谐。新加坡的精英民主政治最终形成并逐渐发展起来。

另一方面是李显龙时期的渐进民主。李显龙是新加坡第三任总理，他主政时期推动了新加坡政治民主化的进一步发展和提升。首先，李显龙注重政治制度的自我革新，在现有的政治制度中融入了更多的民主和竞争因素。如2015年大选，李显龙缩小了集选区的规模，要求每个集选区的平均人数不多于五人，并要求至少有十二个单选区；其次，李显龙在其任内大力推动了新加坡协商民主和参与式民主的发展，他在初任总理的讲话中明确表示"将亲民与开明的作风作为未来政府的施政风格基调，将开放的进程继续保持下去"。李显龙领导改革和完善了民情联系组的各项职能设置，民情联系组成为新加坡民众表达自身利益诉求、对政府政策提出意见建议的有效平台，这有利于拉近政府与民众的距离，扩大民众的直接政治参与，让政府在决策时吸纳民意，切实维护广大民众的切身利益，从而促进新加坡多元民主社会的和谐、繁荣和稳定。与此同时，公共咨询成为李显龙执政时期民众议政和政治参与的重要途径。最后，李显龙政府与民众之间在自媒体平台上的沟通和互动推动了新加坡政治民主化进程的发展，畅通了民众和政府的双向沟通渠道，推动了在自媒体下公民的政治参与。如2011年大选首次开放网络竞选，李显龙本人在社交网站上直接与选民对话。在新加坡公共媒体大发展的环境下，新加坡政府和民众之间的沟通形式呈现着纵横多向立体发展的态势，信息实现了前所未有的透明化和公开化。沟通主体和客体可以互换，双方均可以进行信息的输入和输出，实现了真正的民主沟通。

综上，在世界民主化的浪潮中，"新加坡式民主"通过创新的制度设计和价值融入实现了东西方文化和制度的融合。随着时代的发展，新加坡精英政治结构日渐完善，推动着新加坡社会的发展。

第六节　新加坡政治发展面临的挑战

进入21世纪以来，西方民主化浪潮的冲击和国内政治生态系统的演变，使得新加坡的政治发展面临着多维度的挑战。

一、政权合法性

所谓政权合法性是指政治权力在社会进行政治统治或政治管理时如何得到社会和民众认可的问题。从新加坡政治几十年发展历程来看，人民行动党占主导地位，且已执政60余年。人民行动党执政中最主要的合法性来源是有效性，即经济的高速发展和政治社会的稳定。由于人民行动党执政的较高有效性，人们对其产生了普遍的认同感。但是，过分注重和依赖执政的有效性来增加自身存在的合法性并不稳定，带有很大的随意性，这种有效性不能成为一种根本性的政治合法性基础。合法性过多地建立在政绩之上，而政府如果没有好的成绩，将失去合法性；如果政绩好，培育出中产阶级成熟的生长环境，也有可能失去合法性。由于人口老龄化过重的问题，新加坡近年劳动力不足，社会保障制度稍显不足，国家大选中人民行动党的得票率降至60%，为建国以来得票率最低水平。进入21世纪后，随着信息网络与民主政治的发展，人民行动党制度化、强制性权威的局限性日益凸显。与此同时，社会化、非权力性权威因未能有效呼应民众吁求而摇摆波动。如果人民行动党失去了权威，丧失了国家层面和社会层面的影响力，其将面临丧失执政地位的危机，更谈不上政党功能的发挥，新加坡也会因失去领导中枢而变得混乱，甚至引发现代化中断。特别是在李光耀去世后，后李光耀时代正式拉开帷幕，领袖的吸引力和号召力逐渐弱化，公民意识逐渐增强。在这种情况下，人民行动党只有适度放弃权威的绝对性，加大经济发展和社会公平之间的协调力度，才能收获政权合法的永久性。

❧ 二、政治制度

1.高效廉洁的政府形象的持续性问题

新加坡在五十余年的政治实践中构建了"君子"执政的"好政府"机制。新加坡历代领寻人都将"好政府"视为"最重要的目标"。李光耀认为："虽然民主与人权都是可贵的主意，但我们应该明白，真正的目标是好政府。"如何保持新加坡政府廉洁、务实、高效是新加坡当前必须面对的课题，更是保持新加坡政治高效化的关键。新加坡领导人将政治人才的选拔和更新视为实现好政府持续性和制度化的关键。吴作栋曾明确表示："一个好政府不是自然形成的，它是通过积极吸引有才干者逐步形成的。你不可以靠人民投票来制造一个好政府。如果现在的执政党不能说服一些最好的人才从政，你将只能从较弱的人选中挑选组织政府的班子。"当前，在政治人才的更新和选拔遇到瓶颈的情况下，除却改革和完善现有的政治人才培养和选拔机制，人民行动党政府必须发展出一套适应新加坡国情的政治制度规范和政治价值观，确保良好的政府能够在国家的短期利益和长远利益、民众的个人利益和群体利益之间实现兼顾和平衡。

2.政府选举机制问题

新加坡的政治选举制度因袭了英国的简单多数制，在单一选区制度的基础上根据国情又创立了集选区制度。虽然李光耀等人民行动党领导人一再强调简单多数制和集选区制度是基于维护新加坡多元种族、文化和宗教和谐稳定的政治考量，但其在客观上造成了票席比例的严重失衡，大量分散了反对党的选票。这使得反对党在选举中处于不利地位，引发了反对党和民众对于人民行动党维护自身长期执政地位的政治谋划的强烈质疑。为了回应广大民众和反对党对于改革新加坡政治选举机制的关切，人民行动党先后出台了非选区议员制度（1984年）、官委议员制度（1990年），为新加坡国会注入了分权和权力制衡的元素。近年来，新加坡又通过修改宪法增加了非选区议员和官委议员的席位，集选区的数量和规模则在2011年大选和2015年大选中被逐渐缩小。2016年新加坡第十三届国会，李显龙总理在政改方案中计划将国会中的非选区议员人数从最多的9人增加到12人，同时计划赋予非选区议员与选区议员同等的表决权，非选区议员将可以在国会上针对修改宪法和不信任动议等重要事项进行投票表决。但同时这项改革措施又面临着政治悖论，非选区议员以"次优"的途径进入国会，他们在大选中实质上没有赢得选民的政治委托，从权力的代表性和合法性来看，赋予非选区议员同等的投票权实际上违背了竞争性选举的民主要义，同时也在一定程度上减少了选民投选反对党议员的欲望，如果各反对党倾向于选择让他们有最好机会以非选区议员身份进入国会的选区，容易导致反对党的分裂和政治实力的分化。

❀ 三、政治精英评判标准的僵化与人才的流失

李光耀曾说道："任何社会都有一个最高阶层，其人数不超过总人数的5%，他们德才兼备。正是有了他们我国才有效地利用了有限的资源，使新加坡成为东南亚出类拔萃的地方。"他将政治人才标准总结为："首先是人品；第二是献身精神；第三是能力；第四，也是最重要的，是拥有向人民阐述并赢得他们支持的魄力。"当前，独特的政治生态使新加坡政治人才的更新和选拔遇到瓶颈，让新加坡政治发展面临挑战。

1.精英主义评判标准的僵化

人民行动党历来重视领导团队的素质。李光耀认为："一旦核心领导层素质下降，所有的附属机构也会素质下降，如果一个人的能力低于另一个人，那前者是无法正确评估后者的。"新加坡在李光耀的领导下，构建了一套完整的政治人才培养、选拔和任用机制。多年来，政府选派优秀学生出国深造，其归国后即进入政府工作的做法，已经使人民行动党在大选中遭遇了危机。人民行动党在很长的一段时间里所采用的是空降的方式，也就是在大选来临前，才向媒体介绍新候选人，然后就直接把他们分派到各选区去。与此同时，不少在任议员也是要等到最后一分钟，才能确定接班的人选。近年来，新加坡社会对政治人才选拔和培养多元化的呼声日益强烈，2013年12月，人民行动党代表大会通过的"三二一计划"中提出要维持开放又具同情心的任人唯贤制度，传达出人民行动党对其过往秉持的传统精英主义的忧虑和反思。新加坡现行的以学业成绩为主要标准的任用制度及政府奖学金制度在一定程度上阻碍了人才的社会性流动，容易引起民众尤其是中下层民众的不满，更与人民行动党政府制定的"德能勤绩廉"的政

治人才选拔标准存在价值与理念上的冲突。2016年3月12日，新加坡武吉巴督区议员王金发因为涉及婚外情主动向李显龙总理辞去了国会议员职务和人民行动党党籍。这不仅削弱了人民行动党的选票，更重要的是引发了民众对于人民行动党政府长久坚持的道德为先的政治人才选拔、任用和监督机制的质疑和不满。

2.政治人才的流失

政治人才在政治资源中居于核心地位，政党之间的竞争本质上就是政治人才的竞争。在新加坡政治发展的历史上，人民行动党的强势地位让其得以长期垄断绝大多数优秀政治人才资源为己所用，最大限度上发挥了政治人才的规模效应。与此相对，政治人才加入反对党则需要巨大的政治勇气。首先他们必须得到家人的支持，还要能够承受执政党的批评，以及能够承受大众的怀疑及批判，甚至还会被怀疑他们对于国家的忠诚度。随着新加坡政治生态环境日益走向民主，人才的专业化趋势明显，在政治方面呈现边缘化趋势，人民行动党对民众的吸引力和感召力在逐渐降低。高等学府普遍建立，教育制度被广泛认可，加上社会的价值度量、评判标准越来越由市场决定，社会人才逐渐流入各种各样的组织，呈现出专业化趋势。社会人才越来越专注于自身专业方向的研究，对政治逐渐冷漠，不再甘愿冒险走上政治舞台成为公众焦点，加入人民行动党的意愿普遍降低。此外，近年来公务员薪资的整体下调更是打击了社会精英从政的积极性。"小国寡民"的客观现实决定了新加坡政治人才总量的有限性，优秀人才向反对党和其他专业领域的分流势必导致人民行动党政治人才规模效应的式微，给新加坡的政治发展带来了挑战。

李光耀时期，新加坡逐渐建立起介于有限极权与有限民主之间的威权主义政治体制。这种威权主义政治体制的形成是新加坡所面临的国际、国内多种因素综合作用的结果。正因如此，它契合了新加坡的历史和现实需要，对现代化发展起到巨大的推动作用，从而推动着新加坡跻身发达国家的行列。后李光耀时期，随着新加坡经济的发展，中产阶级形成、市民社会兴起，以及西方民主化浪潮的冲击，新加坡政治发展面临着多重挑战。因此，为实现国家可持续发展，作为新加坡执政党的人民行动党政府审慎稳妥地推动政治变革，稳步推进"新加坡式民主"。

第四章 军事

新加坡十分重视国防建设，在其正式建国后，迅速建立了一支独立的防务力量。经过几十年的发展，新加坡现已建成拥有世界先进装备的陆、海、空三军，成为东南亚地区首屈一指的地区性军事强国。新加坡在建设军队、健全服役制度、发展军种兵种建设和开展对外军事合作等方面强化新加坡军事力量，新加坡军事装备与军事力量在东盟国家中也是首屈一指。

第一节　新加坡建军史

1959年，新加坡成立自治邦，但只享有有限的内部自治权，国防和外交被英国牢牢把控着。军队组建之初，新加坡只有两个步兵营、几十名军官和上千名士兵，两艘海军舰艇，没有空军建制。换句话说，新加坡自身国防力量十分薄弱，仍需依靠英军的保护。

1965年新加坡独立后，新加坡在以"马来西亚原则"重新加入联邦失败后，面临国家的生存问题。新加坡的政治安全在东南亚政治动荡的环境中因其地缘战略处于复杂的状况之中，面临周边国家经济体系的支离破碎，以及因以华人族群为主体构成的国家而不为周边的国家所接纳与信任。李光耀认为，在脱离马来亚联邦之后，新加坡的首要任务就是建立国家防务体系，维护新加坡在东南亚地区的安全与国际社会的地位。为了新加坡的存在，人民行动党面临两个艰巨的任务，一是继续推进1961年启动的工业化政策，二是从1967年开始施行义务兵役制，购置军事装备，建立国家军备力量。每年新加坡政府投入大量的财政建设国防（大概占国民生产总值的7%），打造涵盖国民服役事务司、安全情报局、国防政策司、公共事务司、中央国民教育司、军事安全署、政策研究司、三军行动及策划署、军医团等部门的国防体系。

新加坡于1966年实行全民服役制度，并成立海军。1967年7月，英国正式发表《防务白皮书》，宣布于1971年12月31日前全部英军从新加坡撤离。新加坡因而加快建军之路，提出建国"生存方针"，其中就包括建立一支精良的现代化部队。李光耀指出："只有建立一支训练有素、装备良好的国防力量，加上友好的盟国、明智的外交政策和繁荣的经济，新加坡才能生存下来，腾飞上去。"他认为建军问题"已经不是个人的生死存亡问题，而是一大群人、数百万人的生死存亡问题"。新加坡于1967年开始正式实行登记国民服役，强制国内年满18岁的公民为国服役24个月。公民通过体检后编入新加坡武装部队、新加坡警察部队或新加坡民防部队的下属单位。

新加坡研究了许多类似国家的建军情况，最后选择以色列的建军模式，即国防力量保持一支小规模的常备军，但主要依靠战备服役军人，战备服役军人定期接受培训和服役，遇有战事首先进行先发制人的袭击。为了加快国家军队的建设，新加坡还与以色列达成秘密协定。从1965年11月开始，以色列前后派出18名军官到新加坡工作，为新加坡打造拥有陆军、海军、空军的军队奠定了良好的基础。以色列紧凑的军事训练方式能有效保障新加坡在短期内建成国民军队。新以两国随后开始了军事合作。在英军撤离之前，以色列已经为新加坡培训了第一批军官学员。到1971年10月31日，英军从新加坡撤军完毕时，新加坡拥有陆军、空军、海军的三军备置并开始独立执行国防任务，拥有国民防卫队员1.6万人、后备防卫队员1.2万人。

为了提高军人的待遇和社会地位，同时也为了吸引优秀人才服务于军队及提高军官的素质，新加坡政府为在国外知名的军事院校学习的优秀军官提供奖学金，共有三类不同的奖学金。将成绩最优秀的士官生送到牛津、剑桥等海外一流大学攻读自然科学、应用科学和行政管理科学等课程，但要求这些士官生学成后回国在军队中成为军官并至少服役8年。1971—1979年，共有64名学生被派往牛津、剑桥学习。为成绩较为优秀的士官生授予"海外训练奖金"，受政府的指派前往英、日、澳等国接受军事科学教育，并在学成后回国从事职业军事工作。1971—1981年，共有138名这类学生出国学习。另外，政府给予基层士官生军队奖学金，供他们在新加坡国立大学就读各种专业。

到20世纪70年代中后期，新加坡已建成完整的海陆空军和现代化国防工业，形成了较为完善的国防体系。高科技的武器装备和军事系统替代了比较落后的装备，严格的军事训练提高了军人的素质。20世纪80年代中期，新加坡正式成立三军联合参谋部，强调陆海空三军的集体训练。政府要求武装部队在任何时候都有完整的指挥结构；在遇到外来威胁或侵略时，能够在最短的时间内进入备战状态。结合本国国情，新加坡奉行精兵利器和积极防卫的国防政策，力争在遇到外敌入侵时能够给予敌人以先期的沉重打击，从而使敌人有所顾忌，不至于轻易冒险对新加坡发动侵略。这被人们称为"毒虾"政策，即新加坡应成为"能产生剧毒的小虾"，既能与"鱼群"共存，又不会被"大鱼"吞掉。具体来讲，新加坡军事安全战略讲究威慑，一是让对手慑于其军队的战斗力，二是让对手慑于其全民的抵抗力。除正规军外，新加坡还有数量为25万人的预备役部队，只要6个小时就能基本完成动员。与此同时，新加坡的经济、社会、民事、心理等诸多方面的应变能力也非常强。

截至1990年吴作栋上台前夕，新加坡已经从东南亚各国中防卫能力最弱小的国家发展为东南亚国家中武器最精良、全民防卫度最高的国家，初步实现了维护地区安全的目标。

1990年8月2日，伊拉克突然侵占科威特，这对新加坡产生了很大的震动。时任第一副总理的吴作栋说："科威特和新加坡都是小国，不同之处是，新加坡有备用的武装后备军人，而科威特只有一支小型武装部队。我们应从伊拉克入侵科威特事件中吸取教训。新加坡绝不能成为有钱而没有能力保护自己的另一个科威特。"在几天后的国庆25周年纪念庆典上，新加坡举行了有4万人参加的盛大游行，参加游行的军队行列中展示了坦克、军用机动车、装甲运兵车、火炮及摩托化步兵等军事实力。美国《防务新闻》称，新加坡已经具有一支令人生畏的军事力量。

2001年7月，英国《简氏防务周刊》报道：新加坡武装部拟将更换多项配备，除购买攻击型直升机之外，还会添购具有隐形功能的护卫舰和新一代战斗机，以及替换现役的轻型坦克车及2C预警机。新加坡不断加强军备，在拥有强大的防务力量的同时也注意消除邻国戒心。处于后冷战时期，新加坡军队为了打赢未来的高科技战争，创建具有强大的威慑力的现代化国防力量，除了加强部队的现代化战术训练外，不断地从国外购置先进的高科技武器及相关装备。新加坡优先选择从实力最强、技术最先进的美国购买新式武器。

第二节　新加坡服役制度

新加坡实施国民服役制度，主要有两个方面的原因：一是新加坡是一个岛国，资源极其有限，难以维持一支庞大的由正规军人组成的军队；二是每个男性公民献身于国防，服务于国家利益，培养与国家共命运的国民意识。1967年颁布的国民服役法规定，新加坡实行国民服役制度。男性公民年满18岁，都须服兵役两年或两年半，之后成为战备服役军人，服务到40岁，军官和专业技术人员要服务到50岁。

新加坡军队服役政策主要由四部分构成：全面防卫、全职服役、战备服役和国民教育计划。全面防卫就是要让每个新加坡人在危急关头担负起保家卫国的责任。全面防卫包括五个内容：一是心理防卫，即每个公民对新加坡要有归属感。这里包括建立一种集体意识，珍惜自己的权力和所拥有的一切，对国家的国防前景抱有信心，立志效忠。二是社会防卫，即各族人民和睦相处、相互关怀，照顾各群体和国家的利益，各族人民团结一致，有决心驱除任何威胁国家安定的势力。三是经济防卫，即确保政府、商业界和工业界组织起来，在受到外来侵略时能迅速转移，紧急时期经济不会陷入瘫痪。四是民事防卫，即在战争爆发时能为全民提供安全保障和基本需求，让人民仍能正常生活，从而保持国民信心，提高军人士气。五是军事防卫，即在无法阻止外来侵略时，武装部队能迅速地把敢于入侵的敌人消灭。

全职服役即凡新加坡男性公民，年满18岁，必须服役两年到两年半。符合全职服役的公民，16.5岁时开始办理入伍手续，17.5岁时登记，18岁时正式入伍。高中文化程度以下者服役两年，高中文化程度以上者服役两年半。除非由于健康、家庭、教育方面的特殊因素，否则不得推迟服役或免服兵役。躲避兵役者，可判三年徒刑，或处以至少5 000新元的罚款，也可以两罚并施。每年有18 000名青年入伍，获准免役者仅占3%。服役期间，除接受军事训练外，每个士兵都要接受国民意识的培养和训练，使他们能够为祖国利益而贡献自己的一切。入伍第一天，新兵要在誓约管理室进行忠诚宣誓和安全防御宣誓。除遵守各种规定外，军人还要培养起团结协作精神。2004年新加坡的《国家服务法令》中国民服役的年龄从两年半降到两年，减少了新加坡国民服役时长，使得新加坡的青壮年可以更好地投入国家经济建设活动中。

战备服役是武装部队采取"公民军队"的办法。公民在服满兵役返回社会后继续充当战备服役军人，成为对经济和国防具有双重贡献的人。战备服役军人须经13年的训练周期，之后有的可能继续留在军队任职，有的可能调到民防部队，每年有不超过四十天的被征召军训时间。通过对战备服役军人的军事训练，能够增强他们的团体精神、战斗能力和责任心。政府对战备服役军人中的杰出人员有多种奖励措施，雇主也把雇员在军事上的成就视为其业务发展和晋升的有利因素。除武装部队外，战备服役制度也扩展到警察部队和联合民防部队。

实施国民教育计划的目的是提高国民团结意识和向其灌输其对国家应负的责任，对军人和国民进行国防意识教育。对服役人员的教育课程分为早、中、晚三个时期。早期课程的主题是："新加坡是我的祖国，我们必须防卫新加坡"；中期课程的主题是："新加坡是值得我们去防卫的，我们能够防卫新加坡"；晚期课程的主题是："每个人都必须在防卫新加坡上扮演一个角色，除了我们自己，没有其他的人会为我们的安全负起责任"。

所有初级学校的学生都必须学习国防意识教育课，"说服学生认识防卫新加坡的意义"是使将要参与军事服务的男学生"在思想上与体能上做好准备"。针对优秀学生还要单独开设有关国防的研讨会，使他们深入地了解国防计划。此外，政府还对35岁以上的企事业领导人、30～35岁的年轻人以及群众领袖进行国防意识教育。

新加坡军种与兵种

　　新加坡的武装部队已拥有现代化的海陆空三军、警察部队和民防部队，并具有完善的军事指挥系统。武装部队由现役军人和战备服役军人组成。正规军分陆、海、空三个军种。国防部是内阁的一个部，对武装部队拥有领导权和管理权。国防部设有部长，政务部长、政务次长、常任秘书等。国防部部长对总理负责，决定武装部队的政策方针，负责指挥和监督三军。两位常任秘书负责国防部的日常事务，其中第一常任秘书负责国防和政策，第二常任秘书负责发展、技术及行政。最高军事指挥机构为总参谋部，设三军总长，即陆军总长、海军总长和空军总长。三军总长掌握武装部队的军事领导权。武装部队委员会则负责制定军事政策。内政部负责领导全国警察力量。新加坡警察力量包括警察总部、刑侦局、内部保安局、公共事务局、交通警察局、警察部队、警察学院等。警察总长为警察部门的领导。

　　20世纪90年代，新加坡武装部队总兵力突破34万人，包括现役军人5.55万人、警察部队1.16万人、战备服役军人27.5万人。其中陆军26.12万人、海军6 300人、空军7 500人。到2000年年底，战备服役军人已增加到30万人。此外，新加坡还有民防部队10.8万人。

　　陆军是新加坡历史最长、最基本的军种。1967年，第一批全职国民服役军人入伍，新加坡陆军开始组建。20世纪70年代初，陆军已初具规模。目前，新加坡陆军现役军人有4.5万人，拥有步兵、装甲兵、工程兵、炮兵、后勤等多个兵种。

　　海洋防卫是新加坡全民防卫的前沿。海军先成立的是巡逻中队。1968年，海军指挥部成立。1971年，新加坡在勿拉尼岛设立现代化海军基地。1975年海军指挥部正式改称新加坡共和国海军。1979年海军开始组建导弹快艇中队。海军部队主要包括海上舰队、海岸部队和海军后勤部队。海上舰队由第一海军纵队和第二海军纵队组成。海岸部队负责沿海巡逻，由一个海岸巡逻中队和一个作战后勤中队组成。海军后勤部队则负责管理海军基地、供需、后勤、电脑中心等。

　　海军拥有勿拉尼、端士和樟宜三个海军基地。端士基地在1989年开始兴建，1994年正式启用。在樟宜修建的新加坡第三个海军基地，其面积为勿拉尼基地的6倍，可供航空母舰停泊，并将取代勿拉尼基地。海军拥有4所海军学校，即培养军官的海军军官学校，培养专门技术人才的海军工程学院，训练特殊战斗人员的邦里马学校，指导进行水下军事部署和海上营救的海军潜水部。

近年来新加坡海军装备的更新换代速度和军备数量的增速远超从前。新加坡海军虽然规模不大，但通过吸引最佳人才入伍，采购登陆舰、潜水艇、护卫舰等装备，并把最新舰艇和装备系统综合成作战系统，以提高海军的战斗力。

空军组建于1968年，最初只有一架飞机，后来建立了空军一二〇中队、一六〇中队和直升机中队。1974年，空军成立猎犬型战斗机训练单位。20世纪80年代后，空军加快现代化步伐，大量购置新型飞机，改进原有的飞机性能，加强了空军的整体作战能力。进入20世纪90年代，新加坡空军的职能已经由原来以支援陆军对地攻击为主的专门对付国内威胁，逐渐转变成以提高防空和支援近海作战能力为主的对付外部威胁。为提高空军的战斗水平，新加坡设有4所空军学校，即飞行训练学校、空军工程学校、系统指挥训练学校和空军防空炮兵学校。

第四节　新加坡对外军事合作

为了强化军队的训练，弥补军队实战经验的不足，新加坡通过军事合作，派部队到美国、法国、澳大利亚、新西兰、印度尼西亚、文莱、泰国、南非等国家的军事基地进行训练，并频繁参加各类联合军事演习。战斗机分遣部队、运输机分遣部队和直升机在内的空军在美国接受训练。在法国、文莱、澳大利亚和新西兰建有新加坡空军训练地。新加坡在南非部署无人驾驶飞机分遣部队，在泰国和印度尼西亚安排部队的短期集训。新加坡与泰国、马来西亚、印度尼西亚和澳大利亚合作展开军事演习，在文莱举行丛林作战训练，在新西兰进行炮兵训练。

在新加坡与周边邻国的军事合作方面，1965年8月，新加坡宣告独立，但在军事上仍与马来西亚保持军事防务合作。新加坡频繁参加与外军联合的军事演习，成为东南亚国家参加军事演习最多的国家之一。20世纪80年代后，新加坡开始参与文莱、印度尼西亚、马来西亚、泰国的军事演习，通过联合军演、人员互访和开办训练课程进行彼此交流，加强军队同各国军事人员的联系。1983年，新加坡与文莱海军联合军事演习，新加坡步兵部队时常在文莱进行特种兵和直升机训练。1984年，新加坡和马来西亚海军开始执行联合军事演习，双方陆军部队在1989年开展了联合军事训练。1989年，印度尼西亚同意新加坡军队使用其位于南苏门答腊的巴都拉惹训练基地。从1995年起，新加坡和文莱两国陆军每年开展"携手迈进"演习，以提高彼此的作战能力，加强两国的防务关系。1997年起，新加坡陆军与泰国陆军每年联合举行代号为"冠查辛加"的军事演习。在2001年2月的"携手迈进"演习中，新加坡和文莱两国装甲兵共850人在林厝港一带进行为期8天的联合实弹演习。

1971年，英国、澳大利亚、新西兰、马来西亚和新加坡达成《五国防务安排协议》，在英军撤离后，新西兰和澳大利亚在新加坡仍驻有近千人的军队。新加坡与澳大利亚、新西兰签订军事设施使用权协议，新加坡可以使用澳大利亚、新西兰的军事设施和训练场地。新加坡与新西兰展开军队培训、联合军事训练、军事演习等合作。澳大利亚是新加坡的重要军事合作伙伴和训练基地所在地。1990年，新加坡派出1 200名武装人员到澳大利亚肖尔沃特湾训练区进行训练，并展开一连串代号为"袋鼠"的军事演习。新澳双方于2009年签署防务合作协议，根据协议新加坡部队可以到澳大利亚训练和演习至2019年。1992年，新、澳两国空军签署协定，新加坡在澳大利亚空军基地部署战机和人员。1993年，新加坡在澳大利亚亚柏斯附近的皮尔斯设立一所飞行训练学校。2000年年底，新加坡政府派出6 000多名官兵到澳大利亚西部进行综合军事演习。

新加坡与美国保持密切的军事合作关系。美国对新加坡的防务援助的方式是向新加坡提供军事武器、军事教育和培训。20世纪80年代以后，新美两国开始定期举行海空军事演习，美国开始向新加坡出售先进武器。1989年，美军撤出菲律宾苏比克海军基地，新加坡宣布为美国舰队提供维修保养和补给基地。从菲律宾撤出的美军第七舰队的后勤部队中有135人长驻在新加坡北部地区，担负修理舰船和供应器材的工作。美军在新加坡设有西太平洋后勤指挥部和大型训练学校。近年，新加坡购买美国武器数量增多。1991年12月，新加坡成为向美国海军提供后勤补给的基地。1992年7月，美国"西太平洋后勤指挥部"正式在新加坡运行，同时建立海军后方勤务单位。同年年底，美国亚利桑那州卢克基地开始了训练新加坡空军的F-16战机换装培训计划。由于樟宜基地规模较小、保养设施不全，不能满足美军航空母舰以及大型战斗船队的补给和保养需求，到访的美军航空母舰与潜水艇只能停泊在港口外下锚补给。为求改善这种状况，美新两国军方于1999年4月签署了一项新协议，新加坡特地为美军航母建造一个大型的深水码头，专供美国海军航母和其他大型舰艇停靠。新美两国签订该海军基地的使用权，每年平均约有100艘的美国海军军舰停靠新加坡进行休整和补给，这使美国解决了在日本与中东之间缺乏航空母舰维修和后勤补给的问题。

新加坡是美国在东南亚的拥护者，支持美国保持在该地区的影响力。在海湾战争期间，新加坡是美国军舰、部队与飞机前往海湾地区的交通要道，新加坡的巴耶利达机场为美国对于索马里的军事行动提供支持。美国前国防部部长科恩曾表示，美国与新加坡拥有共同的战略前景，"新加坡与美国要保持坚固的安全伙伴关系，两国的关系将保持美国在东南亚地区的军事存在"。美国全球形势分析网站指出，新加坡将由一个相对中立的参与者，转变成为亚太地区主要的军事参与角色之一，华盛顿想让新加坡在未来的东南亚事务上扮演越来越重要的角色。2005年，新美双方签署《国防与安全问题的紧密合作伙伴战略框架协定》，新美军事防务合作进一步强化，两国关系提升为战略伙伴关系。协定内容涉及两国武器输出、军事技术转移、打击恐怖主义和海盗、应对非传统安全威胁等内容。2015年12月7日，新美两国又达成加强版防务合作协议，为两国提升防务合作提供新的框架。在新美军事基地合作的基础上向着更为全面的防务合作和战略对话方向演进，加强了地区海洋安全事务方面的协调。2016年1月，在新加坡举行新美第四届战略合作伙伴对话。双方一致认为，年度对话有助于加强两国的双边合作和战略伙伴关系。新加坡是美国在东南亚倚重的军事演习伙伴。除了维持双边长期的联合军演外，新加坡还积极地参与美国主导的区域多边演习，如新、泰、美三国"天虎"空军演习。

新加坡对外积极扩展与德国、瑞典等欧盟国家的军事合作。2014年德国总理默克尔高规格会见李显龙，双边明确要加强双边军事联系，从2016年起新加坡每年两次共派遣1 000名士兵到德国坦克实战基地训练，花费12亿欧元从德国购买坦克、飞机等新式武器装备。

新加坡与印度、南非等广大发展中国家建立军事合作。自1993年开始，新加坡每年与印度举行海军联合军事演习。1994年起，新加坡与印度执行系列海军训练行动，2005年开始在德奥拉利和巴力那举行炮兵和装甲兵联合演习，2007年双边签订为期五年的联合军演协议。新加坡与南非共建军事训练基地合作。

经过多年的苦心经营，新加坡已建成一支装备精良的现代化军队，还能派出一支装备精良的维和部队参与国际维和行动。新加坡参加联合国主持的东帝汶的维和行动已达十余次，派出8支医疗队和两批维和警察到东帝汶。目前新加坡军队不仅在军队的规模上远超周边的马来西亚和菲律宾，而且在军事动员能力方面达到了欧洲中等国家的水平。

第五章　文化

新加坡是一个多民族、多种族聚居的国家，儒家文化、印度文化、马来文化等东方的三大文明与西方文明相互交融，各展风采，形成东西合璧的新加坡文化。融合东西方文化精华的新加坡文化的显著特点是：多元文化和谐共存，儒家文化为主导的多元族群文化互动，现代与传统文化相融合。在新加坡，不同民族的文化价值观、道德传统、宗教信仰、风俗习惯与现代化的生活方式融汇，现代的竞争观念，民主、自由的观念与透明的法律、严格的科学管理制度和传统文化价值理念有机结合。

第一节　语言

❀ 一、语言

1.主要语言

英语、汉语、马来语、泰米尔语为新加坡的四种官方语言，英语和马来语是行政用语。新加坡大力提倡说母语，因为语言是保留文化、价值观和信仰的重要载体。正是由于政府将英语定为商务语言，将汉语作为占新加坡人口多数的华人的官方语言，才使得新加坡在全球具有较强的竞争力。

新加坡的移民构成、殖民地的历史和决策者意识等几个综合因素决定了新加坡实施的语言政策，语言文化体现了新加坡多元文化和谐共生与兼容并蓄的发展趋势。新加坡官方提供的四种官方语言文化教育无种族、宗教、性别及社会经济地位的歧视与区别，学生可自由地选择任何一门语言作为教学语言接受学校教育。政府公平对待四种语言，在教育设施与财政支持方面都是相同的。使用各种不同语言完成学业获得学术和专业资格的学生均享有相同的进入高等学府接受教育和进入社会就业的机会。新加坡政府有意识地打破各族群自成一体的封闭状态，改革学校制度，设立多种语言的混合学校，鼓励国民学习多种语言，推广多种语言教育。新加坡政府通过有效的语言文化政策有步骤地实现语言文化主要载体的有效整合。新加坡的广播电台、电视台和报纸对英语、汉语、马来语、泰米尔语等各种语言都有合适的安排。

新加坡中上阶层子女系统地接受英式教育，更多地接受西方文化的影响。在李光耀看来，英语是将不同族群的身份认同转化为新加坡人认同的必要手段，将英语作为通用语言可以建立各种族的平等，消除不同族裔之间的沟通障碍，避免因语言而导致族群的冲突。英语兼作政府行政用语、商务用语、主教学媒介语和全民共同语，英语及其所代表的英文化，包括其文官制度、法律和求实的思想作风等在新加坡国家和社会居于显赫的地位。李光耀推行的双语教育政策要求学生必须学习两种语言——英语和母语，学习英语为实现各文化族群的交流统一，每个学校开办各种语言班传授母语，学习母语重在文化传承。英语是新加坡的商务语言，口语中也混合了中国方言、马来语、泰米尔语，甚至葡萄牙语。

马来语被新加坡人称作马来语方言。马来语是新加坡的国语，也是其邻国马来西亚和文莱的官方语言。它与印度尼西亚的官方语言印尼语有许多共通之处。马来语已融入新加坡的历史，所以，新加坡的国歌《前进吧，新加坡》就是以马来语演唱的。19世纪早期，新加坡繁荣的贸易与港口地位形成初期，马来语是交际语言，因为马来人是当时最大的种族群体。由于马来语是各种族的市场语言，便逐渐形成了市场马来语或市井马来语。尽管现在英语是各种族交流首选的语言，但马来语仍常常使用，尤其是在老一辈人中。另外，会说英语的马来华人的后裔都会讲马来语，因此新加坡式英语中有大量的词汇都来自马来语。马来语的文化与历史背景丰富，从梵语、印地语、葡萄牙语、荷兰语和中国方言中借鉴了许多词汇。马来语语法相对简单，发音容易，并且用罗马字母书写，所以马来语易使人听起来和读起来颇为熟悉。在新加坡的街道随处可见马来文字，马来语已融入新加坡的日常生活中。

20世纪80年代至90年代新加坡政府将目光转向东方传统价值观念，尤其是儒家文化，通过开展"讲华语"运动、在中学强制实行儒家伦理道德教育、加强儒学研究等方式集中推行儒家文化，并在1990年颁布新的汉语教育政策，通过提升汉语教育比重及水平来弘扬以华语为载体的儒家文化。在新加坡巴士、建筑物、报纸、电视等随处可见鼓励人们讲汉语的公益性广告。一些大学也设置了中文系，建立孔子学院，为帮助商业人士学汉语，有的学校还为企业提供上门汉语教学课程服务。各华人社团还举办中文电脑展、讲故事比赛、文艺演出和文艺创作大奖赛等活动。

在新加坡，印度人群体占少数，其中大约有60%的印度人说泰米尔语，其余的人则说印地语。泰米尔语是南印度人使用最广的语言，有趣的是，在马来西亚它也是被说得最多的印度语言。尽管泰米尔语是新加坡的国语，但新加坡的泰米尔人更喜欢说英语。这也许得归结于历史原因。泰米尔人最初来到新加坡和马来西亚，主要在橡胶及棕榈油厂工作。受过英式教育的斯里兰卡泰米尔人监管工人，而来自印度的工人其社会与经济地位是最低的。后来种植产业没落，工人们继而转入交通业、维修业及建筑业工作。他们发现通过提高英语水平，能够应聘更专业的工作。使泰米尔语在新加坡长盛不衰的原因是，泰米尔语是印度人和马拉雅兰人之间的种族交流语言。马拉雅兰人说的语言与泰米尔语源自同一语言体系，此种语言拥有众多的支持者与学习者。

2.新加坡双语教育

殖民统治时期新加坡各族群按照祖籍国的学制办学，以母语教学为主。新加坡的实际人口结构中，华人占77%，马来人占15%，印度人占7%，其他少数民族占1%，这样一个人口和种族构成多样的国家用任何一个种族的语言作为国家语言都不免会产生矛盾。李光耀宣布新加坡独立时，仍然认为"如何才能使一批来自中国、印度、马来西亚、印度尼西亚和亚洲其他地区，使用多种语言的移民形成一个国家"是亟须解决的国内难题之一。以李光耀为首的执政党把语言问题政治化，把语言政策与民族团结、政治运行、国家意识等问题关联起来，从民族国家和公民社会构建的现实需要出发，将语言作为加强各族之间的沟通、培养新加坡国家的公民意识及营造面向世界的国际化的重要媒介。新加坡政府在双语政策的制定上，最初主要是出于国家生存、政治现实和经济发展上的考量，而后则逐步注入了因材施教、量体裁衣的教育理念，为来自不同家庭语言背景、不同能力、不同兴趣以及不同智力水平的学生，量身定制课程、教学法和评估方式等，真正从学生的个体出发，以学习者为本位。新加坡政府统一了教育制度，规定从小学开始实行英语加母语的双语教育政策。到中学毕业时，每个学生至少掌握两种语言。双语政策被认为是新加坡教育的基石。学习和掌握英语，是为了了解现代社会知识、科学技术和专业技能；学好母语，则是为了了解本民族的历史、传统、道德和文化。1969年2月，李光耀在一次讲话中指出："英语是一种语言，我们学习它，我们使用它。但是我们不能忘本，这个本是引导我们想到我们原来地方的历史、文化和文明。"李光耀身体力行，不仅自己学习中文，他还把自己的3个孩子送到华文学校接受教育，出版《学语致用：李光耀中文学习心得》，让读者分享他坚持学习中文的心得与经验。

从1987年开始，新加坡政府做出所有学校必须采用英语作为教学语言，并同时保留母语学习的规定。新加坡全国的中小学都以英语作为第一教学用语，以母语作为第二语言。无论是英语学校的学生还是族群语学校的学生既掌握了一定程度的母语，又掌握了一定程度的英语，具有双语能力，能接触、了解一定程度的族群语和英语所蕴含的文化因素。这一规定使学生由以族群语为基础的认同转向以英语为基础的认同，在超越族群的认同之上，培养新加坡的多元种族社会中的国家认同，使国民首先产生自己是新加坡人的身份认同，然后才承认是华人或马来人、印度人。双语教育在新加坡全国实行并取得了很大成功，产生了非常深远的影响。其一，双语教育增强了国民的国家意识，加强了各族群的沟通与融合。其二，新加坡双语教育适应经济全球化高素质人才的需要，实现了新加坡教育与国际接轨，提升了新加坡教育水平。其三，促进了新加坡社会科技、文化水平的提高。双语教育的实施提高了新加坡人的文化素质，培养出了具有语言优势和跨文化交际能力的公民，进一步促进了新加坡与东西方的交流。

第二节　文学

　　新加坡有华文、英文、马来文和泰米尔文四种语言的文学作品，新加坡过去的文学主要是马来古典文学。但由于新加坡是华人占多数的国家，中文文学在该国文学中占有主要地位，且深受中国文学的影响。新加坡文学在发展过程中涌现了大量的作品，其中以小说数量最多，散文、诗歌次之。1919年中国发生"五四运动"后，新加坡的华文报纸陆续刊登用白话文创作的文学作品。

　　文学作品反映了新加坡历史的变迁，与当地社会文化密切相连。如新加坡早期华文文学运动的主流是反殖民主义和反封建的现实主义文学。从1924年开始，各中文报刊相继增辟文艺副刊，如《小说世界》《南风》《星光》等。同时，反殖民主义和反封建的现实主义文学作品不断涌现，并形成20世纪20年代华文文学运动的主流。1937年7月，中国抗日战争爆发，新加坡的华人社会也掀起了支援中国的抗日救亡运动。许多文艺创作也以抗日救亡为主题，并涌现出一批优秀左翼文学作品，如张一倩的中篇小说《一个日本女间谍》、吴天的剧本《伤兵医院》和王君实的散文《海岸线》等。1942年，日军侵占南洋群岛之后，铁抗、王君实等作家相继遇难，文学活动陷入低潮。日本投降后，文学创作活动重新活跃起来，出现了一批以描绘战争和抗日地下活动为题材的小说，较著名的有陈基安的《无声的敌人》、内维尔·舒特的《像爱丽丝的小镇》等。

　　第二次世界大战后新加坡文学走上独立发展的文学道路，产生了一批本土作家和文学作品。随着战后的民族解放运动的发展，马来裔作家马苏里、玛斯等在1950年8月创立了"50年代作家行列"，亦称"50年代派"，其中多数作家坚持了"为社会而艺术"的创作原则，表现了浓厚的民族主义色彩。1956年新加坡文艺界提出了"爱国主义的大众文学"口号，提倡文学作品应反映底层社会的贫困，应对不合理的社会有所揭露。比较著名的作品有苗秀的长篇小说《残夜行》（曾获新加坡1978年度书籍奖），石剑洪的中篇小说《高楼内外》，黄孟文的《再见惠兰的时候》、李汝琳的《新贵》、韦西的《捉贼》和蓉子的《画像》等短篇小说。

独立后新加坡文学发展的主要倾向是现实主义，并强调地方色彩和题材多样化，作家注重描写和探讨社会人生的大课题，反映生活中积极的一面，通过文学作品激发读者向善、向上。这时期涌现了一批多种语言的优秀文学作品，在英文小说中，有吴宝星描写新加坡青年爱情故事的长篇小说《长梦悠悠》和陈国盛所写的三部曲《新加坡之子》《马来西亚的人》《放眼世界》，还有弗兰西斯·托马斯的《一个移民的回忆录》等，比较著名的短篇小说有嘉蒂莲·林的《怪物》和叶裕金的《家长》。20世纪70年代出现了一批描写爱情的马来文长篇小说，如玛斯的《马伊尔要结婚》、苏来第·西班的《大炮与爱情》和奈英姆·代比的《毁灭》等。比较优秀的短篇小说有福阿特·沙林的以追求自由为题材的《我要把心儿带到何方》、卡玛列亚·阿旺以试管婴儿为题材的《他不是咱们的》，以及尤诺斯·赛伊德的描写航海生活的《马玛特船长》等。同时，出现了反映女性意识觉醒的文学家，以爱情、婚姻、家庭为题材的作品占有较大的比重，不少作品反映了女性追求独立平等、实现自我价值，如姚紫创作的《咖啡的诱惑》《没有季节的秋天》《马场女神》等小说，展示了新加坡社会底层女性的悲惨境遇，又刻画了她们摆脱苦难的意念与追求独立平等的决心。

诗歌、散文、剧本等多种形式的文学创作纷呈：诗歌方面，获1979年东盟文学奖的知名诗人艾温·谭布著有英文诗集《大地的肋骨》《上帝也会死》等；剧本方面，有田流的中文剧作集《三万元奖金》和《田流剧作集》，英文剧本有吴宝星的《微笑之余》、杨罗柏的《新加坡，你在何方》。

在新加坡国家艺术委员会的大力支持下，新加坡每两年颁发一次"新加坡文学奖"，旨在激发公众对新加坡文学创作的兴趣与支持，奖励属于不同族裔的新加坡作家创作与出版文学作品，如英语类冠军泰艾迪的诗集《城市的精神生活》，华语类冠军陪安的小说《画室》等。

新加坡华文文学被简称为新华文学，新华文学和马来亚或马来西亚的华文文学一起被称为马华文学或马华文艺。新华文学的出现基本上与中国白话文文学同步，发轫于"五四运动"前后。早在1919年，新加坡的《新匡民日报》和《叻报》都办过文艺副刊。《叻报》的副刊是"附张"，后称《叻报俱乐部》。《新国民日报》的副刊《新国民杂志》每天以一半篇幅刊登白话文作品，积极介绍新文学，是马华文学的开端，也被认为是新加坡新文学史的发端。1920年前后，因受中国"五四运动"的影响，新加坡出现以创作现实主义作品为主流的华文文学运动。新华文学作为马华文学的一部分，是马华文学创作活动的重地。

1923年《南洋商报》创刊，其文艺副刊《新生活》每天出半版，全部是白话文作品，推动了中国"五四运动"以后新文化的发展。该报副刊多次改名，曾用过《商余杂志》《狮声》等名，影响甚大。1923年后，《新国民日报》先后增辟一些副刊，如《小说世界》《诗歌世界》《儿童世界》《妇女世界》《南风》《荒岛》《绿漪》等。《叻报》的副刊也相应增多，其中有《星光》和对马华文学有很大推动作用的《椰林》。《叻报》副刊共出500多期。在新华文学的草创阶段，新加坡的华文作家几乎都是中国南来的作家，在20世纪20年代中国南来作家提倡文学创作要有南洋色彩。如1929年，陈炼青首次提出文学作品要突出地方特色。

此后，《南洋商报》和《星洲日报》都办有文艺副刊。1939年，中国作家郁达夫南渡新加坡后，曾为《星洲日报》主编《星光》《晨星》《文艺周刊》《星洲文艺》等副刊。郁达夫主张新马当地的文艺应该有极强烈的地方色彩，有很明显的社会投影。郭沫若曾专为《星洲文艺》题字。其中《晨星》最为重要，它对马华文学的早期发展有较大贡献。新加坡独立后，《星洲日报》除出版文学副刊和书籍外，还经常举行小说征文活动和召开文学艺术座谈会。

第二次世界大战期间，新加坡的华人创作了一批反映抗日救亡的优秀作品。战后，新加坡又出现一批以艰苦创业为题材的优秀作品。这一时期著名的华人作家有李西浪、张金燕、陈炼青、铁抗、王尹石、李过等。第二次世界大战期间新加坡文学只是中国文艺的一个支流，没有摆脱中国文艺的影响。战争结束后，马华文艺的本土派作家开始崭露头角。在二十世纪五六十年代，新加坡涌现出大批优秀作家，如杏影、苗秀、姚紫等，出现了大量的优秀作品，将马华文学推向了一个高潮。新加坡脱离马来西亚后，新加坡政府推行双语教育，华文日渐式微，新华文学步入低潮。

二十世纪七八十年代，新马学子在我国台湾地区或欧美国家接受教育，从不同的文化中吸取营养，新加坡产生了新一批钓文学家，有尤今、王润华、陈瑞献等人。1970年，新加坡作家黄孟文编辑《新加坡华文文学作品总集》。自20世纪70年代以来，由新加坡文人编撰的"马华""新马华""新华"各套文学体系层出不穷，如方修主编的《马华新文学大系》《战后新马文学大系》，李廷辉召集新加坡作家协会的苗秀、孟毅、赵戎、周粲等人编写的《新马华文文学大系》，骆明与新加坡文艺协会同仁编写的《新加坡当代华文文学大系》。此外，新华文坛还有不少虽未以"大系"命名，却有着与"大系"相似的编纂意图与体例结构的大型文选，如《新加坡共和国华文文学选集》《吾国吾民创作选》《新加坡当代华文文学作品选》等。现实主义文学成为当代新加坡华文文学创作的主流，形成了都市文学风格，描写新加坡的山水名胜及国家建构和华人族群文化认同的直接反映，洋溢着新加坡浓厚的地方色彩，充满了强烈的爱国情怀。

第三节　艺术

新加坡是一个多元种族的国家，各民族都有自己的传统文化和风俗习惯，交织在一起，便形成了新加坡丰富多彩的多元文化艺术。

一、音乐

新加坡人爱好音乐。殖民时期，政府就设有警察音乐队，每月以固定时间在植物园等处的音乐亭演出，吸引不少听众前来欣赏。第二次世界大战前，华人的音乐社团有六一儒乐队、爱华音乐戏剧社、余娱儒乐社、陶融儒乐社、钟声音乐研究社、友益儒乐仕、云庐音乐社、悠扬音乐研究社、横云阁音乐社、中华口琴会、青年口琴会等，其中大部分是研究中国民族音乐的组织。中国国立音专和上海艺专音乐系的留新校友也成立了乐队和歌咏会。抗日战争期间，这些组织为激发华侨的爱国热情发挥了很大作用。

独立后，新加坡成立了艺术学院，并设立交响乐团和国家剧院。1996年5月8日，新加坡华乐团有限公司成立。它是代表国家的华乐团，前身是新加坡人民协会的华乐团。该公司的目标是把华乐团发展成具有国际水准的62人乐团，每月为新加坡人献上一场演奏会。公司为此在本地和海外物色优秀华乐人才加入乐团，向国内外华乐作曲人租购曲目，以提高华乐团的水平。华乐团经常到联络所和学校进行小型演出，让人们感受和了解华乐的魅力。此外，它还积极参加海内外的艺术节和音乐节，在国内外举办演唱会，灌制激光唱片，以扩大乐团的声望。

20世纪80年代，新加坡政府在经济步入正轨后，开始重视文化艺术以及音乐教育的发展。现有的五所专业艺术院校：南洋艺术学院音乐系（唯一的国立大专艺术学院）、国立大学杨修桃音乐学院（第一所专业音乐学院）、国立教育学院（唯一的师范学院）、拉萨尔艺术学院（民办政府资助的艺术学院）、新加坡艺术学校（第一所艺术中学）。以上五所专业艺校的教学内容具有大多数西方国家的特点，而它的教育又有着浓厚的东方色彩。官方办学开设的专业基本上包括西洋乐（管弦乐、钢琴）和作曲，某些院校增设有民乐与声乐专业。官方办学的特点是，专业设置多元化，与国际名校的联合办学为学生提供了在专业学习上系统发展的可能性。音乐教育专业的开设，使得学生成为既能独立演奏，又能从事某种专业教学的复合型人才，大大拓宽了毕业生的就业渠道。学制四年的音乐学士学位课程与学制两年的音乐研究生文凭课程使专业设置成一个系统、科学的发展整体。

新加坡还注重文艺团体的建设和发展。主要的文艺团体有新加坡交响乐团、新加坡华乐团、新加坡歌剧团、新加坡印度乐团和合唱团等。新加坡培养艺术工作者的学府有南洋艺术学院、拉萨尔新航艺术学院。新加坡艺术中心主要有艺术理事会管理的两家剧院和两个艺术中心：嘉龙剧院、维多利亚剧院、戏剧中心和滨海艺术中心。而两年一度的新加坡艺术节已发展成一个具有相当规模的世界性文化与艺术盛会。

二、美术

新加坡自古以来就是一个受多重文化艺术影响的区域，马来原始风俗、伊斯兰教、佛教及华人风俗文化等共同构成了这里的多元绘画文化。近代以来，英国的入侵，使西洋派成为画坛的主流；而20世纪初大批中国画家的到来，也把海派水墨画移植于新加坡，并发展成为富有南洋特色的水墨画，构成了新加坡画坛独特的文化景观。总之，新加坡美术的发展是全球化在新加坡的体现，即欧洲殖民文化和中华文化与当地传统文化结合的结果。

新加坡的美术可分为巴迪派、西洋派和国画派三个派别，重点介绍巴迪派。巴迪派是新加坡美术创作中极具特色的一个派别。画家用印染图案的方法来实现艺术性的表现，极具热带风味，因而有"赤道风"之称。在新加坡美术团体中，历史最久、规模最大的是中华美术研究会。它成立于1935年，由中国上海美专、新华艺专和上海艺大三校留新学生发起，最初名称是沙龙艺术研究会，后改为现名。日本占领新加坡期间，该会会长张汝器、副会长何光耀等多人惨遭杀害。战后该会恢复活动。曾任会长的黄葆芳是吴昌硕的再传弟子刘海粟的得意门生。曾任副会长的施香沱专攻书法、篆刻。该会有200多名会员，曾多次举办画展、书法展和篆刻展，展出了中国近现代著名画家和书法家的作品。它的活动还包括访问收藏家、集体观摩著名书画、建立画廊、主持书画比赛和向政府提出有关艺术教育的建议等。1974年和1979年，该会两次组团访华，为中新两国文化交流做出贡献。该会会员还发起组成一些其他艺术团体，如新加坡艺术协会、水彩画会、东南亚艺术协会、墨澜社、啸涛篆刻书画会、华翰画会、青年协会等。

新加坡的水墨画有着不同的风格渊源。据统计，第二次世界大战前与第二次世界大战后从中国大陆南来新加坡的画家约有30人，这些书画家多数为上海美术学校科班出身，多为海派书画家。例如，第二次世界大战前南移的陈宗瑞、陈人浩、刘抗、吴在炎、黄葆芳、徐君镰、李魁士等，以及第二次世界大战后南移的陈文希、范昌乾、钟泗滨、张瘦石、颜绿等均毕业于上海美专或上海新华艺专，他们当中的书画创作者，或多或少、或直接或间接地受到海派风格的影响。第二次世界大战前新马一带最重要的美术社团"沙龙艺术研究会"，以及由林学大创办、素有"南洋美术摇篮"之称的南洋美专（1938年成立，后改名为南洋艺术学院），在书画创作和教学方面几乎都由海派风格画家黄葆芳、李魁士、吴在炎等人所主导。此外，像施香沱等凭借家学渊源以及个人修养而自成一家的书画家，也在不同程度上受到海派的影响。在战前和战时的新加坡，还有徐悲鸿、刘海粟、高剑父、何香凝、杨善深等新写实、写意派画家以及岭南名宿前来举办筹赈画展，但他们大多来去匆匆，其影响并未像海派画家那样，通过年复一年的教学而扎下根来。

新加坡现有南洋艺术学院和拉萨尔新航艺术学院两所美术专科学院。学院开设有纯美术和实用美术课程。20世纪80年代，新加坡成立新华美术中心。这些美术专业学院和机构促进了新加坡美术艺术的发展。经营中国画和西洋画的画廊和画商原来各有10家左右，到20世纪90年代已经各增加到100多家。近年来新加坡的画坛日趋活跃，不断举办大型画展及各种宣传活动。新加坡已举行10多次美术作品拍卖会，当地画家的作品深受欢迎。新加坡著名艺术家陈瑞献在文学、书法、绘画、雕塑各方面都表现出强烈的独特风格，获得国际艺术界的极高评价。他曾为中国现代文学馆多位作家签名的瓷瓶设计绘画；为中华千禧展作序；为纸张的发明家蔡伦墓园整修设计方案。2000年，他接受中国华夏文化艺术传播中心的邀请，在青岛智园风景区的自然崖石上，刻印世界科技文化巨匠肖像画、《华严经》故事及狂草书法雕塑作品《心经》。

❧ 三、舞蹈

新加坡是一个多种族、多民族、多种文化交织融合的国家，不同的种族文化使得新加坡舞蹈异彩纷呈，并且呈现出多民族共舞的盛况。新加坡舞蹈大致分为三类：宫廷舞蹈、民间舞蹈、现代舞蹈，多元化文化是新加坡舞蹈中最鲜明的主题之一。

（一）宫廷舞蹈

宫廷舞蹈吸收了部分中国戏曲的元素，不论是精神文化，还是动作及人物形象都具有明显的中国色彩。华人将中国戏曲舞蹈带到了新加坡并逐渐发展起来，新加坡的华人又将中国戏曲舞蹈和新加坡其他种族的舞蹈结合起来，创造出既有中国文化精髓，又有新加坡特点的舞蹈作品。此外，新加坡宫廷舞蹈还受到了东南亚其他国家文化艺术的影响，宫廷舞蹈又带有一定的东南亚特色，舞蹈造型多以"三道弯"为主，膝部外开，做半蹲状。由于新加坡的地理位置和历史传统，新加坡的很多舞蹈往往会受周边国家的影响，如受泰国宫廷舞影响的阿昔舞、受印度尼西亚苏门答腊宫廷舞影响的蜡烛舞、依奈舞以及加美兰朱吉舞等。马来族流传至新加坡的宫廷舞蹈里最著名的要数朱吉舞，一般在庆典和社交场合中演出。新加坡的宫廷舞蹈同时也受到了印度教的影响，新加坡人民高度重视印度的宫廷古典舞蹈，该舞蹈带有浓厚的宗教色彩，给人一种神秘莫测的感觉。较著名的印度古典宫廷舞蹈有克塔克舞、曼尼普利舞、婆罗多舞、格塔克里舞。新加坡对不同种族的宫廷舞蹈文化进行了吸收、发展，多元文化相互交融，为新加坡的宫廷舞蹈增添了魅力。

（二）民间舞蹈

新加坡因其独特的地理位置，民间舞蹈受到中国、印度、马来西亚等相邻国家的文化艺术影响较大，在新加坡兼容并蓄的过程中，新加坡民间舞蹈包括中华民族的民间舞蹈、马来族的民族舞蹈、印度族的民间舞蹈。

1.中华民族的民间舞蹈

中华民族的民间舞蹈多种多样，舞狮、舞龙、红绸舞等众多经过改编的民间舞蹈由华人传播到新加坡，福建流传至新加坡的歌舞采茶灯舞、海南黎族的打鼓舞深受广大新加坡群众的喜爱。1947年8月，中国歌舞剧艺社受邀到新加坡访问演出，并组织了培训活动，指导新加坡的舞蹈爱好者学习、排练中国的舞蹈节目，对中华民族舞蹈的传播起到了重要的作用。20世纪50年代以后，新加坡舞蹈家将中华民族的民间舞蹈与其他种族的民间舞蹈加以整合，融入民族友好的题材。

2.马来族的民间舞蹈

马来舞是新加坡的文化符号之一，马来族大多数民间舞蹈来自宗教的祭祀活动和节日的娱乐活动，也有一部分是由宫廷舞蹈流入民间演变而成，大致可分祭祀舞、鼓乐团舞、社交娱乐舞等三类。马来人通过组织公益性的文艺演出发展马来族的文化和艺术。与中华民族的舞蹈一样，马来族舞蹈的发展同样受到外国来访舞蹈团队的影响。来访舞蹈团体将马来族的圆舞、手帕舞、碟舞、伞舞和围巾舞传入新加坡，成为新加坡民众喜闻乐见的舞蹈形式。

3.印度族的民间舞蹈

新加坡印度族有许多著名的民间舞蹈，有些表现宗教内容，有些表现自然季节内容，不仅内容丰富多彩，而且各具特色，深受群众欢迎。主要舞蹈形式有彭戈拉舞、格塔舞、波瓦依舞和拉斯舞等。

（三）现代舞蹈

新加坡除了宫廷舞蹈和民间舞蹈外，还有现代气息浓厚的现代舞蹈。新加坡的多民族文化环境和相对开放的地理位置，使新加坡的现代舞蹈更多地体现时尚性和适应性。新加坡的现代舞受国际现代舞风潮和编舞者思维的影响而具有国际化和地域化双重特性。新加坡兼收并蓄的多元文化土壤使现代舞在新加坡生根发芽。1984年新加坡政府宣传部设立的一个新广舞蹈团，确立了现代舞融入新加坡文化体系。新加坡将西方现代舞和东方传统舞结合起来，实现了传统与现代的对话，在发挥舞蹈传承文化功能基础上发展现代舞，使其更符合时代的特点、更具有时代的精神。

❖ 四、博物馆

1.新加坡国立博物馆

新加坡国立博物馆以一幢两层的19世纪的建筑物作为馆舍，最早建于1849年，最初被命名为莱佛士博物馆，规模很小。1887年扩建为现有气势壮观的馆舍，1960年被正式命名为国立博物馆。1969年新加坡政府决定，大力发展博物馆事业，立即开展改进国立博物馆的工作，使它成为新加坡最权威的艺术和文物的殿堂。经过3年的努力，到1972年新加坡国立博物馆成为新加坡和东南亚的民族学、民俗学、历史和艺术的中心。新加坡政府在20世纪末建成一个博物馆群，以现有的国立博物馆为中心，另建五个新馆：国家美术馆，儿童博物馆，新加坡历史博物馆，东南亚人种博物馆和反映新加坡人民的生活方式、节日、习俗等亚洲文化的人文馆。国立博物馆于2003年4月再度闭馆整修，并于2006年12月正式恢复开放，以最先进而又丰富多彩的方式展示新加坡历史，也是新加坡最大、最古老的博物馆。博物馆代表性的收藏包括中国、马来西亚、印度等国的移民所带来的陶器、家具、珠宝、装饰品，以及东南亚的纺织品等。除了举办各种展览外，还经常开展各种节日庆典和大型活动，展示各种文化和艺术遗产。国立博物馆主要包括两个大馆，即新加坡历史博物馆和新加坡文化生活博物馆。新加坡历史博物馆展现新加坡各族群的民俗传统及民族文化，设有8个浓缩了新加坡历史的永久性陈列，展示了14世纪以来新加坡社会生活及风俗习惯等人文环境的演变过程。新加坡文化生活博物馆是以新加坡的传统生活为主题的展示馆，展示不同时期新加坡人的生活模式。

2.新加坡美术馆

新加坡美术馆于1996年开放，是东南亚最先具备国际标准博物馆设施与计划项目的美术馆之一，专门收藏及展示20世纪新加坡与东南亚的近现代美术品，收藏了6 500余件艺术品。虽然美术馆的历史不长，但它所在的建筑物是1852年由一位法国神父设计建造的，颇具历史价值。通过国际与文化结构的战略性合作，新加坡美术馆在推动视觉艺术教育、交流、研究与发展等方面成绩卓然。新加坡美术馆以展出绘画、雕像、影视、摄影、新媒体、表演等丰富多彩的艺术形式，向公众传达东南亚当代艺术家的创作理念及东南亚地区特色的美学价值观。新加坡美术馆通过举办各种艺术展览来提高新加坡人对艺术的鉴赏能力，为新加坡营造良好的文化氛围。

3.新加坡科学馆

新加坡科学馆在1977年12月10日正式开馆，被誉为亚洲十大科技馆之一，其规模及内容的新颖完全可与东京国立科学博物馆媲美，与新加坡国立博物馆同为新加坡政府教育部的直属单位。该馆总陈列面积为6 000多平方米，拥有4 000多件展品。科技馆展示与人类生活息息相关的科技主题，例如能源、电子、进化、宇航、太阳能、核能、数学等，作品分别陈列在7个展厅内，公众通过自我探索得到对科学知识的认识和体会。科学馆不仅举办科技展览，还经常举办各种与科技相关的讲座、会议和专题研讨等，同时培训中小学教师，至少有20万人次参加过培训。科学馆每年举办一次科学双周活动，如科学夏令营、科学美术比赛等。科学馆中互动花园展示光与风力之间的关系，是亚洲第一个户外科学互动园。

新加坡博物馆现代化水平很高，在情报检索、库房管理、文物保养与保管、科研手段、陈列方式、教育设施和人员管理上运用电脑网络系统，提高了工作效率、工作水平和馆员的素质。

新加坡博物馆除了基本陈列、临时展览之外，还把博物馆的公众教育职能延伸到社会的各个角落，强调公共服务的精神。此外，新加坡各类博物馆工作受到社会的支持与监督，志愿者可以主动承担翻译和导游等工作。

第四节　　**文化特点**

新加坡文化具有多元共生性。新加坡的语言、文学、音乐和绘画等方面多元性十分明显，其形成的原因有三个方面：一是人口结构因素，新加坡是由移民组成的多民族国家，多元民族决定了多元文化的形成。二是各族群文化的自我传承与保护，各族群继承本族文化的特性。三是统治者实行多元文化的自由政策。英属殖民时期，这些政策主要体现在法律秩序、行政管理、市政建设、商业娱乐和教育等方面。人民行动党政府继承与发扬东方文化的优秀传统，直接吸收西方文化，学习掌握先进的科技知识和管理经验，重塑了多元文化因子组成的道德观念、价值取向和思想意识。

在新加坡多族群的交往中，新加坡文化逐渐形成了以下三个特点：第一，新加坡多元文化的兼收并蓄，体现了不同种族文化的交汇与融合。多种文化相互融合、混合，形成了鲜明的文化特征。在新加坡马来文化的影响下，人们形成了尽忠和服从心态，该心态在新加坡得到了弘扬，将这种敬主的意识转化为对国家的忠诚意识。作为一种宗教信仰，伊斯兰教宣扬普世性的观念，注重人与人之间的平等、公正，伊斯兰文化的这种传统的价值内核在新加坡也得以保留。在新加坡，印度文化中的激进主义思想被剔除，其主要发挥着信仰的功能，因而印度文化中的风俗习惯、生活方式等得到了继承，对社会整体的影响在于其宣扬的"包容"和"仁爱"的思想。

第二，儒家文化的主导与多元族群相统一。独立之后，一方面，新加坡政府集中推行儒家文化的政策，更扩大了这种文化在社会中的影响。另一方面，人民行动党将建设一个多元民族文化的国家，注重民族平等、宗教宽容和多种语言文字并重的内容写入建国纲领，重视本土民族丰富多彩的传统文化，及各族民族文化的交相辉映，努力建设多元文化环境。在新加坡，华人是最大的族群，这使得儒家文化在新加坡有广泛的受众群体。儒家提倡的"知行合一""格物致知"的价值观在全社会得到了广泛的认同，起着主导的作用；东方文化的中央集权政治传统和儒家文化的原则及选贤任贤的治国理念构成新加坡政治文化的核心。

1991年，新加坡政府在继承儒家思想核心价值观念的基础上，融合各族文化的基本精神、并吸收西方文化的有益成果，提出了"共同价值观"，以此作为建构国家认同和民族意识的蓝本。华人传统文化的和平主义思想、印度教文化的容忍精神和马来文化的友爱传统等多元文化价值共生，以儒家文化为主导的，以重人际关系、重个人内心的精神修养为特征的东方文化和重科学与民主、崇尚自然与理性的西方科技的融合，促使新加坡建立了稳定、和谐的政治秩序，创造了经济奇迹。

新加坡文化的另一个特点是传统与现代的有机结合。一方面，人民行动党采取了全方位开放性的政策，西方的商品、机器和科学技术被引入新加坡，西方的管理方式、文学艺术甚至价值观也随之涌入，改变着新加坡人的行为方式、传统的家庭观念和结构；大力发展创意文化产业，文化产业与国家发展战略紧密结合，通过文化产品的推广，带动文化产业的发展，开展新加坡旅游节、新加坡艺术节、新加坡花园节等特色文艺活动，带动新加坡当代旅游业和艺术、园艺、园林等相关文化产业的发展，在一系列措施的推动下，新加坡的摄影展、美术展、书法展、舞蹈、话剧、电视节目、电影蓬勃发展，在国内外享有盛誉。另一方面，新加坡仍保留古色古香的店铺、庙宇、会馆和祠堂，自主设立新加坡文化遗产节、新加坡艺术节、新加坡花园节、新加坡季等诸多极具特色的传统文化活动。

第六章　社会

新加坡是一个移民国家，素有"世界民族博物馆"的称号，多民族、多宗教是其主要特征。在这个国土面积近700平方千米的国家，生活着华人、马来人、印度人、缅甸人以及欧亚混血人等东、西方移民。走在新加坡的大街小巷，随处可见各族人民平等相待、和睦共处，展示出一幅多元和谐的族群地图。新加坡社会的稳定与发展，与其多年来施行的民族与宗教政策密切相关。本章将简要概述新加坡民族与宗教的基本情况，分析政府为维护社会和谐采取的一系列举措，最后简要介绍新加坡各民族的生活习俗及其节日情况。

第一节　人口与民族

一、人口

据新加坡统计局官网公布，2017年新加坡永久居民人口有526.6万人，人口密度为7 796人/平方千米，是世界上人口密度最高的国家之一，位居世界第二，仅次于摩纳哥。新加坡历史上人口增长速度最快的时期是1947—1967年，由于高生育率和大批移民的进入，新加坡新增100多万人，人口增长一倍多。

独立后，为了减轻人口的压力，新加坡政府实行控制人口数量和提高人口质量的生育政策，提倡优生优育和小家庭模式。1965年《新加坡家庭计划与人口委员会法案》颁布，1966年新加坡家庭计划和人口委员会成立，委员会负责宣传和普及家庭计划，实施人口控制计划，降低出生率。新加坡政府还宣传小家庭的优越性，从商业广告到大众传媒，传播新加坡需要小家庭的宣传主题思想。1970年堕胎法和自愿绝育法生效，放宽绝育条件，国民一旦提出申请，就可以施行绝育手术。为了配合生育政策，政府实施配套的相关政策，取消多子家庭申请公共住房的优先权，取消为大家庭提供税收优惠和特权，按胎次增加公立医院分娩费等。1972年新加坡进一步收紧人口政策，推行"一家只生两个孩子"的政策，家庭计划和人口委员会提出新加坡需要有两个孩子的家庭。新加坡控制人口增长的政策取得明显效果。新加坡的出生率从1964年的32%下降到1970年的20%以下。1959年出生人口为64 060人，到1977年下降到18 580人，人口增长率下降到1.4%。1960—2017年新加坡总人口和年均增长率如表6-1所示。

表6-1　1960—2017年新加坡总人口和年平均增长率

年份	总人口/万人	年平均增长率	年份	总人口/万人	年平均增长率
1960	164.6	—	1995	301.4	0.2%
1965	188.7	3%	2000	327.3	0.17%
1970	201.4	1%	2005	346.8	0.16%
1975	226.3	2.5%	2010	377.2	0.16%
1980	228.2	0.2%	2016	393.4	0.8%
1990	273.6	0.4%	2017	396.6	0.8%

资料来源：新加坡统计局网站，http: www.singstat.gov.sg/.

随着经济社会生活的现代化，多代同堂的大家庭不断解体，家庭逐渐小型化。新加坡人口出现了新问题——人口老龄化和人口低出生率，尤其是受教育程度高、收入多的育龄夫妇不愿多生育。1984年，新加坡实行新的人口政策，鼓励高等学历的育龄妇女生育3个或3个以上的子女，并规定其子女享有优先入学和进入重点中学的权利，同时鼓励家庭收入少或教育程度低的妇女少生育。然而政府鼓励优生的政策效果甚微，生育率持续走低。1986年，新加坡政府确认低生育率为国家最严峻的问题之一。这一形势使新加坡政府放弃对优生优育的热衷，全面调整生育政策，实行鼓励生育的政策。1986年新加坡家庭计划和人口委员会撤销，人口工作交由部级人口委员会负责，1987年新加坡政府人口政策的口号改为"如果有能力，三个不算多"，给予多生育者奖励，放宽税收减免限制，取消小学注册的优先权，还帮助公民支付抚养孩子的费用，新加坡政府设立婴儿花红计划，包括一次性的现金奖励、政府向儿童发展账户存入基金、资助孩子的教育和保健等措施。但是新加坡政府的措施收效甚微，新加坡的生育率仍一直偏低，2017年的人口自然增长率只有0.8%，究其原因主要是延迟结婚和生育率降低。

在适婚年龄男女延迟结婚及生育率持续低落的趋势下，新加坡的人口老龄化现象愈发严重。据估计2030年之前，新加坡老年人的数量将翻两番，达到90万人，而他们的生活将仅仅依靠数量较少的中青年劳动力通过工作来赡养。现在在新加坡每6.3个20~64岁的劳动者赡养1个65岁以上的退休公民。到2030年之前，将会只有2.1个劳动力赡养1个65岁以上的退休公民。随着人口的流动和受教育程度的提高，更多的新加坡年轻人选择离开本国，新加坡的人口和劳动力数量进一步减少，老人赡养率不足的问题更加严重。可以预见，新加坡消费者将会继续缩减，国内企业无法找到足够的人力资源。新加坡政府意识到严峻的人口问题，从20世纪90年代开始放宽移民政策的限制。李显龙总理曾说："我们都知道我国出生率低，但是我们并未找到一个完美的解决方案。事实上很多社会体都没有找到。在我们找到答案之前，其中一个有效的解决方法就是引进更多的移民。"新加坡贸工部在2012年9月公布《人口与经济》报告指出，新加坡需要拥有高技术的外来人力，协助发展新兴行业，同时也需要有节制地引进外来劳动力，以应对建筑业、制造业、医药保健及社会服务业的人才需求。

近年来，新加坡在引进外来人口方面曾过于冒进及急躁，导致公共交通及住房等基础设施的拥挤和超重负荷，从而引起了民众的强烈不满，使民众将矛头转向政府及外来人员。新加坡当局重视国人的承受度，除了提出新加坡人优先的政策外，引导公众参与到国家人口政策的制定中来，并提出建议，提高新加坡出生率和接纳外来人口。可见，提高生育率及继续引进外来人口承担新加坡国内的工作，促进经济的增长是新加坡政府的一项重要选择。

🌸 二、民族

（一）多元民族

新加坡是一个多民族的国家，共有十多个民族。截止到 2017 年 6 月，新加坡人口（包括公民和永久居民）共有 397 万，其中华人占 74.3%，马来人占 13.4%，印度人占 9.0%，其他民族占 3.2%。华人、马来人和印度人在人口数量上堪称新加坡三大族群。

新加坡三大族群因来自不同的地方，相互差异明显，而每个族群内部也是由不同的民族组成。华族，由于祖辈们来自中国的不同地区，分成福建帮、潮州帮、广州帮、海南帮、三江帮、客家帮等六大帮，包括十多个方言群。华族在人口上占多数，在经济上一直占有长期的优势，但因属于移民群体，故而在政治上一直受排挤。在马来族群中，有马来人、爪哇人、波亚人、布吉斯人、邦加人、米南加保人等。马来人作为土著居民，虽然具有政治地位，但是因为其不重视教育，多从事农业，所以在经济上一直处于劣势，即使政治上享有特权也不能改变这种局面。在印度族群中，包括泰米尔人、旁遮普人、锡兰人、锡克人、古吉拉特人、孟加拉人、泰卢固人、帕坦人和僧伽罗人等。其中，来自印度南部的泰米尔人最多，所以泰米尔语就成了新加坡印度人的代表语。在新加坡既有泰米尔文小学，还有泰米尔报纸。除了这三个主要族群外，新加坡社会还有欧洲人、欧亚混种人、阿拉伯人、尼泊尔人、日本人、美国人、缅甸人、泰国人以及犹太人等。来自世界不同地方的民族，在先后一百多年的时间里汇聚到新加坡这个弹丸之地，使其民族构成呈现多元化的特点。长期分而治之的种族隔离政策致使新加坡各族群之间出现经济分层，并导致文化隔阂的鸿沟。新加坡独立之后，致力于族群融合、共同价值观的建设，建构新加坡人的身份认同，国内几乎没有发生过大的民族冲突。

（二）民族关系

不同的时期，新加坡的族群关系也有所不同，或冲突，或和谐。但是在建国以后的 60 多年间，并未发生因族群矛盾而引发的社会动荡，形成了以和谐与稳定而著称的新加坡社会，这对于一个异质性极强的多元移民社会的国家建构是非常成功的。

1.独立以前的民族关系

这一时期新加坡的民族问题和民族矛盾主要集中在马来人和华人之间。由于历史上的原因，英国和日本殖民者在殖民统治时期实施的一系列措施，不仅人为地制造了一些民族隔离，还有意地挑起华人和马来人之间的民族矛盾，引起了暴乱和冲突，进一步导致了马来人和华人之间的矛盾和仇视心理。英国殖民者分而治之和优待马来人的政策，虽然初衷是偏向马来人的，但是却把马来人固定在了农村，导致了马来人的贫穷和落后。没有土地的华人，只有在城里谋生，通过教育努力提升自己，很快成为新加坡的高收入阶层。日本统治时期，马来人对华人的欺压更加剧了两个民族之间的隔阂。曾发生的一系列激烈的民族冲突迫使新加坡不得不选择独立。

2.独立之后的民族关系

1965年8月9日新加坡在被迫独立以后，国内政局动荡、社会秩序混乱、经济基础薄弱，在国际上孤立无援，处于复杂的国际与周边环境。长期以来新加坡复杂的多元族群关系发展现实以及1964年的两场族群暴乱让新加坡政府意识到，要想实现这个国家的生存与发展，必须将族群问题作为执政的重要任务来解决。真正对新加坡构成威胁的是族群沙文主义和极端主义。建国以后，严峻的国内外形势使执政的人民行动党面临了巨大的挑战，国内华族人口占多数以及处于马来人世界包围之中的地缘位置，决定了新加坡政府必须要谨慎处理各族群之间的关系，确保这个脆弱的多元族群社会可以在公平合理的基础上得到发展。

是以，如何妥善处理多元文化背景下的民族关系考验着新加坡政府的智慧。新加坡独立之后，政府确立多元一体的族群政策，强调要建设一个多元族群、多元文化、多元宗教的和谐社会，并将此作为社会公平正义的基础。由于华人占人口的绝大多数，所以政府强调华人不要有种族优越感，不可搞族群沙文主义，要认同新加坡，将新加坡作为自己的祖国，华人与马来人和印度人一样都是新加坡人。新加坡政府在政治、经济、社会和文化等诸多领域都坚持各族群平等的政策，禁止一切歧视和不公正，注重族群之间的平等对话而非同化政策，由此形成了新加坡特有的多元一体的族群关系结构。这种族群关系结构，一方面尊重各个族群独有的文化和价值理念，另一方面还必须要服从国家权威，以国家认同作为最高的归属对象。

新加坡的族群政策非常成功，多元共存的族群关系格局为新加坡带来了几十年的族群和谐与社会稳定。1969年以来，新加坡就再没有发生过大的民族冲突事件。

（三）多元和谐的族群政策

为了实现国家的生存和发展，新加坡政府决定实行多元和谐的族群政策。一方面，实行各民族的平等，不给任何民族以特殊地位和权利，强调公平竞争；另一方面承认民族差别，尊重民族特性，保留民族文化，让各民族按照自己的愿望和习俗去选择自己的生活。具体表现如下：

第一，注重民族平等，始终不渝地保护少数民族、少数宗教集团的利益。新加坡宪法第八十九条规定："始终不渝地保护新加坡少数民族、少数宗教集团的利益，应是政府的职责。"为照顾少数民族利益，新加坡政府始终坚持政党组织的多民族化，注意吸收马来人和印度人进入政治的高层，保证在国家政权里有各民族的代表人物和与各族人口相应的公务员比例，以防因民众心理上的不平衡而出现社会矛盾。此外，为了最大限度地保护少数民族的利益，新加坡政府还成立了相应的少数民族委员会，以实现各民族间真正意义上的平等。

第二，承认民族差别，着力提高落后民族的竞争力。在新加坡各民族中，马来人发展相对缓慢，政府针对这一问题，采取了一系列的措施。例如，在教育上，相较于本国的其他民族，政府对马来人免除学费且拨出专项教育资金，引导马来人奋发向上，努力缩小民族之间的差距；在经济上，政府出资对马来人进行一定专业技能的培训，使马来人适应工业作业，马来人被培训为熟练的技术人员，这样，他们的就业机会会大幅度增加，贫困问题就会得到相应的解决。

第三，尊重各民族的民族特性和文化。新加坡从不主张以文化素质较高的民族去同化文化素质较低的民族，相反，政府主张保持和发扬各民族的传统文化，以创造更加丰富多彩的新加坡文化体系。李光耀多次强调："各个不同人种、文化、语言以及宗教所具有的各种优良特点必须保存下来。"建国伊始，政府就规定马来语、汉语、泰米尔语和英语为四种官方语言，具有同等地位。在国民教育方面，新加坡推行"双语教学"政策，即在教育过程中实行英语加各自民族母语的教育方法。英语本身是国际通用语言，并不专属于某一民族，就新加坡国内的各民族而言，相互间没有一定的特权，彼此之间地位平等，从根本上避免了语言问题所产生的一系列问题，从而维护了新加坡多语言文化环境的和谐与发展。

第四，以国家意识强化民族凝聚力。新加坡在全国范围内推行的民族政策，强化国家认同与统一国民意识教育。在新加坡独立初期，李光耀曾提出过，新加坡作为一个民族成分复杂的移民国家，并不单单是某一民族的国家，而是一个多元民族的国家，也是一个拥有独立主权的民主国家。之后，在人民行动党的执政过程中，李光耀强调要大力培养"国家意识"，使国民成为真正意义上的"新加坡人"，以国家意识为主导，积极淡化各民族间的差异，增加国家凝聚力和向心力，为新加坡国内各民族的和睦相处打下坚实的基础。

第二节　教育

❦ 一、教育体制

新加坡是英联邦国家，其教育制度是从英国传统的教育制度中发展而来的。新加坡非常重视教育的发展，发展教育事业是新加坡一项长期的基本国策。早在独立之初，教育同住房、就业并列为新加坡社会三大亟须解决的问题。以发展教育繁荣外向型经济、增强国力、融合各民族，以教育作为构建新加坡国家与民族的极为重要的组成部分，政府通过立法的形式确立"人才立国"的教育理念，完善教育体系，提高人力资源的质量，这一系列举措使新加坡成为世界上教育高度发达的国家之一。

新加坡教育体系非常复杂，有很高的国际认可度，其基本组成包括幼儿教育、小学教育、中学教育、职业教育和大学教育。在新加坡小学学制为六年，小学一年级至四年级是基础教育阶段，所有课程为必修课，有四门主课，包括英语、美术、科学和母语，还有音乐、美术、公民教育、社会、体育。所有小学生在六年级期末都要参加小学离校考试，考试包括四门主课。中学学制为四至五年，学业完成后的学生需要通过新加坡普通教育证书考试（GCE）。从2003年以后，小学教育对国民是强制性的，在修完四至五年的中学课程后，可选读理工学院（三至五年）或高中（二至三年），其后半数学生能升入大学。新加坡小学、中学的毕业统考（PSLE），剑桥普通水准会考（GCE O LEVEL）及剑桥高级水准会考（GCE A LEVEL）是教育制度中重要的衡量尺标，其中会考成绩能直接影响升学。

新加坡的学校分为公立学校和私立学校，公立学校一年有2个学期4个学段，每个学段上10周课。与中国教育制度相比，新加坡中小学一般采用半天制，除了上课之外，每个学生每周至少有一天要留校参加课外活动，初级学院、大专和理工学院沿用开放全日制。新加坡私立学校开设市场需求紧俏的专业，如语言、工商管理、市场营销、公共关系、酒店旅游等专业。这些课程很多与英、美等国家的著名学府联合办学，学生可以获得这些大学相应专业的文凭，也可以继续到英、美等国的母校深造。

新加坡非常重视教育的发展，教育制度强调双语、体育、道德教育、创新和独立思考能力等教育并重，形成了以分流筛选为基础的因材施教制度和精英人才培养制度的基本特点。新加坡政府推崇因材施教的教育方针，致力于培养精英人士。用于教育的专项经费约占全国经费预算支出的12%，比美国还高。为了培养精英人才，新加坡从小学开始实行因材施教的原则，按照智力水平、兴趣爱好、语言能力对学生进行分类，分类指导培养，既出专才、通才，也出天才。为达到此目的，新加坡采取了一些措施，一是实行分流制，在小学四年级、六年级各进行一次全国性的分流选拔考试，小学毕业后分别进入特选课程班、快捷课程班、普通课程班三类不同的中学，再在其中选拔优秀人才。二是强化高等教育。加大经费投入，外聘优秀师资，改进教学设备，吸纳国内外的优秀学生，引入有效的竞争机制，逐渐打造真正意义上的精英队伍。例如新加坡国立大学在亚洲排名前十，从20世纪70年代末开始，该校设立奖学金，选送成绩优异者到世界各著名大学深造，并在他们回国后委以重任。通过这种方式培养顶尖人才，并且进一步激发新加坡人读书求学的热情。

新加坡政府始终把办好教育作为重要职责，不但改革和完善教育体制，更不断增加对教育的投入。1990年开始推行教育储蓄计划，政府拨款10亿新元作为该计划的启动资金，后又追加到50亿新元，还实行教育财政资助计划等措施保障低收入家庭的孩子获得受教育的机会。1991年制订的"新加坡：新的起点"长期规划中，把教育放在优先发展的位置，并不断加大对教育的投入，每年对教育的投入占到了年度财政支出的20%，在世界发达国家中始终排在前列。1992年新加坡教育开支是27亿新元，2011年达到107.89亿新元，增加幅度接近3倍，教育支出达到了GDP的3.37%，教育支出仅次于国防开支，排在第二位，占财政收入的21.6%。2006—2011年，教育财政投入年平均增长率为9.19%，远高于同期GDP年均7.8%的增长率。近年来，新加坡教育投入的资金来源逐步走向多元化，社会和私人领域加大教育投资，但是政府的教育经费投入始终占到全部教育投入的80%以上。此外，新加坡大力投资教育设施的建设，新加坡高等学府有着一流的教学环境、优秀的师资队伍、国际化的教学视野和严谨的教学管理，本国学生接受世界一流的学历教育和职业技能教育，也吸引了大量的国外留学生到新加坡学习。

❧ 二、 职业教育

新加坡社会经济发展的成功与职业技术教育的发展密不可分。经过长期的改革与创新，新加坡的职业教育在办学形式和培训方法上灵活多样，创建了适合本国国情的职业教育模式，在新加坡的经济建设中发挥了巨大作用。早在自治初期新加坡初创职业教育体系。到20世纪60年代中期，新加坡的职业技术教育已初具规模并形成体系。建国后的新加坡为了大力发展出口工业，需要足够的专门技术人员、管理人员和熟练工人来管理和使用外国先进设备和技术。1968年，新加坡设立全国工业训练理事会和技术教育局，以培养管理人才和技工为重点，大力发展职业教育，开发人力资源。20世纪70年代起，新加坡将发展和完善职业技术教育作为建校重点，并对职业技术教育的课程及内容进行改革，设立与经济发展需要相适应的技术教育课程及内容。20世纪70年代末，新加坡工业类型开始由劳动密集型转为技术密集型，新加坡政府对职业教育进行了相应的改革，确定了新的统一的分流教育制度，职业技术教育正式纳入正规教育范围，职业技术教育和普通教育合流，实现了双规统一的教育制度，确立了职业培训证书与正规学历证书的平等地位，严重冲击了歧视职业技术教育的传统观念。1991年，新加坡"新加坡：新的起点"的长期规划中为此后20年的社会经济发展做出规划，与此相适应，职业技术教育也有了新的改革与发展。工艺学院代替了职业训练局，注重为工人提供正规教育和训练机会，力求打造出世界一流的劳工。职业教育不仅是新加坡教育的主体，还是新加坡经济发展的支柱之一。

新加坡的职业教育分为初等职业教育、中等职业教育和高等职业教育三个层次。初等职业教育由工艺教育学院来承担，主要培养技术人才，提高学生的职业技能素质。其学生主要为从小学分流的一般学生，如北烁学校，专收小学会考不及格的学生。中等职业教育由理工学院来承担，主要培养技术应用型人才，为学生提供理论与实践相结合的技能训练。其学生是从中学分流的，学生的英语、母语和数学都达到及格水平，具有普通教育N水准或O水准文凭，但学术能力较差，如工艺教育学院，这为学术能力较弱的学生开辟了另一条具有世界级水平的学习渠道，让毕业生在就业市场上具有实用性的持续就业竞争力。高等职业教育由大学来承担，提供多样化的职前培训和在职培训，如新加坡理工学院。进入新加坡理工学院的学生必须通过剑桥N水准或O水准考试，或在工艺教育学院毕业后通过考试被录取。

新加坡职业教育采用当今世界普遍推崇的职业教育模式，与德国双元制模式、英美的能力本位模式、澳大利亚的TAFE模式相似。新加坡教学工厂模式是把学校和工厂紧密结合，给学生提供工厂的生产环境，让学生把学习到的知识应用到生产中去，同时又通过生产的过程学到新的知识和技能。具体做法是：理工学院一、二年级学生，工艺教育学院的一年级学生学习基本专业理论课程和进行基础技能训练；理工学院三年级、工艺教育学院二年级学生依据专业方向进入项目组进行实际生产操作，项目组是由校企联合举办，设立以教学和技能训练为目的的生产车间，学校从厂家承揽工业项目，厂家以提供或借用的方式在学校装备一个与实际工厂完全一样的生产车间，学生在教师或技术人员的指导下进行实际生产操作，学生充分运用所学理论知识，通过实践操作学会未来上岗所必须掌握的基本技能。教学工厂模式的精髓在于推行产学结合、校企结合的方式，把教学和工厂紧密结合起来，给学生提供工厂的生产环境，让学生通过参与生产过程学到实际知识和技能。

　　新加坡职业教育取得显著的成就，原因有：其一，新加坡政府高度重视职业技术教育，把教育培训和技能发展放在突出的地位，使职业技术培训制度化，加大对职业教育培训的投入。职业院校的教学设备往往比工厂的设备还要先进，以保障学生掌握最先进的设备使用和操作方法，毕业后适应企业的要求，在生产过程中能解决企业遇到的问题。在职业教育学院的实验室，学生有机会使用和操作世界领先的数控机床和先进的电子检测设备。其二，建立奖励机制，鼓励多渠道办学。新加坡运用法律和计划手段奖励机制，建立培训职工的技能发展基金，通过向雇主征收技能税，从而广泛开展职业技术教育，这是新加坡职业技术教育的一大特色。另外，政府负责成人就业前培训，选择有培养前途的青年出国接受培训，与发达国家跨国公司联合举办各种培训中心，高等院校也承担职业培训的任务。其三，职业学校拥有优秀的师资人才队伍。职校的专业教师必须经过大学教育并有一定的相关专业的工作年限。政府鼓励有成就的技术人员和管理人员进入学校做兼职教师，与学生分享经验。学校重视教师的发展，根据学校自身的需求或教师个人的需要为教师提供培训，派遣教师到国际知名企业学习，参与这些企业的技术开发，引进企业项目到学校，鼓励并组织多专业师生共同完成项目，提高全体教师的科研能力和技术水平。其四，注重职业技术教育的实用性、超前性和产学结合。政府各职业培训机构和各职业培训中心以实用性为原则，一起了解技术需要，制订培训计划，确定课程内容。各中心注重研究国际新技术，以创造更多掌握新知识、新技术的机会，所实施的培训具有明显的超前意识。

　　新加坡奉行了几十年的教育体制使得新加坡的教育水平名列世界前茅，也使其成为一个名副其实的"教育移民"国家。随着社会的发展，新加坡教育制度的弊端显现出来，如学制分流制度产生了教育歧视与教育固化的现象。在新加坡教育界，"改革教育制度"的声音此起彼伏。2019年3月，新加坡教育部进行了大刀阔斧的教育改革，包括学制及大中专院校的入学制度的调整等。从2024年起，新加坡的政府中学将不分快慢班，统一实行四年学制。同时，将在2027年推出新的全国统一考试，取消剑桥Ｏ水准考试。新加坡教育部也将实施新的高等教育学府招生制度，在报读初级学院、理工学院或工艺教育学院的招生与录取方面将有新的规定出台。随着考试制度的变革，新加坡教育必将为其和世界输送更具多元化的人才。

第三节　　宗教

新加坡是一个多族群国家，其宗教上也表现出多样性，除了拥有佛教、道教、伊斯兰教、基督教、锡克教等教派外，还拥有犹太教、琐罗亚斯德教，也有华人新创的"儒、道、佛"三教合一和"儒、道、释、耶、回"五教合一的宗教。

一、多元宗教

新加坡是一个移民社会，移民带来的宗教信仰维系着一条文化感情的纽带，新加坡的宗教与种族关系密切。多元民族带来了多元宗教，新加坡被誉为"世界宗教的大观园"。从三大宗教到一些几乎绝迹了的小宗教都可以在这里找到踪迹。除拥有佛教、道教、伊斯兰教、基督教、印度教、锡克教等各大教派外，新加坡还拥有最古老的犹太教、琐罗亚斯德教，也拥有最年轻的天理教以及华族所新创的"儒、道、佛"三教合一和"儒、道、释、耶、回"五教合一的宗教。新加坡主要有五大宗教，分别是佛教、道教、印度教、伊斯兰教和基督教。

佛教、道教主要是由华人传入新加坡的。佛教是新加坡第一大宗教，而华人是佛教的主要信徒。新加坡的佛教以大乘佛教为主。随着佛教的传播与发展，新加坡设有多个佛教组织，主要有新加坡佛教僧伽联合会、佛教青年联合会、世界佛学会、新加坡佛教联盟、佛教青年联合会、新加坡锡兰佛教会、佛教居士林等。近几年来，新加坡佛教组织正努力使其组织结构和宗教仪式现代化，以满足社会日益复杂的人群要求。

新加坡信仰道教者约占总人口的18.3%，道教信徒基本上为华人。新加坡的道教徒崇奉的神以大伯公、妈祖、关上圣母、关帝君最为普遍，其中信仰妈祖神最为盛行。由于教派复杂，新加坡道教一直没有统一的组织，直到1979年后才出现几个道教组织，如新加坡三清教会、新加坡道教总会等。

伊斯兰教是由阿拉伯商人于12世纪传入新加坡的。穆斯林约占新加坡总人口的14.7%，具有马来或巴基斯坦血统的民众基本上为穆斯林，另有一部分印度血统的穆斯林。新加坡建有清真寺约80座，其中较为著名的有花蒂玛清真寺和苏丹清真寺。此外，新加坡国内还设有多个伊斯兰教组织，其中成立于1968年的新加坡伊斯兰教理事会是新加坡伊斯兰教的最高领导组织，管理新加坡伊斯兰教事务。

印度教是由印度移民传入新加坡的。19世纪初，英国殖民者占领新加坡后，从南印度贩运大批泰米尔人到新加坡做苦役，随着印度劳工和移民的进入，印度教传入新加坡。如今，新加坡保留有多座印度教神庙。其中，最古老、最重要的印度教神庙是1843年建于南桥路的室利·摩里亚曼寺，另一个重要的寺庙是1859年建于探克路的檀底楼特波尼寺。信仰印度教者占新加坡总人口的5.1%，基本上为印度裔。主要的印度教组织有印度教咨询委员会，成立于1917年，是一个旨在督促政府关心印度裔的宗教、生活习俗和各种涉及印度裔公共福利事务的行政组织；印度教布施基金会，根据1968年印度教徒布施法案成立，负责一些主要的印度寺庙的管理和布施财产分配工作。此外，还设有新加坡兴都协会、北印度兴都协会、新加坡信德族兴都教协会、兴都中心等。

基督教是随着英国殖民者的到来而传入新加坡的。新加坡的基督教徒中，一部分是天主教徒，一部分是新教徒。信仰基督教者占新加坡总人口的18.3%。新加坡基督教拥有强大而完善的组织，主要的组织有全国基督教理事会、新马基督教联合会、中华基督教联合会、亚洲基督教协会、新加坡天主教总主教公署、耶稣善牧堂、圣约瑟堂、圣母圣诞堂等。

在一百多年的历史发展进程中，各族都保留和弘扬自己的文化传统和宗教信仰，共同构成了多元民族、多元宗教的新加坡。

❖ 二、宗教和谐政策

新加坡政府推行宗教信仰自由，宗教平等、中立的立场，即多元宗教政策，倡导各宗教组织和团体之间相互尊重与和睦相处，各宗教界限在多元和谐的文化环境中模糊了边界，相互共存共生、不分彼此。作为一个多元民族社会，宗教关系的稳定对推动新加坡种族和谐、社会和谐与稳定，甚至保障国家安全等方面具有举足轻重的作用。

1.不设国教，坚持宗教信仰自由原则

鉴于其他东南亚国家设立国教导致宗教冲突和社会混乱的教训，新加坡不设国教，让各宗教处于平等的地位。新加坡政府鼓励人们信仰宗教，给予人们宗教信仰的自由。新加坡国家宪法的第十五条规定："人人享有信仰、践行和传播宗教的权利。"在新加坡，信仰不同宗教的公民在权利、义务上完全平等。与此同时，在提倡宗教信仰自由的同时，新加坡政府也清醒地认识到，在种族、宗教多元化的现代社会，毫无节制的宗教自由是不可想象的。因此，在新加坡，政府给予公民宗教信仰的自由，但是这种自由是以遵纪守法和尊重他人信仰为前提的。

2.政治与宗教分离，反对宗教干预政治

新加坡多元宗教政策的另一个主要内容就是反对宗教干涉和介入政治，严格执行政教分离。虽然一直以来有很多宗教人士参与了社会慈善、教育等方面的活动，但是，新加坡在宪法和其他的法律中再三强调"宗教与政治必须有严格的区分"，"宗教团体不应该卷入政治"。

3.倡导宗教间和谐共处，相互包容

宗教间的和谐共处是新加坡能否生存与发展的一个先决条件。

为了确保宗教和谐，一方面，新加坡政府鼓励各宗教间加强交流，相互包容、相互尊重，如1949年的"宗教联合会"和1992年的"宗教和谐总统理事会"，两者皆是以确保各个宗教团体之间和谐相处为主要职责；另一方面，新加坡政府规定了宗教团体在行使自由权时不能超越的界限。1989年12月发表的《维护宗教和谐白皮书》规定了新加坡各宗教团体与信徒在处理与其他宗教的关系时必须遵守共同的准则，即认清新加坡是一个多元种族、多元宗教的国家，应该特别留意避免冒犯其他宗教团体的感受；各宗教信仰共同的道德价值应该加以强调；尊重他人宗教信仰的自由，也尊重他人选择或拒绝某种宗教的权利；管制本教的信徒、教徒、教会负责人或传教人员，不让他们对其他宗教和宗教团体有任何不敬的行为；不鼓动或煽动本身的教徒，使他们仇视或以暴力对待其他宗教或宗教团体。

❧ 三、全球化与宗教发展

伴随全球化的进程，世界宗教多元主义也逐渐成长起来。全球化背景下的宗教多元主义具有两面性。它在推动宗教和平与和谐的同时，也会给社会的和谐造成挑战。首先，科技全球化有利于宗教的传播。互联网时代，各个宗教不再受限于传统的传播方式，现代传播方式的趋同性与开放性也有利于宗教间的正当竞争与相互交流。其次，全球化推动了宗教的跨国式发展。在全球化的背景下，越来越多的境外宗教团体来到新加坡成立分支机构或会员组织，这些跨国宗教组织往往具有国际经验和全球视野，同时又能结合新加坡本土社会人文环境，既为新加坡的宗教生态圈注入活力，又增强了宗教内部的扩张力。与此同时，新加坡本地的宗教团体也搭乘全球化的便车在世界范围内吸引人才和增加社会资本。最后，现代公益理念往往伴随全球化而不断发展，也为新加坡宗教带来了公益理念上的变化，使得新加坡宗教更加世俗化，更符合现代社会价值观念。如针对环境污染问题，一些注重环保的佛教寺庙倡导"环保是慈悲"的理念，改变进庙就要拜佛烧香的传统习俗，以"无烟香"替代，或提倡点"心香"。伴随全球化所带来的世俗化，宗教往往也会不自觉地介入世俗性议题中，给新加坡不同宗教之间以及宗教与世俗之间造成分裂。

第四节　　传统风俗

❧ 一、饮食习惯

新加坡是一个多族群的国家，有华人、马来人、印度人等，基于种族的多元化，饮食亦呈现非常多样化的特点。在新加坡能遍尝各国风味，尤其是独具东南亚特色的美食。因此，新加坡被誉为"美食者的乐园"。

1.中式美食

中国菜是新加坡最受欢迎、种类最丰富的菜系。新加坡的华人主要来自中国华南沿海地区，故大多华人及其后裔比较喜欢甜食。新加坡中国菜呈闽粤琼地区特色。粤菜在新加坡非常受欢迎，以清淡典雅和推陈出新而闻名。从简单的叉烧面到精心制作的上汤鱼翅或脆皮乳猪，都令人食欲大增。新加坡的许多餐馆在午餐时都推出粤式点心，以蒸或炸等方式做出的点心颇受欢迎。除了粤菜，其他比较有名的中国菜还有北京烤鸭、上海鳝鱼、潮州卤鸭、海南鸡饭、客家酿豆腐等。新加坡华人的主食以米饭和包子为主，不爱吃馒头，下午习惯吃点心，新加坡华人喜爱吃油炸鱼、炒虾仁、鱼香茄子及一些海鲜食品。此外，新加坡华人大都喜欢饮茶。当客人到来时，新加坡华人通常会以茶相待。每逢春节来临之际，新加坡华人还经常会在清茶中加入橄榄之后饮月，并且称之为"元宝茶"，寓意为"财运亨通"。平时，新加坡华人还有饮用按一定配方加入中药的补酒的习惯，如鹿茸酒、人参酒等都是他们平时常饮的杯中之物。

2.马来美食

马来人基本上都是穆斯林，遵从伊斯兰教教规。他们以大米为主食，喜食辣，尤其爱吃咖喱牛肉。沙嗲是最受当地人及西方游客喜爱的酱料，一串串腌好的牛肉、羊肉或鸡肉在炭火上烤熟后，再蘸上用花生及椰浆调制而成的沙嗲酱，非常美味。此外，新加坡最常见的另一道马来特色美食是椰浆饭，即配以椰浆和班兰叶蒸煮而成的白米饭，必要时也可加入其他的香料，如黄姜与香茅，以增加香味。椰浆饭在新加坡的受欢迎程度已完全超出族群限制，不少卖椰浆饭的店面为华人经营。马来人招待客人只用冰水或茶水，而不会用酒。

3.印度美食

新加坡的印度菜主要分为北印度菜与南印度菜两大菜系。北印度菜味道比较温和，辣味适度，其代表美食为宫廷菜。南印度菜味道浓烈、辛辣。印度人爱吃大米饭和印度罗提饼，饮红茶、咖啡、冷开水，禁食牛肉。主要特色菜肴有咖喱鱼头、克什米尔腌味及印度式伊斯兰教美食。此外，印度式素食是世界上最受欢迎的美食之一。印度人大多是素食者，所以在素菜的菜色研究上也最花心思，面包、米食、豆类、混合蔬菜、沙拉、点心和甜食，无不匠心独具，风味奇佳。

此外，狮城新加坡也有它自己独特的菜系，即众所周知的"娘惹菜"。"娘惹菜"实际上就是中国菜和马来菜融合而发展出来的颇具当地土生文化特色的狮城传统菜系。普通的中式菜肴，加入几许马来西亚式偏辣风味烹煮，就成了独具特色的"娘惹菜"。最为普通的食品是"乌打"，包在香蕉叶里的鱼肉配上椰汁和香料，异常美味。

✤ 二、服饰特色

新加坡是地处热带的国家化都市，因而新加坡人的穿着既强调清爽舒适又注重仪表仪容。随着现代化进程加速与民族融合加深，新加坡各族群日常衣着在日趋同化的同时，又保留着各自的民族服饰传统。

1."娘惹"服饰

新加坡华人主要由海峡华人（男性称峇峇，女性称娘惹）和中国华南闽粤移民两大类组成。随着新加坡社会经济飞速发展，海峡移民后裔又多为富商或权贵，偏好精美服饰和珠宝，其服饰文化在保留华人和马来人传统特色的同时，融合西式元素，形成"娘惹装"。全套娘惹传统服饰包括哥芭雅上衣、马来风格印染纱笼、洛可可风格绣花镶珠拖鞋及中国传统吉祥图案金银胸针等饰物，充分展现其融合多民族服饰文化的特点。娘惹服装多为轻纱制作，具有典型的热带风格。其颜色，不仅有中国传统的大红、粉红，还有马来人的吉祥色——土耳其绿。

值得一提的是，新加坡航空公司空姐身上穿的制服就是娘惹女装，脚上穿的是嵌珠拖鞋。新加坡人把娘惹服饰视为本国的传统服饰，其源自马来人与华人的文化交融，体现新加坡对多元族群和多元文化的包容，并展现了新加坡服饰文化兼容并蓄的典型特色。

2."纱笼"服饰

马来族群信奉伊斯兰教，遵循穆斯林的服饰禁忌，服装保守，几乎遮住全身，其特点为宽、松、大。最著名的是男女都可穿着的"纱笼"，分为便服和传统礼服。其中礼服讲究做工，尤其是传统女装都是用专门的丝绸或布料制成的，图案优美，工艺精巧。穿上传统女装，头披一条单色薄纱巾，是适用于任何场合的马来女装搭配。男款纱笼分为长短两种款式：长款纱笼称为"卡因"，短款纱笼称为"宋阁"。在节日庆典、婚礼仪式等重要隆重场合，马来男子会穿上最正式的全套传统礼服，头戴"宋谷"，腰系"宋阁"短纱笼，下穿与上衣配套的阔腿长裤，脚穿皮鞋。

3. "莎丽"与"托蒂"

新加坡的印度女性传统服饰以"莎丽"为主，其一般长5.5米，宽1.25米，两侧有绲边。穿着莎丽时，上身会穿露肚脐的短袖衫，下面穿着上紧下收口的灯笼裤。莎丽的缠法也因地区和种姓的差异而不同，穿法有上千种。印度男性着装以白色为主，传统的男子服饰叫"托蒂"，实际上就是一块缠在腰间的布，上身肥大，是过膝的长衫，也被称为白袍。

新加坡政府职员和教授上班时，一般是西装笔挺。传统民族服装大多出现在传统节日和婚嫁丧礼时。

❀ 三、社会习俗

1.家长制

新加坡的社会盛行家长制。新加坡社会对年龄和资历极为重视，这主要来源于儒家文化中对年长的人和辈分较高的人的尊重与重视，这是世代相传的文化中的一个部分。公众场合，不管认识还是不认识，较年长的人总是最先被介绍，坐上位，吃最精美的食物，人们对老人总是毕恭毕敬，见到老人即给予其尊称，这种称谓不代表其之间有亲属关系，只是一种简单的礼仪，出于对年长者的尊重。新加坡人对父母、长者的呼唤随叫随到，在父母、长者讲话时从不插嘴。可见，年长就意味着有更高的社会地位。这来源于中华文化中尊敬老人的观念。与此同时，身居高位的人往往也很受尊重，即使他们的年龄并不大。但近年来这种趋势稍有变化，由于互联网的影响和文化的交流，年轻一代在思想上变得更加独立。在工作职场，雇员通常对上级非常恭顺，公司管理机制中也体现了家长制的思维。

2.礼仪礼貌

新加坡社会非常重视礼仪礼貌，践行"礼貌之道重于行"的准则，新加坡政府大倡文明礼貌之风，文化部印发了《礼貌手册》，对公民在家庭、学校、工作场所的礼貌提供指导，公共场所张贴讲礼貌的宣传口号。在人际交往中讲究礼貌、以礼待人，不但是每个人所具备的基本修养，而且已成为国家和社会对每个人所提出的一项必须遵守的基本行为准则。

3.习俗禁忌

（1）政府禁令

新加坡治理公共安全与卫生环境的一个重要而有效的举措是重罚。如乱丢垃圾，初犯者将被处以1 000新元罚金，累犯者将被处以2 000新元罚金。新加坡全面禁售、禁食口香糖；在公共场所严禁吸烟，不准乱扔烟头及其他杂物。新加坡法律规定，在电梯、公共交通工具、影院，特别是政府办公大楼严禁吸烟，违者将被罚款500新元。过马路严禁闯红灯，否则将被罚款50新元，如再犯则加倍处罚。新加坡人养成了良好的行为习惯，注重维护公共卫生和保护环境。在新加坡，任何人开枪射击他人，不论是否造成伤亡，一律将被判处死刑，杀人、贩卖毒品的人则会被处以绞刑。严格的惩治制度是新加坡国家维持善治的有力措施。

（2）宗教禁忌

新加坡是一个多族群国家，因此，在新加坡要注意不同族群的差别，尊重不同民族的宗教信仰，尊重不同民族的生活习惯。新加坡十分注意维护宗教的严肃性，尊重各宗教的创始人，禁止在商业活动中使用宗教性的词语和符号。在公开场合避免谈论政治和宗教。

（3）社会习俗的禁忌

在新加坡，约会最好事先预约，并准时赴约，切忌失时、失约。应邀到新加坡人家中做客，进门前应该脱鞋，新加坡人不喜欢听"恭喜发财"的祝词，他们所理解的发财是发不义之财。在新加坡，用食指指人、用紧握的拳头打在另一只张开手的掌心上，或紧握拳头、把拇指插入食指和中指之间，均被认为是极端无礼的动作。双手不要随便叉腰，这在新加坡人看来是生气的表示。用餐时勿把筷子放在碗和盘子上，也勿交叉摆放，应放在托架上。与东南亚大多数国家一样，新加坡人视头部为心灵所在，头被人触摸即被视为受到侮辱，因此不要随意摸别人的头，尤其是小孩子的头，这在新加坡不是亲热和善意的表现。

新加坡人对数字也有禁忌，认为4、6、7、13、37、69是消极的数字，最讨厌7，平时尽量避免使用该数字。同时新加坡人视黑色为象征倒霉、厄运之色，紫色也不受欢迎，他们偏爱红色，视红色为庄严、热烈、刺激、兴奋和宽宏的象征，也喜欢蓝色和绿色。

第五节　节日

新加坡是一个多民族国家，政府推行多元融合的民族、宗教政策，在节假日的安排上也体现这种文化的多元性。新加坡日历上印有公历、中国农历、印历和马来历四种历法，各民族按照自己的历法庆祝不同节日。政府将各民族的节日重新整理，制定出了新加坡的法定节假日。新加坡每年法定的 11 个全国节假日中有 6 个与宗教有关，它们是伊斯兰教的开斋节、哈芝节（古尔邦节），印度教的屠妖节，佛教的卫塞节（浴佛节），基督教的耶稣受难日、圣诞节。其余节日包括新年、国庆日（8 月 9 日）、国际劳动节，以及华人的春节和端午节。

一、共同节日

新加坡全民共同节日有 3 个，法定假日各 1 天，包括新年、国际劳动节和国庆节。新年，是新的一年的开端，为公历 1 月 1 日，属于世界性节日。新年前后，人们会向亲朋好友寄送新年贺卡，表达新年的祝福。

五一国际劳动节定在每年的 5 月 1 日，是全世界劳动人民共同拥有的节日。5 月 1 日当天，新加坡举国欢庆，向新加坡各领域劳动者表达敬意。劳动节对于新加坡而言，其意义不只局限于一个欢庆的假日，或者是劳动人民请愿斗争的集会日，它同时还具有团结各阶层各族群人民、巩固民众国家认同感和归属感的更深层的社会意义。

国庆日是每年的 8 月 9 日，以纪念新加坡于 1965 年 8 月 9 日脱离马来亚联邦而独立建国。每年的这一天，政府例行国庆典礼活动。全国人民会聚在一起，用声势浩大、壮观的游行、集体舞蹈和大型烟花表演来庆祝这一节日。以此彰显当代新加坡人对国家的认同感和归属感，展现出新加坡作为一个独立的国家致力发展的雄心和信心。

二、华人主要节日

作为新加坡第一大族群，华人主要的节日为春节、清明节、端午节和中元节等。此外，还有带有宗教性质的卫塞节。

春节，华人农历的正月初一、初二两天为法定假日，并根据华人的农历纪元来确定公历的放假时间，一般在公历1、2月份。春节是中国的农历新年，是华人最大的传统节日。因新加坡的华人大多数是中国东南沿海地区的移民及其后裔，所以新加坡华人的春节习俗与中国闽粤一带比较相似。春节前大扫除、采购年货，腊月二十四送灶王，农历腊月三十全家一起吃团圆饭，除夕守岁以及正月初一到正月十五拜年并走亲访友。在除夕当晚有很多社团组织的舞狮、舞龙表演。此外，2018年新加坡政府首次将"妆艺大游行"与"春到河畔"相结合，为节日的欢庆氛围锦上添花。集祈年、庆贺、娱乐为一体的春节，凝聚着海外华人的情感追求和灵魂寄托，传承着华夏民族的家庭伦理和社会伦理观念，是新加坡华人最为重视的传统佳节。

清明节是华人重要的节日，一般在农历三月初一前后（公历4月4日至6日），是华人纪念祖先的传统节日。清明节前后的两个星期，人们会携带祭品、鲜花，到墓地去扫墓，祭拜祖先。

卫塞节是在每年农历四月十五日。它是以华人为主体的佛教徒的节日，纪念佛陀的诞生、悟道和涅槃。在卫塞节这一天，新加坡的佛教徒们或到寺院行法事，或是做一些安老、济贫的活动，政府官员往往也到寺院看望僧众。

此外，新加坡政府为了传承与发扬中华文化，特别是年轻一代华人对五千年历史的中华文化的认识，从1990年开始，每年在6月13日至7月13日举办华族文化节，文化节活动包括举办华人书展、传统舞蹈、赛龙舟等。

✿ 三、马来人主要节日

新加坡穆斯林节日包括开斋节与哈芝节，法定假日各1天。

开斋节是马来人最重要的节日，每年伊斯兰教历法的九月是斋月。在为期30天左右的斋月期间，穆斯林将大部分时间用来敬拜、行善举、施怜悯，黎明至黄昏时段禁食。禁食期间，白天不得吃任何东西，晚上才能吃饭。开斋节庆典以前往清真寺诵读祷告词拉开序幕，接下来是拜访父母。在其传统中，孩子们会请求长辈宽恕自己在过去一年中所犯的错误。穆斯林还将走亲访友，欢聚在一起，共享自家烹制的美味大餐。开斋节期间，马来人女性会穿上她们最靓丽的马来套装，有时还会配搭美丽的头巾。

哈芝节是穆斯林的重大节日，其因纪念一位虔诚的名叫哈芝的穆斯林而得名。哈芝节也称宰牲节，在回历十二月十日，穆斯林在伊斯兰教圣地朝圣，隔天举行会礼。庆祝仪式主要是宰牛羊，感谢真主，相互拜会馈赠。

四、印度人主要节日

新加坡的印度民族主要节日为屠妖节、大宝森节和丰收节等。屠妖节意指"万灯"，它是全世界印度教教徒最为看重的节日。在新加坡，屠妖节也被亲切地称为"万灯节"，被列为法定假日。时间为印度历七月一日，一般在公历10月或11月中旬。在屠妖节期间，印度教教徒都会穿上新衣，并与亲友分享糖果与点心。"小印度"街区的大街小巷都会张灯结彩，竖立起艳丽闪亮的弧形拱门，展现出印度族裔深厚的艺术造诣。节日市集与各类文化活动也趁此时纷纷登场，例如印度文物及工艺品展、街头游行、跨年音乐会等等。

大宝森节的时间为印度历十月的月圆之日，通常在公历1月至2月间。在此期间，信徒们会严格戒荤。大宝森节最吸引人的莫过于一年一度的大型游行。届时，在"小印度"街头，印度教徒会举行盛大庆典，用车载着神像游行庆祝，有些教徒身上负着铁架，刺着银针，以这种戏剧化的行为表示谢恩或赎罪。

丰收节相当于泰米尔人的新年，是以农耕为生的南印度人民庆祝丰收的节日，也是唯一按照太阳历来计算的印度人的节日。时间为每年的1月13日至16日，连续庆祝4天。丰收节期间，"小印度"社区会举办为期9天的系列节庆活动，包括供奉神牛、丰收厨艺大赛等。新加坡各大印度教寺庙也会在丰收节期间熬煮米粥，并举行特殊的祷告仪式。对今天的新加坡印度族群来说，丰收节的意义已不在于庆祝农事丰收，而是为了延续民族的传统文化，并且通过节日期间各种联系与交流，维系在现代化进程中日益淡化的族群凝聚力。

此外，新加坡还有诸如艺术节、花园节和文化遗产节等社交性的游乐节会。新加坡多元化的社会环境，使其对各族群的不同节日会有很大的包容性。各类传统、宗教在新加坡得到发扬光大的同时，也赋予其新的社会功能。多姿多彩的节会活动，逐渐成为维护民族团结和谐、促进社会多元融合的纽带，并日益成为新加坡吸引众多外国游客以及向世界展示本土特色文化最直接、最重要的窗口和平台。

　　新加坡独立之初，国内民族、宗教问题异常复杂，民族、宗教问题直接关系到国家的命运与前途。新加坡政府审时度势，采取灵活务实的民族与宗教政策，建立不同种族间的团结与宗教关系的和谐共存，基本实现了各种族和睦相处，不同宗教团体友好相聚、携手合作。与此同时，多元化的社会促进了新加坡政治与经济的良性互动，对新加坡现代化建设产生了巨大的推动作用。

第六节　　媒体

　　东西方文化的融汇及先进互联网技术的推广促进新加坡媒体形成全球视野，并以客观、中立、前沿的原则创作媒体独特的节目，积极拓宽国际合作的渠道，寻求媒体产业合作空间。新加坡努力打造集媒体融资、媒体交易、媒体应用和媒体服务功能于一体的亚洲媒体中心，在全球媒体中占据了一席之地。

　　为顺应全球媒体技术变革的潮流，保持新加坡媒体产业在全球的领先地位，新加坡媒体发展管理局于2008年推出《媒体融合计划》，制定2008—2013年新加坡媒体业的发展蓝图与战略，新加坡媒体发展管理局共投入2.3亿新元用以推动媒体产业的全面发展，着力把新加坡打造成为"新亚洲媒体可信赖的全球之都"。在该计划中，核心媒体主要由传统媒体和新兴数字媒体两部分组成。传统媒体包括广播电视、出版印刷、影视，新兴数字媒体是指在线媒体、移动媒体和游戏产业等。

❀ 一、报业

　　新加坡的多元族群文化突出反映在媒体上，无论是印刷媒体，还是广播媒体都是以英语、华语、马来语和泰米尔语出版或播出。新加坡的主要报纸隶属于新加坡报业控股有限公司（以下简称报业控股），该公司成立于1984年，是新加坡最大的出版发行机构，主业分别为报纸和电视。报业控股拥有18种全面覆盖和产品细分的报纸，分为英文、中文、马来文、泰米尔文四种出版文字，经营100多种杂志和20多家网站，多元经营电台、出版社、购物中心等。报业控股垄断了新加坡整个报刊市场，发行量最大的是英文报《海峡时报》和中文报《联合早报》，还有相应的网站，即亚洲网和早报网。新加坡79%的超过15岁的成年人阅读报业控股出版的报刊。报业控股经营总收入约为12.7亿新元，税后净利润3.7亿新元，收入回报率28.7%。核心收入仍是报纸杂志，2013年营收结构中，广告占62%，租金或服务占16%，发行占16%，其他占6%。总员工数约3 500人，其中采编约1 000人。设立了20个海外办事处，分布在亚洲乃至世界的各主要城市。

　　《海峡时报》是新加坡发展历史最久的报纸，1845年创刊，2013年发行量达44.9万份。该报坚持为本区域和世界大事做高素质的报道的宗旨，涵盖了国际、东亚、东南亚、新加坡的体育、金融、生活等多个领域，是新加坡国内读者最广泛的报纸。新加坡第一份中文日报《叻报》，享有"南洋第一报"之美誉，创刊于1881年，每日发行，于1932年停刊。它是东南亚第一份华人报刊，在世界华语报刊史上具有里程碑的意义。目前，新加坡的中文报纸有《联合早报》《联合晚报》《新明日报》《我报》《星期五周报》等。其中，《联合早报》创刊于1983年，是在1923年创刊的《南洋商报》和1929年创刊的《星洲日报》的基础上合并而成，2013年发行量达到17.2万份，是新加坡及东南亚地区销量最多、最权威的中文日报。《联合早报》还发行到中国，是唯一获准在中国发行的外国报纸，在北京、上海等地也有驻华记者和销售网。此外，早报网与母报《联合早报》编辑室紧密合作，更快、更好地呈现新闻。网站上除了早报印刷版的新闻内容外，也有即时新闻、世界文萃、专题板块等，新闻从早上7点不间断更新至晚上9点，这些即时新闻由遍布世界各地的早报记者负责回传，主要集中于本地、财经、中国、副刊等板块。新加坡报业控股有限公司旗下报纸如表6-2所示。

表6-2   新加坡报业控股有限公司旗下报纸

英文报	华文报	马来文报	泰米尔文报
《海峡时报》	《联合晚报》	《每日新闻》	《泰米尔钟声报》
《海峡时报星期刊》	《新明日报》.	《每日新闻星期刊》	
《新报》	《星期五周报》		
	《大拇指》		

除了当地新闻出版物外，在新加坡发行的还有约 5 500 多种外国报纸和其他出版物，及在新加坡驻站的国际新闻机构、记者、摄影师等，其中包括美联社、路透社、新华社等知名新闻机构。

❧二、广播业

新加坡广播业发端于1936年，私人电台开设无线电广播业务。1941年电台被海峡殖民地和英联邦共同管控的半官方机构马来亚广播公司接手。在日占时期，电台更名为"昭南放送局"。1946年英国殖民者重返新加坡，将电台命名为"马来亚、新加坡及马来亚电台和新加坡电台"，总部设在新加坡。1957年，其分成马来亚广播台和新加坡广播台，1965年新加坡文化部广播局接手电台，并重新命名为新加坡广播电视台，延续了建国前的播出语言和播出区域，以中短波向听众提供以四种官方语言（包括七种华语方言）播放的节目。1969年7月1日，新加坡电台开播调频广播，1975年英国广播公司将其建在马来西亚的转播站转移到新加坡，从此新加坡开始转播英国广播公司播出的英语及其他13种语言的节目。1980年新加坡广播公司成立，同年新加坡政府颁布《新加坡广播公司法令》，从法律上赋予新加坡广播公司对广播电视的监管职能。新加坡广播公司一方面提供广播电视服务，另一方面掌握着对经营广播电视通信器材厂商颁发执照的权力。1999年新加坡广播开始数字广播业务，以增强本土广播的竞争力。

"丽的呼声"电台在新加坡广播发展史上具有举足轻重的地位。早期的"丽的呼声"伦敦国际电台作为私营营利机构，主要向英国偏远地区转播BBC伦敦广播。后在新加坡成立"丽的呼声"新加坡公司作为分支机构，提供华语方言、英语及马来西亚语节目，成为新加坡

20世纪50年代至80年代较为重要的娱乐媒体。在20世纪80年代，其听众最高纪录曾达到1.2万人。现今，新加坡"丽的呼声"电台已经成为新加坡唯一的付费数字广播电台，也是世界上率先尝试提供付费数字广播服务的机构，旗下有15个广播频率，内容涉及新闻、音乐、娱乐、教育等方面，面向新加坡乃至全球播出。

目前，新加坡有三家广播电台为听众提供广播服务，分别是新媒体电台、新加坡武装部队战备军人协会电台及联盟传讯。新媒体电台发展成为新加坡最大的电台网络及东南亚区域的主要广播机构。新传媒旗下经营13个无线广播电台，主要采用英语、华语、马来语和泰米尔语等为各族群和不同文化背景的听众提供资讯、新闻和娱乐。战备军人协会电台以军人为主要服务对象，采用英语和华语播出流行音乐和娱乐新闻。联盟传讯经营两家电台，即中文台Radio 100.3和英文台Radio 91.3，中文台是新加坡华乐团的指定电台，全天候播出华语音乐节目，英文台提供多样化的舞蹈音乐、歌曲和娱乐节目。

三、电视业

新加坡电视业发端于1963年，以新加坡广播电视台推出英语、马来西亚语节目的5频道和播出华语和泰米尔语节目的8频道为标志。1974年，新加坡开始播放彩色电视节目。1984年新加坡广播公司开办了12频道，提供非营利性的公共服务电视节目。1994年依法成立新加坡广播管理局，作为新闻与艺术部下属的法定机构，对新加坡的广播电视业进行监督和管理，规范广播电视服务并发放执照，控制接收设备的使用，确保持有广播电视执照的公司履行公共服务的义务，制定节目方针，收取执照费等。新加坡政府通过广播电视业的公司化增强新加坡媒体的竞争力，以应对传媒全球化的挑战。由此，新加坡广播公司改组为新加坡国际传媒有限公司，有意将新加坡发展成为亚太地区广播与通信领域的中心。新加坡国际传媒由新加坡广播公司、新加坡电视公司、新加坡12频道及新加坡国际通信公司等四家独立的股份公司组成，由新成立的新加坡广播管理局负责监管，但各自独立经营。其中新加坡国际通信公司负责无线电视和广播信号的传送业务，由国家拨款支持，其他三家的运营经费大部分依靠广告收入，有义务播送一定时间的公共服务节目。改组后，新加坡电视公司经营5频道

（英语）、8频道（华语）及体育城频道（英语体育节目）。1999年新传媒新闻私人有限公司成立，成为新加坡第三家提供无线电视服务的公司。新传媒新闻负责经营亚洲新闻台，以英语报道亚洲及世界时事。中国、印度、韩国、印度尼西亚、澳大利亚及中东国家的观众可通过有线电视收看到亚洲新闻台的节目。

❀ 四、新媒体

随着互联网通信和数字技术的发展，新媒体成为新加坡民众获取信息的重要渠道和平台。自2010年1月28日起，国家图书馆管理局在图书馆网络上为图书馆用户提供"新加坡报纸"在线服务，用户可以快捷地通过网络搜索、浏览和检索新加坡所有报纸的新闻内容。新加坡人普遍使用现代化无线通信网络、智能手机及应用软件，2012年有70%的新加坡用户使用应用程序（APP），2013年则为75%。据统计，截至2014年7月，新加坡政府所注册的社交媒体账号及政府新媒体项目网站250个。

在硬件设施、使用规模、科技水平等多种因素的带动下，网络和新媒体迅速成为新加坡人的生活常态，在经济产业和信息传播领域发挥重要作用，继而直接影响到了新加坡社会大众的生活方式及政府在新型网络传播形态下的媒体管制和政策传播策略。新加坡政府秉承务实的政策理念，充分调动新媒体的建设性作用，大力发展高附加值的新媒体研发与制作。2003年新加坡广播管理局、电影与出版物管理局、新加坡电影委员会合并，共同成立媒体发展管理局，负责传媒业、互联网的开发和规范。2016年4月重组后的资讯通信媒体发展局接管新媒体规制监督工作。为了支撑新媒体项目的长线发展，新加坡报业控股旗下的数码集团成立总额为1亿新元的新媒体基金，用于开拓新媒体项目的投资、收购或孵化。

第七节　　社会保障

新加坡的社会保障制度由公积金制度和社会福利制度构成，在短时间内有效解决国民老有所养、病有所医、居者有其屋、学有所教的社会保障问题，被公认为东南亚乃至世界范围内社会保障制度成功运行的典范。

❀ 一、公积金制度

新加坡中央公积金制度于1955年建立，是政府立法强制个人储蓄、采取完全积累模式和集中管理模式的社会保障制度，由最初的退休养老储蓄计划逐渐发展成为集养老、医疗、住房、家庭保障、教育与资产增值等多种功能为一体的综合性社会保障体系。该公积金制度实行会员制，受雇的新加坡公民和永久居民都是公积金局的会员，向公积金局缴纳公积金，公积金局将每月利息一并记入会员账户，在资金分配上，根据新加坡《中央公积金法令》，55岁以下的会员拥有个人账户分为三部分：一是普通账户，可用于购置政府组屋，支付获准情况下的投资、保险和教育支持以及转款填补退休户头；二是保健储蓄账户，用于支付本人及直系亲属住院医疗费用；三是特殊账户，限于养老和特殊情况下的应急支出，一般在退休后动用。会员年满55岁时，普通账户和特殊账户的资金向退休账户转移，此时的个人账户由退休账户和保健储蓄账户组成。会员的公积金账户每年经过国家审计局审计并对外公开，新加坡的公积金制度透明度高、监督和约束机制强。此外，新加坡政府还通过财政支持，建立旨在改善低收入者生活状况的社会保障制度，主要有住房补贴、生活救济、教育补助、医疗补贴、就业服务、儿童补贴、交通补贴等。

为了弥补公积金社保制度在社会互济目标上的欠缺，新加坡建立完整的社区互助体系，作为新加坡社会保障体系的重要组成部分。新加坡社区组织点多面广，参与的组织众多，社区理事会、家庭服务中心、邻里联络站、残疾人资讯及转介中心等机构发挥各自优势，帮助有困难的民众解决生活问题。2005年新加坡设立社区关怀基金，通过公民咨询委员会为有困难的群体提供灵活多样的帮助，解决就业、协调生活方面的困难。

❀ 二、社会福利制度

1.住房社会保障

新加坡是全世界公共住房社会保障制度运行得最为成功的国家之

一。新加坡的住房政策从一开始就是其国家建设的基本国策，是新加坡国家建设的核心。新加坡的住房保障制度是将市场调节与社会需求有机统筹，构筑的渐进性的、多层次的住房保障体系。为中低收入者提供的保障性住房，统一由住房发展局负责统一投资和组建，高收入者的住房则由私人投资商投资建设。新加坡政府早在1960年就颁布了《住房与发展法》，根据该立法成立了住房发展局，其启动经费由国家以低息贷款形式拨给，对亏损部分，政府将之列入预算并负责补贴。住房发展局负责规划、建造和管理所有公共住房，其工作主要包括：一方面，为中低收入居民提供住房，实施政府确定的建屋计划，包括征用土地、拆迁安置、规划设计住宅区、策划基础设施建设、安排承建商建造房屋等；另一方面，也负责公租房的出租、出售和物业管理。政府通过拨款、补贴政策和土地法令，为住房发展局提供了充足的资金和土地保障。

    1964年新加坡政府推行"居者有其屋"计划，依法大量投资建房供广大中低收入者承租和居住；同时还为购买公共住房者提供补贴，购买的住房不同，补贴的额度也不同，保证大多数人买得起房、住得起房。1968年又修改了中央公积金法，将公积金应用范围扩展到住房领域，构建了新加坡以住房公积金制度为主，以廉租住房、廉购住房、租住补贴为辅，多层次的住房社会保障制度，形成了以《住房公积金法》《住房与发展法》为中心的住房社会保障法律体系。新加坡政府不单追求公共住房数量上的增加，而且也注重提升住房质量。1988年成立以选区为基础的社区组织市镇理事会，负责控制、管理、维修与改善公共组屋居住环境，推进旧组屋及其公共设施的翻新计划。通过40多年持续实施"居者有其屋"计划，有87.7%的居民居住在组屋内，其中79%是廉价屋。住房发展局还致力于优化住房结构，建设各小区配套的公共服务设施，包括学校、银行、超市、饭店、体育馆、电影院、托儿所、图书馆等。"居者有其屋"计划成功地促进了新加坡国家政治、经济与社会的稳定。

    2.社会医疗保障

    新加坡的医疗保障制度是世界上最为完善的医疗保障制度之一。新加坡早期医疗保障制度沿用英国全民公费医疗保障制度的模式，但随着二十世纪六七十年代新加坡人口的增长及全民医保模式造成的医疗资源过度使用与浪费，政府负担过重。从20世纪80年代起，新加坡政府改革医疗保障制度。新加坡政府先后制订出了多项医疗保障计划，主要包括保健储蓄计划（Medisave）、健保双全计划（Medishield）和保健基金计划（Medifund），简称"3M"计划，病患可以动用保健储蓄账户的存款为本人或直系亲属支付医疗费用，还允许以公积金保健储蓄账户的存款投保，用于支付因重病治疗和长期住院而保健储蓄不足的费用。1991年新加坡提出由政府拨款建立专项基金的设想。1992年新加坡议会批准通过《医疗基金法案》，1993年4月，医疗保健基金正式设立，基金用于援助在保健储蓄计划和健保双全计划外仍无法支付医疗费用的贫困患者，对他们实施医疗救济。三重医疗保障安全体系确保了新加坡公民获得基本的医疗保障。

新加坡医疗保障制度属于政府强制个人储蓄的完全累计模式，强制性地把个人消费的一部分以储蓄个人公积金的方式转化为保健基金，再由保险公司和储蓄基金对服务提供者进行补偿，政府仅对无力承担医疗费用者提供一定补贴。新加坡的医疗保障制度是以个人储蓄为基础，患者用自己的钱支付医疗费用，个人若多花费了医疗费，就会挤占养老费和购买住房的费用。因此，在支出医疗费用时，会提高个人的费用意识和责任感，进行自我约束，不会无病求医、小病大治，避免对医疗资源的过度使用，通过患者的自我约束，也限制了医院开大处方的行为，避免药厂任意提高药价，促进了医疗市场的良性发展，而基本医疗费用没有吃"大锅饭"的问题，防止了平均主义的弊端。另外，新加坡采取纵向积累的方法，由个人、社会和政府共同承担医疗保障费用，解决老龄人口医疗经费筹集问题。在共同负担医疗保障制度的原则下，每个新加坡人都要负担自己的医疗费用，政府提供适当的补贴，保证每个人都能负担得起基本医疗费，但新加坡政府不为所有的医疗服务埋单。实施的健保双全计划具有社会统筹的性质，采取"社会共济、风险分担"的社会保险机制，作为保健储蓄计划的有益补充。保健基金的存在使得公民在遭遇重大疾病且无力承担高额医疗费用时，享受实际上的免费服务。

除了3M计划以外，新加坡政府还在2007年提出了乐龄健保计划，给予有需要的乐龄患者医药津贴，政府规定，只有65岁以上的新加坡公民才可申请获得乐龄保健基金的援助计划。新加坡政府还辅以暂时性的伤残援助计划和基本护理合作计划等医疗保障体系网，从不同层次规划、分担每名患者的医疗开支，将尽可能多的人群纳入医疗保障体系中，保障社会医疗体系的公平性和社会医疗制度的可行性。

3.公共教育保障

新加坡政府在不断提高国家教育水平的同时完善教育保障制度，建立了一整套从幼儿园到大学完善的教育保障机制。1989年新加坡政府推出公积金教育计划，利用公积金支付教育的原则，允许公积金会员运用账户的储蓄，支付自己或子女的大学学费，而且得到政府的大量津贴。新加坡政府分别在1993年和2004年推出"低收入家庭托儿补助金计划""幼稚园经济援助计划"，使得低收入家庭获得政府补助金，贫困儿童能够在优质的幼稚园教育中受益。1993年新加坡政府启动教育储蓄金计划，拨款10亿新元作为启动基金，此后政府根据经济发展情况逐年追加投资，拨款金额直达50亿新元。按照学生年龄的差异，教育储蓄计划给予不同方式的补助。公办全日制学校、半公办民办学校、新加坡体育学校、高中、艺术学校、教会学校和政府资助的特殊学校拥有教育储蓄账户，教育储蓄中小学基金会将补助汇入该账户。为鼓励学校推行更多的创新教学方式与课程，教育部通过提供资助、课程咨询等给予学校支持。2000—2005年，教育部共拨款1 700万新元。2014年教育储蓄计划为所有年龄为7~12岁的新加坡籍儿童提供小学阶段的教育储蓄款，即每年200新元；所有年龄介于13~16岁的青少年都获得中学阶段的教育储蓄款，即每年240新元。针对不同学龄段成绩优异的中小学生给予奖励，例如，小学五至六年级的学生成绩在同年级中前10%的学生可以获得350新元的奖学金。为了鼓励学生接受高等教育，新加坡政府在2007年拨款建立"中学后教育计划"，在2008年追加拨款3亿新元，学生获得资助额达到了950新元，可用于支付在政府规定的四所大学和相关研究所中学习的学费、杂费等。新加坡现在实行受教育的家庭可以享受政府津贴，学费和杂费只是象征性地收费的政策。

此外，新加坡政府给予华社自助会、回教社会发展理事会、印度人发展理事会和欧亚裔人士协会200万新元资助，鼓励它们设立自己的教育基金，在各自社区筹集捐款，推动与教育相关的活动，如购买书本及电脑等，确保更多的学生受到更多的教育上的援助。

第七章 外交

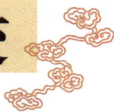

　　新加坡国土面积小，但地缘战略地位非常重要，是国际大国利益的交汇处。首先，在国际政治格局中，新加坡所在的东南亚地区一直是大国关系对抗及大国利益犬牙交错的地区。其次，从地缘环境上，新加坡被马来人世界所包围，缺乏先天优势。再次，从自身的体量上，新加坡作为亚洲面积最小的国家之一、东南亚唯一的城市岛国，没有战略纵深，又位于开阔地带，在安全防务上有着先天的脆弱性，领土、领海与领空缺乏有利的天然屏障。新加坡外交以实现以下三个方面的战略目标开展：促进经济的相互依赖；寻找军事同盟，维护国家安全；培养区域机制的大国平衡。国家的生存与安全问题是新加坡外交的核心问题，通过外交活动以维系东南亚地区的安全秩序，包括：（1）南海航道自由。这是新加坡的经济生存力的根本。（2）东盟内部的团结。新加坡借助东盟发挥有效的作用。（3）稳定的结构性权力分布。大国之间稳定的结构性权力分布是新加坡的主权独立与自主的保障。

　　人民行动党领导的新加坡政府根据国际环境和区域环境的变化，灵活地实行小国实用主义与地区安全的平衡外交政策，以生存与发展、协调大国关系、地区矛盾关系为内容，在地区和全球层面实施与经济、安全相关的外交策略、外交政策和外交实践，具体来说，新加坡外交决策体现出新加坡政府以国家安全与利益为本、注重与大国保持密切联系、注重国际政治前景发展的三大外交特点及现实主义外交原则，制定出适宜、灵活的外交政策，为新加坡获得了稳定的地区环境和良好的经济发展条件，有助于新加坡实现其外交最核心的利益——生存，并以一种中立有为、稳定与和平的方式运行外交政策。

新加坡建国以来三代领导人的外交逻辑与外交实践体现了确保新加坡国家安全这一终极目标。为了确保国家安全及主权，新加坡积极参与地区内事务、对大国实行势力均衡政策，其周边环境的处理是其外交政策的重点，维护国家安全、与大国平等对话，循序渐进地为新加坡在国际社会建构独立、平等、自主外交的地位。

第一节　　外交战略目标

新加坡经过李光耀、吴作栋、李显龙三位总理的领导，不仅在国家经济建设上，而且在外交上也获得了突出的成就。新加坡充分认识到自身小国的现实局限，把握住了地处马六甲海峡咽喉的地缘优势，建设国家军队，维护国家安全与利益。新加坡通过斡旋、调解的方式维持国家、地区间的和平与稳定，确保地区的安全与利益的达成，密切关注国际政治前景发展，严密预防与解决危机的同步跟进，适时调整外交策略。

一、国家的生存与安全是外交的首要目标

李光耀最初对亚非国家的不结盟、反殖民主义国防外交采用"毒虾战略"："新加坡应成为一只毒虾，在与鱼群共存的同时，又不会被大鱼吞掉。"新加坡独立后，薄弱的基础经济与面临的安全问题迫使新加坡政府强化外交战线，重视自身国防的权力与能力，因而加强自身军队的建设，每年投入财年收入的30%左右进行军队建设。新加坡拥有东南亚最先进的武器装备，新加坡的特种部队保持世界领先水平。人民行动党的领导人同时也认为外交是安全保障及维护国家领土和经济利益的重要手段。这一时期，新加坡政治地位较低、综合国力不强，为了捍卫国家安全和与大国共同在国际舞台平等对话，新加坡政府宣布外交不结盟，与承认新加坡主权完整及愿意与新加坡开展经贸关系的所有国家共处，包括苏联、中国和印度尼西亚等国。新加坡不结盟政策包涵了更深层次的经济利益诉求，外交以实现国家的经济利益为战略目标。

政治与经济的现实利益使新加坡既不能偏离西方盟国的战略部

署，又要在国际社会树立第三世界的国家形象。

吴作栋、李显龙沿袭李光耀时期外交战略，与各大国均保持一定的距离，以新加坡国家安全与利益为核心利益的外交政策得到国民的尊重与支持，同时也得到了国际社会的较高评价。李光耀逝世后，美国总统奥巴马在白宫发表悼文，评价说："李光耀是20世纪至21世纪的传奇人物，作为新加坡的开国元勋和外交谋略家，为新加坡做出了巨大的贡献。"英国首相托尼·布莱尔评价李光耀"是他遇到过最睿智的领导人"。纵观新加坡三代领导人的外交实践，新加坡一直都以维护国家安全与利益作为国家外交政策的核心目标。

❀ 二、强化与主要安全战略伙伴的合作关系

第二次世界大战后，美苏冷战加剧，东南亚地区成为大国争霸、争夺势力范围的前沿哨所，新加坡不得不借助大国力量维护自身国家安全，利用各大国的优势及它们之间的矛盾平衡大国在东南亚的势力，防止大国的权势过于强大而使新加坡沦为其附庸。新加坡首任外交部部长拉惹勒南提到需要平衡相互独立的国家主体，以适应相互依存的国际竞争。在独立初期，新加坡基于国际关系现实主义视角，承认大国势力在东南亚的影响，且大国之间存在竞争，认为大国势力的存在未必对该地区有害。

随着英军撤离，美国代替了英国成为新加坡新的安全合作伙伴。李光耀倾向于把新加坡看成东南亚地区的"以色列"，并认为新加坡跟以色列一样背后需要一个强大的美国支持，才能消除周边国家对新加坡在安全方面的威胁。在外部安全压力下，新加坡政府提出了外交的三个原则：第一，外交必须促使世界大国看到与新加坡的共同利益，并为新加坡的安全提供必需的协防；第二，新加坡必须持续地需要世界其他国家提供所需的公共产品；第三，新加坡必须有强大力量的支持。新加坡外交由亲英转向亲美，并取得美国在安全、经济及科技上对新加坡的援助。维系美国在东南亚的军事存在是新加坡对美关系的重要内容，也是其大国平衡战略的重要一环。李光耀多次出访美国，争取美国在政治、经济上的援助，游说美国商人投资新加坡，新美外交关系因紧密的经贸关系得到进一步强化。20世纪80年代末种种迹象表明美国与菲律宾、泰国、日本等传统的盟友关系有松动的迹象，

1992年菲律宾要求美军撤军，并收回美国在东南亚部署最大的军事基地。新加坡基于美国撤离后亚太地区出现新一轮的地区大国间的竞争与冲突，地区形势的不稳定局面威胁新加坡的判断，做出欢迎美国保留亚太驻留军事力量的战略决策，对外公开宣布美军可以进驻和使用新加坡军事基地。因此，在李光耀看来，美国的军事存在是维持东亚地区秩序与稳定的关键。

李光耀致力于维持大国均势的状态，以和平、中立、不结盟的姿态，在大国之间斡旋，同时加强与东南亚地区各国之间的团结和合作，与周边国家、第三世界国家建立友好往来，同时能与对立的美苏为首的东西方大国阵营内的各个国家建立友好的外交关系。李光耀的外交战略有利于维护新加坡的国家安全与社会发展，保证了新加坡对外关系的有利地位，为新加坡在国际上赢得了声誉，其外交政策成为后李光耀时代新加坡外交的基本构架与原则。李显龙时期，新加坡将美国作为盟友，开展联合军事演习，借助美国制衡亚太地区其他大国，特别是中国，使新加坡可以保持相对独立的地位，在利益各方之间传递信息和展开斡旋，赢得超越新加坡实力的国际地位。

❀ 三、以经济外交为主，持中立原则以实现大国平衡

新加坡从自身情况出发，淡化意识形态之争，以期获得政治上的多方支持和经济援助，外交不结盟政策使新加坡避免承担军事义务或卷入大国冲突；推动对外经济关系的多元化，也同第三世界国家发展友好关系。人民行动党的政要在谋求国家利益之时并不固守某种意识形态。1968年6月，新加坡与苏联正式建交，双方互派大使。新加坡把苏联强大的军事、经济实力作为平衡美日力量的最佳选择，苏联是新加坡实施大国平衡外交的关键性一环。

李光耀主张外交上应协调好与英国的关系，获得英国经济上的援助和国防上的协助；处理好与日本的关系，新加坡在战后不仅得到日本的赔偿，又廉价地引进了日本的许多先进技术、管理经验，促进了国内的工业化建设。鉴于周边国家的担心，新加坡不急于与中国建立正式的外交关系，但积极发展与中国的经贸关系，使新加坡成为中国除中国香港之外的最大海外外汇来源地。1991年李光耀提出了经济区域化的战略，为了消除东盟内部的政治歧见，提出以经济合作为基

础，使东盟发展成一个成熟的经济合作组织。经济区域化的重要宗旨是加强与东盟伙伴的传统联系，加强东盟各国经济合作，以提升竞争力。其次，新加坡成为地区经济发展的催化剂。最后，新加坡试图成为地区发展的中心，在地区贸易中起到枢纽作用。李显龙认识到，新加坡作为小国，实力有限，但鉴于它的地缘政治位置，大国的目光聚焦于此，新加坡的对外政策大有可为，可利用大国之间的矛盾，建立起大国力量的均衡机制，以维持地区的安全，更多大国的出现将使小国维持其自身利益及根据本国的利益采取独立行动的意愿更加容易实现，确保海上航线的畅通和开放、地区经济环境的安全，助力新加坡获取技术、资金支持，加强各国在海洋通道上的公共安全和地区治理，维护区内外大国的海洋经济权益。

❀ 四、以外交保障或扩大本国的经济利益

新加坡的外交政策是新加坡外交逻辑的体现，也是新加坡对国内、国际环境的认识与反应。新加坡密切关注未来世界政治趋势，调整自身的外交政策以适应国际政治的趋势，为自身发展营造了和平、稳定的外部环境。

第二节　　外交实践

新加坡利用世界大国力量互相制衡的外交格局，在美国、苏联（俄罗斯）、日本、印度、中国之间寻找战略平衡，以维护自身在东南亚地区的安全。近年来，新加坡在东盟地区事务、中美竞争、气候变化、反恐怖主义、裁军、国际维和、可持续发展等国际事务上突破小国外交的局限性，以实用与理性并存的原则开展国际合作，实现区域安全的动态平衡与国家可持续发展。新加坡外交政策得到了世界各国的尊重，扩大了新加坡外交的世界舞台。新加坡先后同全球180多个国家建立外交关系。新加坡的外交反应与对策使其成为其他东盟国家外交的窗口，在国际上产生了远超其国家实力的影响。

❖ 一、以东盟地区的区域外交为平台，提升新加坡的国际地位

新加坡政府主动参与东盟地区多边机制，包括参与确立多边机制的原则、规范、主要议题及机制运转的程序。在东盟的建立和发展进程中，新加坡发挥了不可替代的作用。

新加坡从最初不结盟的区域外交转变为区域合作的倡导者、推动者，积极支持东盟共同体建设和地区一体化进程。新加坡工商联合总会、新加坡国际企业发展局、新加坡大华银行等机构和企业联合举办的"2015东盟论坛"在新加坡举行，共有600多名来自东盟国家政府和商业领域的代表出席。论坛探讨东盟经济共同体（AEC）的机遇与挑战，就东盟经济共同体的政策更新、东盟宏观经济形势、东盟经济共同体蕴含的商机特别是大湄公河次区域经济合作等议题进行了探讨。

❖ 二、积极参加国际组织，拓展新加坡的国际外交空间

随着新加坡综合国力的增强，新加坡主动参与地区与国际事务，增强新加坡的政治影响力。1965年9月21日新加坡加入联合国，成为其第一百一十七个成员国，得到主权国家的外交承认与尊重，承担着维护世界和平、缓解世界冲突的任务。同年，新加坡还加入了英联邦，成为其第二十二个成员国。新加坡积极参与国际会议、维护与多边平台的交流。吴作栋时期新加坡积极参与亚太经合组织（APEC）、亚欧会议（ASEM）、东亚-拉美合作论坛（FEALAC）等会议。1989年新加坡开始联合十二个亚太国家协商开展亚太经合组织（APEC）论坛的计划，旨在促进亚太地区经济、贸易和投资合作的发展。1994年，新加坡与法国共同倡导召开亚欧会议，打造亚欧国家对话与合作的平台，加强亚洲与欧洲之间的政治、经济和社会文化合作，建设稳定和平等的伙伴关系。1996年第一届亚欧会议正式召开，亚欧之间的对话开启。新加坡还主要参与了亚太经合组织（APEC）、东亚-拉美合作论坛（FEALAC）等会议。当时，太平洋两岸都通过亚太经济合作组织（APEC）加入拉美合作论坛，而欧洲则通过亚欧会议（ASEM）与亚洲联系在一起。因此，东亚-拉美合作论坛的成立加强这两个地区的联系，现在包括36个国家。2004年，新加坡积极推动

建立亚洲-中东对话（AMED），旨在促进亚洲和中东之间的政治、经济和文化交流。

新加坡积极参与地区和全球的正式和非正式组织，主动参与多边外交，保障自身的利益，更多地参与地区与国际事务当中，增强新加坡的政治影响力。

❀ 三、积极参与国际反恐合作，树立负责任的良好国家形象

2001年"9·11"事件发生后，新加坡也曾面临恐怖主义的严重威胁。一些恐怖分子开始借助新媒体工具的发展，向东南亚国家输出恐怖主义，新加坡开始参与国际联合反恐行动。新加坡国内的极端分子活动更加频繁，互联网技术的发展促进了跨国恐怖主义的传播。特别是跨国恐怖主义计划对新加坡进行袭击，新加坡进一步加强了相关监控与应急处理。

新加坡从网络反恐入手，与澳大利亚、美国、马来西亚、菲律宾、印度尼西亚建立了太平洋反恐网络，积极参与联合国、亚太经合组织、英联邦、亚欧会议和东盟等各种论坛的反恐议题，加强国际反恐合作，为国际反恐发挥一定的作用。在国际恐怖主义的预防活动中，新加坡成立了反恐武装部队，应对紧急的恐怖活动；联合国际反恐中心加强关于东南亚恐怖主义网的排查和监控，在面对特殊情况时，联合其他国家的警察进行跨国的恐怖主义追捕行动。2005年7月7日，伦敦爆炸案发生后，新加坡交通部部长杨永强宣布计划成立新的警察捷运部队，以加强新加坡公共交通的安全。2017年4月28日至29日李显龙出席了在菲律宾马尼拉举行的第三十届东盟首脑会议，强调了共同打击恐怖主义的重要性，号召东盟十国团结起来，共同面对复杂多变的政治、经济形势。新加坡与周边国家进行反恐合作，建立打击恐怖主义的沟通网络，对国内恐怖主义进行监管与控制，采取提前积极的预防措施和事后积极的补救措施，以保障新加坡免遭恐怖主义的袭击。

❀ 四、积极参与国际事务，承担国际责任

随着新加坡经济实力的增强，其积极参与国际事务与国际治理行动的意愿加强。首先，积极参与国际维和行动，新加坡援救队伍成为

东南亚地区唯一获得重型援助资质的援救队伍。自 1989 年以来，新加坡军事和警察人员参加了 16 次维和行动和观察团，2015 年 12 月 11 日，新加坡与联合国维和部队签署协议，共同为联合国维和行动开发信息管理工具，为维护国际安全做出了自身的贡献。其次，响应联合国关于保护环境与可持续发展的号召，关注全球变暖问题与雾霾问题，成为世界举办相关国际会议最多的国家，1992 年以来，新加坡在可持续城市管理和水资源管理等领域培训了超过 10 万名官员。此外，新加坡还积极响应联合国关于节能、减排、保护环境的倡议。虽然新加坡在全球碳排放量中的比例不到 0.2%，但新加坡仍坚持使用 95% 以上的清洁能源，并实施限制车辆增长和管理车辆排放的政策。再次，新加坡在邻国发生重大灾难和事故时反应迅速，动用国家武装部队，展开救援行动，树立良好的负责任的国家形象。

第三节　新加坡与东盟组织的关系

近年来，东盟一体化发展进程加快，东盟经济一体化发展势头良好，预期在 2020 年之前推动东盟政治安全、经济、社会文化共同体的建成，新加坡发挥了重要的作用，积极引领东盟地区事务的发展。

一、东盟区域经济合作

东盟内部的地区性矛盾正逐步化解，东盟一体化趋势加强，在国际舞台的影响力增强，新加坡在东盟各国中积极发挥领头羊的作用。吴作栋政府率先提出区域经济合作的建议和设想，力推东盟地区各国接受，在促进地区经济合作中发挥经济上的优势，起到重要的作用。吴作栋认为东盟国家加强经济合作不仅有利于各国经济的增长，而且有利于降低地区政治不稳定的风险，东盟应当建立一个稳定的经济合作框架，以应对新的国际环境。因此，新加坡实行零关税政策，作为东盟地区经济一体化的主要推动力量，积极推进东盟贸易自由化和关税互惠等政策，建立东盟自贸区。吴作栋最早在 1989 年提出增长三角的理论，在十年内建成东盟内第一个次区域经济圈，即增长三角，由新加坡、马来西亚柔佛、印度尼西亚廖内群岛组成，新加坡的建议得到印度尼西亚和马来西亚方面的积极响应。增长三角是新加坡促进区域合作最成功的战略，通过引导东盟其他增长三角的发展，促进区域内贸易与投资的发展，加强成员国之间的经济联系，加快了东盟一体化进程。东盟其他次区域合作机制，如东盟北部增长三角、东盟东部经济增长区等都在新柔廖增长三角的引导下发展起来。1992年在新加坡召开的东盟第四次首脑会议签署了《新加坡宣言》《加强东盟经济合作框架协定》《共同有效优惠关税协定》，决定在2008年前建成东盟自贸区。在新加坡的建议下，东盟第五次首脑会议决定在2003年提前建成自贸区。2002年11月，吴作栋总理提出建立东盟经济共同体的构想。2003年10月，在印度尼西亚巴厘岛举行的东盟领导人会议上，各国领导人同意在2020年建立东盟共同体，加速推进区域经济一体化。此外，新加坡积极推动东盟与中国、印度和日本的区域经济一体化的建设。

二、参与东盟区域政治合作，积极引领东盟地区事务

新加坡与周边国家达成地区安全的共识，地区合作是新加坡安全防务的缓冲与保障。李光耀指出，当东南亚较少的国家建立起区域性合作组织时，它就能增强该地区的和平、安全与经济繁荣。否则，新加坡的生存与繁荣将难以保证。为此，在独立之初，以李光耀为首的新加坡政府积极参加东盟组织的创建，新加坡成为东盟的创始国之一。1967年，新加坡号召东南亚国家团结起来，并联合马来西亚、印度尼西亚、泰国、菲律宾组建东盟，新加坡作为创始国成员，以东盟作为一个整体在国际舞台上展示其外交能力。东盟的成立对新加坡具有多重影响：（1）通过联盟的方式，为地区安全增添保障。（2）搭建与邻国对话的平台，减少发生地区威胁的可能性。（3）借助东盟国家的市场，实现国家的经济繁荣。（4）团结东盟国家，平衡英国、美国、俄罗斯等大国在东南亚地区的影响力。新加坡在东盟的框架下与其他东盟国家共同安全防卫、分享情报，实现了共同的地区防御目标，提高了东南亚地区各国的集体安全保障。新加坡利用东盟成员国达成的一致立场同西方国家开展经济外交的谈判，获得西方国家经济上的让步，取得新加坡工业制品降低关税的优惠。总之，新加坡依靠东盟整体的协调机制与集体优势弥补国小力弱的劣势，增强邻国之间

的信任，创造统一的市场和安定的周边环境，凭借经济实力掌握其在东盟的政治话语权，并以此在与区域外的国家特别是与西方强国的对外交往中提升国际地位。

吴作栋时期新加坡主要促成东盟组织扩大及其在东盟扮演领导者的角色。20世纪80年代末，越南与东盟国家关系改善，要求加入东盟组织，越南总理武文杰访问东盟总部，吴作栋总理宣布，面对一个非常不同的世界背景，一种东盟与越南的新关系正在出现，越南的积极主张与东盟国家更加一致，这种关系将在东南亚产生更加宽松的战略环境。新加坡在越南加入东盟的过程中发挥了重要的作用。1995年在东盟部长会议上，越南正式成为东盟的成员国。新加坡在东盟地区论坛机制、亚欧会议及东盟安全合作机制上发挥积极的作用，参与设计东盟政治、经济、文化一体化建设，维护东盟地区和平、稳定与发展。2007年李显龙总理在东盟首脑会议开幕式上强调，东盟国家的命运休戚与共，东盟应该努力建设一体化的东盟共同体，在加强自身建设的同时，东盟不应忽视其在地区及国际舞台上的位置。新加坡积极主导东盟非传统安全合作的对话，继续充当东盟智库的角色，在东盟地区发挥重要作用。

❧ 三、东盟区域军事合作

冷战结束后世界两极格局的打破，中国的崛起使得吴作栋政府开始担忧亚太地区的稳定，此时，国家军队的建设仍为吴作栋执政的新加坡政府核心任务之一。吴作栋政府继承李光耀时代的大国平衡战略，维护地区和平与稳定，争取世界大国在新加坡和东南亚的多边介入，使大国在东南亚维持均势，进而维护新加坡的国家安全。新加坡主导推动东盟地区安全论坛成立，开展地区与国际安全协商，并利用东盟地区论坛把自己的国家安全战略融入东盟的安全战略，推动东盟实现从排斥外界势力的中立主义到承认美、中、日等区外大国对东南亚地区稳定的作用转变。1992年新加坡举行的第四届东盟峰会上，吴作栋促成了东盟各国首脑同意为保护地区和平与安全制定政治、经济合作，首次提出"寻找多种途径使更多国家参与到新时代安全合作事务中"，东盟成员国内部也可以同澳大利亚、加拿大、欧盟、日本、新西兰、韩国、中国、俄罗斯、印度等10个对话伙伴讨论安全问题，

"东盟可以通过论坛的形式推动与区域外国家在政治、安全事务上的对话来加强区内安全"。1993年，新加坡利用其东盟轮值主席国身份，积极协调各国立场，推进东盟各国安全合作。1995年在文莱举行的东盟论坛第二次会议的基本文件也由新加坡起草，新加坡提倡东盟地区论坛的合作安全，新加坡在推动东盟地区论坛成立过程中扮演了主导角色。

第四节　新加坡与周边国家的关系

新加坡政府十分重视与邻国的关系，意识到处理与邻国关系的敏感性。新加坡虽对邻国存在顾忌和戒备，但更强调维持与邻国的友好合作。新加坡以和平中立、睦邻广交的原则，加强区域合作。在新加坡的周边外交中，其优先发展与马来西亚、印度尼西亚的友好关系。

一、新马关系

新加坡政府十分重视与马来西亚的传统关系。1965年新加坡独立后，李光耀率团赴马来西亚访问，并于同年9月1日正式建交。拉扎克担任马来西亚总理后，积极推行东南亚中立化计划，获得新加坡的大力支持。20世纪80年代后，新马关系再上新台阶，1980年新马两国政府成立联合委员会，轮流在对方国家举行会议，探讨双方共同关心的问题。1982年，李光耀访问马来西亚，新马两国达成多项重要协议，包括航空合作协议，马来西亚天然气输送新加坡、两国公务员培训及促进旅游合作协议，新加坡加大对马来西亚食品工业的投资等。1988年6月，李光耀和马哈蒂尔就两国突出的问题达成谅解备忘录，涉及水、天然气、渡轮服务及新马桥梁建设等四个方面的问题。1990年，双方达成铁路和关税、移民及检疫等方面合作协议。随着双边关系的增进，2004年，新马双方在新加坡举办了以"新领导、新挑战和新机遇"为主题的新马论坛，旨在加强双方贸易和两国关系。

在经济领域，随着外交关系的发展新马两国的合作得到了重大的推进。马来西亚是新加坡第二大贸易伙伴，甚至一度超过美国成为新加坡最大的贸易伙伴。在投资方面，马来西亚也是新加坡的重要投资地之一。为促进对马来西亚投资，新加坡政府出台减免税收等措施鼓励企业投资马来西亚。早在1975年，新加坡在马来西亚的投资高达1.6亿林吉特，在马来西亚外资中居首位。20世纪80年代，在国内产业结构调整的推动下，新加坡的劳动密集型产业大量转移至马来西亚。后来，日本等发达国家对马来西亚的投资不断增加，新加坡的投资在马来西亚外来投资中的比重开始下降。1991年新加坡对马来西亚投资为10亿林吉特，在马来西亚外来投资中居第六位。1994年新马双边贸易额为63.2亿美元，2004年贸易额翻倍，达到了126.7亿美元，2014年增加到374.6亿美元。

　　在安全领域合作方面，新马两国同为五国联防成员，在防务安全合作方面有着相当紧密的关系，双边联合军事演习不断。新加坡的军工产品部分出口到马来西亚。1995年1月，时任马来西亚国防部部长的纳吉布访问新加坡，与新加坡国防部部长李文献共同主持首届新马两国国防论坛，并签署双边国防工业合作谅解备忘录。1998年11月，马来西亚允许新加坡空军执行搜救任务的飞机使用其领空。2013年双方共同宣布建设新马跨国高速铁路，计划于2020年建成。新马跨国高铁除了将缩减游客在两国之间来往的时间，推动两国人员互动，还将进一步推动两地合作和经济发展。

　　新马两国在水资源、领海、领土等方面存在外交纠纷。2000年6月，新加坡在柔佛海峡西面的端士、德光岛进行填海工程，招致马来西亚的强烈不满。2001年起，马来西亚多次向新加坡发表抗议，但新加坡回应称马来西亚的抗议是没有根据的。2003年7月4日，马来西亚要求根据《联合国国际海洋法公约》与新加坡进行国际仲裁。同年10月8日，国际海洋法庭对此案做出了判决，新加坡胜诉，建议新马成立专家团，以协调、评估新马由于填海造陆产生的分歧与影响。两国于2005年1月15日就填海造地工程进行评估并协商处理相关的纠纷，并在海牙举行的会谈中达成协议，同意共同确保柔佛海峡的航道安全，并在环境保护方面加强合作。新加坡充分利用熟悉国际法的优势，巧妙地利用国际法庭来维护自身权益，和平解决与马来西亚的领土争议。2010年5月，李显龙总理与纳吉布首相就马来亚铁道公司迁移丹戎巴葛火车终点站达成共识，解决了存在长达20年之久的历史遗留问题。双方还表示将加强其他各领域的合作，如增加双边跨境巴士线路、放宽边境出租车服务、建立连接两地的地铁和高铁等。

二、新加坡与印度尼西亚的关系

印度尼西亚是新加坡最大的近邻，在地理位置上新加坡东、西、南三面与印度尼西亚隔海相望。新加坡一直十分重视与印度尼西亚的关系。1967年新加坡与印度尼西亚正式建立外交关系，两国关系日益紧密，印度尼西亚总统瓦希德、梅加瓦蒂等先后出访新加坡，就两国关系、东盟问题及国际形势广泛交换意见。

新加坡与印度尼西亚双方最初存在小摩擦，但多年来在经贸、民间交流和军事等方面都保持良好的关系，尤其是通过经济外交加强双边经济联系与合作，印度尼西亚对新加坡的猜疑逐渐消散。新加坡是印度尼西亚的最大外资来源国。印度尼西亚是遭受1997年金融危机打击最为严重的国家之一，经济危机使其外债高企。新加坡积极支持印度尼西亚恢复经济，通过国际货币基金组织拨款50亿美元援助印度尼西亚，并为印度尼西亚提供30亿美元的贸易担保计划。双方开展特别经济区的合作，2006年印度尼西亚与新加坡签署巴淡、民丹和吉里汶岛的经济合作框架协议，印度尼西亚政府借鉴新加坡在多国推动特别经济区的经验，引进外资。2013年4月，印度尼西亚的苏希洛总统访新，两国重申将深化双边关系，并着重提升双边经济关系，推动和加强两国私营部门加速扩大印度尼西亚经济建设总纲领的合作。经过三十年谈判，双方签署第二份海域划界条约，就新加坡环海峡东面海域的边界达成共识，两国海域边界基本划分清楚。2014年2月11日，新加坡交易所上市公司与印度尼西亚嘉鲁达航空在新加坡航空展上签署合作备忘录，共同投资1亿美元在印度尼西亚民丹岛建设一座国际机场和航空工业园，以推动当地旅游业和飞机维修业的发展。新加坡政府投资公司（GIC）看好印度尼西亚经济的长期增长潜能，将与印度尼西亚投资公司飞鹰集团（Rajawali Group）合资高达5亿美元（6.5亿新元），投资印度尼西亚的房地产，如雅加达中央商业区的项目。

新加坡与印度尼西亚进行双边军事安全与防务合作，通过共建空军训练场及联合军事演习的方式加强防务合作。由于新加坡没有足够的土地资源开展军事训练，印度尼西亚的军事训练设备和方法则相对落后，两国资源优势互补，开展军事训练合作。从20世纪80年代起两国每年都举行空军演习，1986年双方又达成联合进行军队训练协议，从1989年起每年都举行联合陆军演习。新加坡、马来西亚和印度尼西亚共同维护马六甲海峡和新加坡海峡的安全。1971年三方发表联合声明，宣布马六甲海峡和新加坡海峡的安全由沿岸三国共同负责。1977年三国的外交部部长又在吉隆坡签订《关于马六甲海峡、新加坡海峡安全航行的三国协议》。通过与印度尼西亚发展双边关系，新加坡维护新加坡的周边安全，为新加坡的经济发展创造了良好的外部环境。

❀ 三、新加坡与东盟其他国家的关系

近年来，越南成为新加坡中小企业最为关注的东南亚市场之一。在对越合作方面，新加坡举办新越企业对话会，促进双边经济合作。新越共同开发新加坡-越南工业园，并为越南官员提供培训课程。新加坡腾飞集团宣布与越南商业伙伴合作在胡志明市发展全新综合高科技商业园。2014年前9个月，越南共吸引约112亿美元外商直接投资，其中新加坡是第四大投资来源国，投资额达10.7亿美元，仅胡志明市就有近700个新加坡投资项目。目前，大约有3 000名新加坡人在胡志明市工作和生活，约占在越南的新加坡人数的3/4。截至2017年年底，新加坡成为越南第三大外资来源国，其投资额达53亿美元，占越南外资注册资金总额的14.8%。

2014年4月，新加坡总统陈庆炎访问菲律宾，与菲律宾总统阿基诺三世举行会谈，就加强双方在高层培训、教育、情报交流等方面的防务安全合作，扩大两国在基础设施、旅游、信息技术及商业流程管理、造船、物流、农业经营等领域的合作交换意见。访菲期间，陈庆炎赴2013年遭受超强台风"海燕"重创的菲律宾中部重灾区，向灾民转交新加坡提供的医药用品。2014年11月19日，菲律宾总统阿基诺三世在新加坡香格里拉酒店举行的菲新企业家圆桌会议上，呼吁新加坡企业积极投资菲律宾，为菲律宾创造更多的就业机会。新加坡是菲律宾第四大贸易伙伴。2013年两国双向贸易总额达82.2亿美元。新加坡对菲律宾的投资逐年增长，2013年近52.3亿美元，2017年增加到了75.5亿美元。

新加坡对缅甸投资方面，截至2017年新加坡对缅甸协议投资项目累计240个，协议投资额为169亿美元，为缅甸第二大外资来源地，占

缅甸外资总额的比重超过23%。

2017年新加坡与柬埔寨经贸关系不断深化。根据柬埔寨发展理事会统计，1994—2016年，新加坡在柬埔寨的投资项目达140个，累计投资总额为9.56亿美元，占柬埔寨吸引外资总额的1.69%。2017年新加坡对柬埔寨的投资额为2.52亿美元，同比增长142.3%。此外，新加坡不断加深与老挝的经济合作，2017年9月新加坡盛裕集团在万象与老挝公司湄公集团签署合作备忘录，通过基础设施建设、城镇发展及工业园区招商等深化两国的经济合作。

第五节　新加坡与世界大国的关系

新加坡与美国、英国、俄罗斯（苏联）、印度、日本、中国保持着密切的经济、军事、政治关系，运用大国平衡外交实现地区安全，1971年新加坡与英国、澳大利亚、马来西亚、新西兰签署了《五国联防条约》。新加坡引入美国的军事力量，加强与美国的政治互信，借助大国的力量以确保自身安全，还与印度、印度尼西亚等国也达成相关军事合作协议。

一、新日关系

1966年新日两国建交，开启新日关系的正常化过程，冷战时期新日关系的基调是双边经济关系为主，新日外交关系服务于双方经贸合作关系的需要。为了吸引日本企业在新加坡投资建厂，特别是对高技术产业的投资，新加坡经济发展局在东京设立办事处，同时开展首脑外交，在日本政商高层推销新加坡优良的投资环境。新加坡对日本的经济发展的重要性双方已达成共识，新加坡高效率的港口和基础设施可作为日本在东南亚经济活动的立足点。

1997年新日两国就"重建日本与东盟21世纪伙伴关系"达成共识，加强两国在文化及历史传统上的合作，共同应对国际恐怖主义及全球在发展上所遇到的挑战；成立有助于推动新日两国关系发展的工商业理事会和新日政府间的行动议程委员会；大力开展新日两国政府交往，共同为第三国经济的发展提供技术支持。新加坡极力助推日本介入东南亚地区事务，促使日本与东盟签署自贸区协定及加入《东南亚友好合作条约》，2002年签署《东盟与日本经济伙伴关系联合宣言》，2008年正式签署《日本与东盟经济全面合作伙伴关系协议》。

日本一直以来是新加坡最主要的贸易伙伴之一。新加坡需要借助日本在东南亚地区扩大经济影响力，积极发展与日本经济贸易关系。21世纪以后，新加坡极为重视新日贸易伙伴关系的建设，2002年双方签订《经济与自由贸易协议》，降低贸易壁垒，实现自由化贸易的发展。2001年10月，双方签订了《新日21世纪伙伴计划》，并于2002年1月签署了《日新经济协议》。

❧ 二、新美关系

美国是新加坡的重要贸易合作伙伴，新加坡长期倚重美国市场。李光耀时期新加坡抓住欧美国家产业转型的机会，吸引了大量欧美资本，促进了新加坡的产业发展。2003年6月6日，新美签署《自由贸易协议》。新加坡与美国全面的经济、政治合作为新加坡的国家发展提供了更多机遇。2014年美国是新加坡第四大贸易伙伴，双边贸易额达767亿新元。美国在东南亚的投资额达1 989亿美元，超过中国、日本和韩国三国在该地区的投资总和，新加坡是美国在亚洲的最大投资目的地，约4 200家美国企业在新加坡营商，其中不少以新加坡为区域总部，大部分都在东南亚地区开展业务。

为寻求地区力量平衡，吴作栋政府调整了在冷战时期的中立政策，主动谋求与美国的军事合作，借助美国平衡亚太地区其他大国。1990年11月签署的美新备忘录规定新加坡向美国提供海空军基地，作为美国在东南亚前沿军事部署的支撑。美新军事合作备忘录的签署，使美国成功地保留了其在东南亚的军事存在。1998年1月15日新加坡和美国发表公开协议，新加坡在樟宜海军基地建新码头，为美军海运提供便利，美国从2000年开始在新加坡使用海军基地。新加坡成为美国加大在亚太地区军事部署的重镇，新美在冷战结束后进一步强化军事同盟关系。基于国际反恐的需要，反恐议程又成为强化美新战略伙伴关系的强心剂。

新加坡与美国在经济、政治、军事和文化层面的双边关系密切。2013年4月李显龙总理访问美国，同美国总统奥巴马、美国国防部部长哈格尔举行会谈。李显龙表示，从更广的层面上，新加坡很高兴美国在奥巴马政府的领导下更加重视同亚洲的关系，并将重心向亚洲倾斜。新加坡希望能深化双边关系，表示新加坡对奥巴马政府重视全球最重要的双边关系——中美关系表示认同，并将在能力所及的情况下，扮演好自己的角色。2014年两国加强了执法和国土安全方面的合作，继续拓展双边关系。

新加坡积极配合美国的战略布局，美军向新加坡部署新型战舰，保持双边紧密的联系和深度的合作，除了年度常规性的海上演习、空战演习，新加坡为美军潜艇提供停靠基地和补给，还大量购买美国武器装备，新美两国的深度军事合作和发挥东盟集体军事防卫，是新加坡最为倚重的安全战略手段。

✿ 三、新印关系

新加坡与印度两国间高层互访、商贸往来越来越频繁，2005年两国签订全面合作协定，两国在贸易、投资等领域的合作呈快速增长的态势。2008年开始，新加坡与印度签署为期五年的《陆军联合训练和演习协议》，新加坡可以使用巴比纳基地训练装甲部队和代奥拉基地进行军事训练，举行装甲兵演习和炮兵演习。2012年新加坡与印度签署《空军协议》，允许新加坡空军的F-16战机定期在西孟加拉邦的卡莱贡达空军基地训练。2013年新加坡和印度两国部长级官员互访多达10次，4月两国签署航空服务协议，6月续签双边军事协议。经济上，新加坡是印度在东盟最大的贸易伙伴。2012年新加坡是印度的第六大贸易伙伴、第二大外国投资者，2014年新加坡对印度投资总额达77亿新元，成为印度最大投资来源国。在美国奥巴马政府实施亚太再平衡战略的背景下，印度将"向东看"战略转变为"向东干"战略，加强与以新加坡为首的东盟国家之间的关系。2014年新加坡外交部部长尚穆根访问印度，系三年内第三次访问印度。2015年新印签署战略伙伴协定。

新印两国不断加强经济合作，在新加坡的印度企业由2009年的4 000余家增至2017年的8 000家。新加坡国际企业发展局举办东盟–印度商业论坛，鼓励企业与印度开展贸易与投资合作。新加坡港务集团大力投资印度港口，在孟买投资13.2亿美元兴建拟于2021年完工的货柜码头。新加坡国际企业发展局与印度工业联合会及 3 所新加坡大学签署合作备忘录，为新加坡学生通过印度工业联合会的 8 000 名企业会员海外网络学习提供便利，为新加坡培养适合印度市场需求的人才。

❁ 四、新中关系

　　新加坡重视发展与中国的友好合作关系，双方高层互访频繁，吴作栋、李显龙多次访华与中国领导人会晤，就深化中新合作达成重要共识。两国不断完善合作机制，保持已有的各项双边合作机制的稳定性、连续性和创新性，加强经贸、金融、科技、人文、生态建设和社会管理等方面的务实合作。2015 年中国国家主席习近平访问新加坡，其间签署了两国互联互通、贸易、“一带一路”建设、城市治理规划、教育、海关等领域的双边合作协议。

　　新加坡围绕“21 世纪海上丝绸之路”举办务实的经贸交流活动，如新加坡国家领导人与中国企业 CEO 圆桌对话会、新加坡国家推介会、中国–新加坡企业家交流会、中国–新加坡经贸理事会成立仪式、中国–新加坡经济走廊城市市长圆桌会议、中国–新加坡经济走廊智库峰会等。2015—2018 年新加坡担任中国–东盟对话关系协调国，积极支持“一带一路”框架下打造中国–东盟合作示范项目，这是促进中新合作的一个重要方向。

　　在“一带一路”框架下，中新双边贸易与投资更上一个新台阶。2013 年中国超过马来西亚成为新加坡最大贸易伙伴，双边贸易额达到1 152 亿新元，同比增长 11%，占新加坡贸易总额的 11.8%。2013年，新加坡对华投资 73.27 亿美元，同比增长 12.06%，成为中国最大的投资来源国。两国加强金融合作，推进人民币国际化进程，新加坡成为继香港和中国台湾之后，第三个发行人民币离岸债券的市场。新加坡超越伦敦成为仅次于香港的第二大人民币离岸中心，实现了人民币与新元直接交易，使双边贸易和投资更趋便利化。作为亚洲金融中心和物流中心的新加坡成为中国企业“走出去”的重要平台。

　　在军事合作方面，双方早在 2008 年就签署了防务交流和安全合作协定，使防务交流正式化。2009 年、2010 年中新两国进行代号为“合作”的双边陆军安保联合训练。2014 年双方又进行了陆军部队联合训练，从非战争军事行动向传统安全领域联合训练拓展，双方逐步增加与扩大陆军联合训练的科目、频率和规模与防务合作等专业领域的交流。2014年两国就防务领域友好合作达成四点共识：一是在相互尊重和照顾双方安全关切以增进互信的基础上，推动两国军事关系健康稳定发展；二是开展经常性高层会晤和战略磋商，增进沟通与相互理解；三是加强联合训练等方面务实合作，促进相互信任；四是增进两军的交往对话，深化人文关系和友谊。

第八章　经济

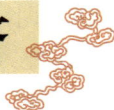

新加坡独立以后，依托其优越的地理优势，大力引进外资，发展工业，扶持制造业、建筑业、现代服务业，成功实现国家经济结构的调整和产业的升级，实现了从低端的转口贸易到高端的知识密集型经济的转变，从以转口贸易为主的小国发展成世界领先的贸易中心、金融中心、航运中心、商务中心，形成特色的主导产业，建立了新加坡多元经济体系。因此，新加坡在经济上取得了举世瞩目的成就，同韩国、中国台湾和中国香港并称"亚洲四小龙"，步入了全球发达国家行列。

第一节　概述

新加坡作为一个外向型国家，虽然国内市场小，但以发展工业化的政策为中心，制定能够适应国内外经济、政治等环境变化的经济政策，经历进口替代、出口导向、技术密集、多元化、知识密集型经济等阶段的结构升级，已成为世界服务贸易最发达的国家之一，是世界金融中心、运输中心、国际贸易中心，也是世界第三大炼油中心。新加坡的国际竞争力不断增强，作为一个新兴的工业化国家，新加坡经济的发展先后经历六次转型，其经济发展重心的变迁与世界经济的发展轨迹大致相符。

❀ 第一阶段：进口导向型工业化阶段（1959—1965）

在长期的英殖民统治之下，新加坡工业水平严重滞后，仅以转口贸易为支柱产业，经济结构畸形单一，国内市场空间狭、规模小；工业非常落后，社会失业率高。独立前制造业仅占国民生产总值的8.6%，转口贸易及其相关的经济部门却占了80%以上，新加坡的经济形成典型的单一殖民地经济结构。第二次世界大战后，东南亚地区经济民族主义的增长及发展直接对口贸易，以及周边国家提升贸易基础设施的建设及港口的竞争优势，直接限制了新加坡转口贸易的进一步发展。20世纪50年代，新加坡转口贸易的增长速度低于城市国家发展的需要，促使新加坡转向发展工业，以提供经济增长的新动力。这时新加坡经济的脆弱性使其极易受到国际市场及国际资本波动的影响。1900—1959年，新加坡有70%~75%的劳动力从事服务业，国民经济收入的80%~85%来自服务业，在20世纪60年代前期，新加坡出现了大量的剩余劳动力，失业人口占劳动力人口的10%。

为了挽救自身面临崩溃的经济，1959年新加坡颁布《新兴工业法令》和《工业扩展法令》，旨在鼓励发展国内的进口替代工业，《新兴工业法令》规定凡投资新加坡制造业和运输业的企业可享受5~10年的免税期，《工业扩展法令》规定凡取得新兴资格或投资于这类部门者均可免缴2~5年公司所得税，出口产品达规定销售额者，所得税税率由40%降至4%。1959年新加坡的经济学家和从联合国请来的专家制订了新加坡经济发展计划（1961—1965）。新加坡于1961年正式发布第一个经济发展计划，成立经济发展局，鼓励国内外私营企业参与新加坡的经济建设，国家以间接的方式，即经济的、财政的和其他杠杆制度调节，如免税进口工业企业所需设备和原料；大力投资基础设施与工业，改变原单纯依赖转口贸易的殖民经济结构，根据基本国情和经济发展状况，新加坡寻求适合本国发展的对外贸易方式，积极开展多边贸易。1959—1965年自治时期新加坡制造业发展情况如表8-1所示。

表8-1　1959—1965年自治时期新加坡制造业发展情况　　单位：百万新元

年份	企业数	年增长率	总产值	年增长率	就业人数	年增长率
1959	531	—	398.9	—	25 607	—
1960	548	3.2%	465.6	16.7%	27 416	7.1%
1961	562	2.6%	518.4	11.3%	27 562	0.5%
1962	605	7.7%	660.3	27.4%	28 642	3.9%
1963	858	41.8%	843.8	27.8%	36 586	27.7%
1964	930	8.4%	927.9	10.0%	41 488	13.4%
1965	1 000	7.5%	1 086.4	17.1%	47 334	14.1%

资料来源：蔡晓月，《制造业出口和外国直接投资的情况》，《新加坡大学通报》。

　　1959—1965年，新加坡开始发展国内小型轻工业、制造业，企业数量实现了高速增长，1965年新加坡企业数量增加了近一倍。1963年9月16日，包括马来西亚、新加坡、沙捞越、沙巴地区在内的马来亚联邦正式成立，新加坡加入马来亚联邦，并寄望于建立"新马共同市场"，继续发展转口贸易。但第二次世界大战后，马来西亚民众购买力不足和市场保护政策的出台，使得新加坡获利甚微。由于马来亚联邦牢牢掌控新加坡经济发展的权力，在审查新加坡的外资准入时十分严格，限制了新加坡对外投资规模的发展。1963—1965年，新加坡递交约50份先驱工业的申请均被否决。这迫使新加坡从马来亚联邦分离出来，自主地走出一条以出口工业化为中心的经济转型之路。

❖ 第二阶段：以出口为导向的劳动密集型工业化阶段（1965—1973）

　　独立后的新加坡面临国家生产与发展的经济困境。同时，由于发展转口贸易带来的人口流动性过大、出生率高、贫困、失业、房荒、罢工等问题，增加了社会的不稳定及国家治理的难度。英国驻新加坡军事基地雇佣了4万名工人，对国民经济的贡献率达15%。为了减少英军撤离带来的经济损失，人民行动党采取诸多措施使英军撤离对经济的影响最小化。时值西方发达国家产业升级，逐步向发展中国家转移第二产业的时机，新加坡参与国际分工，承接欧美国家转移的劳动密集型产业，扩大就业和国内工业结构转型升级，以国际市场需求为导向，将新加坡的工业产品远销国际市场。新加坡开始实施走出去的外向型经济发展战略，着重发展以生产低价值劳动密集型产品的出口导向工业，如纺织品、服装、日用家电、船舶修理等。

早在1958年11月，新加坡公布了西方经济学者制定的本地工业发展报告，该报告提出了以西方经济思想成果为基础的新加坡工业发展设想，主要部分为：借助外国资本和贷款，保障工业的发展，把生产和社会基础设施的完善作为国家头等任务；建立代替进口的工业部门，以积储外汇；着重发展能加速解决就业问题的劳动密集型生产部门。为了巩固新加坡作为东南亚转口中心的地位，政府制订建立自由贸易区的计划。1965年，新加坡政府制订了第二个五年计划——《经济发展五年计划（1966—1970）》，把增加就业机会及工业化作为经济发展的目标，依靠税收和财政优惠、抑制劳动力成本、改善劳资关系，以工业园区的形式吸引西方大型跨国公司对新兴工业进行投资，以助力本国工业化的飞速发展；以建设国际化城市的方式实现经济发展战略，以建设现代化交通、通信、科技、全球化金融网络及跨国公司为出口导向战略的起点，建立全球性的网络，联系世界的内陆地区，克服国内资源与市场的限制；发展工业和服务业，以适应世界市场的需要，为快速增长的社会劳动力提供充分的就业和满足民众提高生活水平的需要。

为了推动出口导向型工业化进程，新加坡加大吸引国内外投资的力度。1967年底，新加坡政府颁布了《经济扩展法》，对外贸体制做出重大调整，取消进口限制，降低关税，以低关税取代进口配额，大部分商品的进口配额被关税所取代，减少限制进口的商品种类，鼓励出口，规定凡制造业公司的产品出口及出口增加的利润只征收4%的关税。这些都有别于周边其他国家限制进口，发展进口替代工业，以保护国内工业的做法。该法实施以后，新加坡石油冶炼、化工、电子电器和运输机械等行业得以迅速发展，解决了失业问题。西欧、美国、日本、澳大利亚、马来西亚及中国香港等世界各国或地区的资本纷涌而入，新加坡经济大为受益，拉动了工业产业的兴起。如新加坡的造船与船舶工业的兴盛，1966年至1968年，新加坡的造船和船舶修理业务几乎翻倍，1969年新加坡港成为世界最繁忙的港口之一，1972年集装箱综合设施建成，其成为东南亚的转运中心。

　　1968年，新加坡政府颁布《雇佣法》和《劳资关系法令》，以阻止工人罢工，削弱工人运动，保障稳定的劳资市场，促进外商投资。1968年7月，新加坡政府重组经济发展局，完善新加坡发展银行的功能，以利于为制造业企业提供融资服务，并大量入股私人资本投资兴建并主营的新兴产业企业。1969年由新加坡政府、新加坡发展银行、私人资本组建的国际贸易公司（Intraco），与实行贸易国有制的国家开展贸易。新加坡大力发展职业技能教育，培养密集型工业需要的熟练工人和技术人才。新加坡政府改革旧的教育体制和结构，加强技术培训的比重，扩大工科招生比例，培养适于电子等在内的制造业发展的技工人才。新加坡强化基础设施和公共工程的建设，大力支持航运业的发展。1968年，新加坡制定国际商船免税注册登记制度，设立国有的东方海皇轮船公司、修船厂、冶炼厂及其他相关企业，1972年建立全国船只理事会，打破远东货运会议的垄断地位。同年，新加坡制订公共工程五年计划，共投资258亿美元，用于交通、电信、工业区等公共事业和基础设施的建设，健全营商环境。

　　20世纪60年代，新加坡还大举开发裕廊工业园区，发展了一批生产国内居民消费品和原料加工型中小企业，涵盖食品、纺织、木材、造纸、印刷及橡胶等各个领域。1970年年底，裕廊工业园区已经进驻264家工厂，共雇佣了3.2万名工人，另有100多家新进驻的工厂在建设中。工业吸收了大量的劳动力，创造了良好的就业形势。新加坡成为周边国家劳动力输出的可依赖性市场，工业出口不断增多，1969年新加坡国内商品出口值为47亿新元，1973年增长到89亿新元，增长了约90%。

　　新加坡政府制订的出口导向和劳动密集型工业计划基于自由企业、自由贸易和自由竞争，以外资促进技术转型和工业技能的发展，拉动出口，使新加坡融入世界经济的大环境。从20世纪70年代开始，新加坡推行经济自由主义和自由竞争的政策，设立自由贸易区，鼓励自由兴办企业，大力扶持私营企业，对私人资本实施两项财政资助计划，即"资本资助计划"和"小型工业资助计划"。新加坡的私人资本企业得以很快增长，经营范围从传统行业扩展至地产、旅游、采矿及对外投资等领域。20世纪60至70年代，新加坡经济成功地实现了飞跃式增长，步入了繁荣时期。数据显示，从1966年到1973年，新加坡经济年均增长率达到了13%，工业生产的年均增速超过20%，工厂数量增长了3倍多。1966—1973年，新加坡实现了国民生产总值的复合增长率12.7%，从1965年33.88亿新元增长至1973年的79.41亿新元，直到1973年下半年出现石油危机。1966—1973年新加坡制造业发展情况如表8-2所示。这一时期，也被称为新加坡发展史上的"第一次工业革命"。在20世纪70年代早期，新加坡的人均收入在亚洲已经跃居第二位，仅次于日本。

表8-2　1966—1973年新加坡制造业发展情况　单位：百万新元

年份	GDP（以1968年不变价格计算）	GDP增长率
1966	3 388	11.1%
1967	3 789	11.8%
1968	4 315	13.9%
1969	4 906	13.7%
1970	5 578	13.7%
1971	6 277	12.5%
1972	7 120	13.4%
1973	7 941	11.5%

资料来源：Ernest CT Chew，《新加坡历史》，《牛津大学通报》。

第三阶段：资本密集型工业化阶段（1974—1980）

从1972年起，随着制造业的发展，新加坡外向型经济面临新难题，一是随着经济高速增长，全民充分就业，出现了劳动力短缺问题，劳动力价格提升，生产成本上涨。二是新加坡的基本生活消费品严重依赖进口，1972—1974年经济出现严重的通货膨胀。三是全球范围内能源危机与贸易保护主义抬头，国际市场竞争加剧，新加坡劳动密集型工业的商品出口受阻。东南亚各国发展本国的民族工业，抵制新加坡商品，实行关税保护主义，建立本国的石油产业，新加坡以石油加工、提炼为主的工业优势不断削弱，以出口为导向的劳动密集型工业受到周边及世界各发展中国家的挑战。

为了更快适应世界经济的发展，增强新加坡经济的国际竞争力，新加坡政府开始注重发展资本密集型制造业，将出口导向战略实施重点围绕船舶建造、炼油业、电器、精密工程等产业结构进行调整，制造业和贸易成为新加坡经济的两大支柱，冲破英殖民时代遗留下来的单一产业结构。1975年新加坡实行自由的金融货币政策，取消了固定汇率，实施浮动汇率。1978年新加坡进一步放宽外汇管制，各国货币可以自由兑换，资金自由流动，加快了新加坡国际金融业的发展。

1979年新加坡开始注重工业产业的调整，升级产业结构，鼓励外商投资科技密集型产业，采用全员加薪制度迫使雇主采用现代化和科技化的设备，加强对教育的投入和支持，以期在中长期的战略中实现国家产业的升级。为了提高新加坡产品在国际市场上的竞争力，并打破低工资—低技术—低生产率—低工资的恶性经济循环，新加坡开始了所谓的第二次工业革命，一方面调整劳动密集型、低技术和低工资的经济变为资本密集型、高技术和高附加值的经济；另一方面，提高工资和劳动生产率。总的来说，到20世纪70年代末，炼油业、电子业和海事工业（包括造船、修船、海洋石油勘探设备制造）已成为新加坡工业的三大支柱产业。

在世界经济不景气的形势下，新加坡经济仍保持快速的增长，每年平均保持9%的增长速度，1979年人均国民生产总值快速地增加到了8 231新元。人均收入从1970年的15 000新元增长到1979年的18 000新元。工业生产总值占国民生产总值的31%，经济战略夯实了新加坡的工业基础和完成了经济结构的成功转型，1975年工业产品出口占出口总额的59%。新加坡步入新兴工业化国家行列，在东南亚国家中，其经济发展水平最高，成为举世公认的"亚洲小龙"。

❀ 第四阶段：技术密集型工业化阶段（1981—1985）

经过前期工业化阶段，新加坡已具备良好的工业基础，开始着力发展支柱型产业，深入推进产业转型，即由资本密集型产业转向发展技术密集型产业。20世纪80年代初，新加坡政府降低了外汇交易中的经纪佣金，吸引了许多国际性大银行、金融机构在新加坡设立分行，形成以制造业为中心的贸易、交通、金融、旅游等五大支柱型的多元经济，彻底摆脱了英殖民者遗留下来的单一畸形的经济结构。新加坡政府以发展资本密集型制造业，逐渐淘汰劳动密集型工业，摆脱经济高度依赖转口贸易，逐渐转向具有高附加值的资本、技术密集型工业和高科技产业。首先，深化技术革命和科技教育。1980年，新加坡推出高科技产业计划——《国家电子化计划》，促进各部门机械化、自动化、信息化，提高效率，增强制造业的国际竞争力；通过教育和培训开发人力资源，扩大技术教育与职业技能教育规模，特别是高等教育和专业技术教育，培养科技人才，发展尖端技术；大力发展电子业，电子传真设备、按钮式电话、光纤光缆、电脑化列车控制系统等均进入世界先进行列。其次，鼓励资本和技术密集型投资，吸引国际高科技企业落户。制造业的投资承诺额平均每年达17亿新元左右，其中六成来自跨国公司，集中投入计算机、机械制造、电子电器等行业，跨国公司的进入进一步推动了新加坡经济的国际化。发展高附加值的服务业，确立新加坡"知识型服务业"的国际中心地位。新加坡知识型服务业以高级人力资本为内容，包括会计、法律、广告、市场研究、电脑及管理咨询业的服务业，其他如房地产、工程与设计、市场规划等。

新加坡经济在1980—1984年取得8.2%~8.4%的年均增长。但1985年后，在经济转型过程中，由于工资的上涨及社会财富的两极分化，公司运营成本节节攀升，使得新加坡的国际竞争力下降，企业利润减少，导致一些行业发展的疲软，出现了独立二十年以来的第一次负增长。为了摆脱经济困境，新加坡政府开始调整工业发展战略，提升服务业的地位，并制订了"中小企业发展计划"，促使新加坡的经济发展进入另一个新的阶段。

❖ 第五阶段：商务服务出口阶段（1986—1990）

基于新加坡经济高度依赖制造业的状况，特别是电子业和建筑业的发展模式表现出的脆弱性，新加坡政府不得不思考新的经济发展战略，以应对全球与区域环境的变化。新加坡经济委员会提交《新加坡经济：新的方向》报告，内容包括：在短期，通过降低雇主中央公积金比例、冻结工资、降低公司税等手段减少企业的运营成本。在中期，从单纯加工生产业向全球贸易、通信、金融、会展、旅游等服务业发展，扶持中小型企业，推出中小型企业发展计划。在长期，发展高科技产业，以高增值制造业为重点，加速对传统产业的技术革新，提议以制造业、服务业与本地企业为经济增长主力。为了进一步提升新加坡在全球的竞争力，新加坡政府于20世纪90年代初期制定了全球观发展战略，包括八项战略目标：（1）吸引海外专业人才，以强化与积累人力资源。（2）增加产官学界就经济问题的对话。（3）教导民间人士，促进区域各国间的经济交流，以增进国际观。（4）检讨政府政策，消除研发活动的可能阻碍，创造更好的研发环境。（5）开拓制造业与服务业的新领域，促进新加坡经济活动达到国际一流水准。（6）协助国内企业升级，以提高生产力。（7）开发新的竞争力评估制度，随时观察中长期竞争力变动情形。（8）把新加坡发展成为多国企业的运营总部，促进国内企业发展，以极小化新加坡经济的脆弱性。

新加坡经济很快走出了1985年的短暂低迷和衰退，呈现出新的生机与活力，尤其是高科技资讯工业成为新加坡发展最快的产业，从1986年至1990年其年均增长率高达17.5%。在产业结构方面，重点转向发展空运、通信、物流、航运和货运设备等服务业，带动了商务和金融服务业的大发展。工业继续向尖端产品发展，如精密仪器、医药产品生产等。新加坡的经济结构随着制造业的发展而发生了变化，转口贸易在国民经济中的比重相应减少。1985年，新加坡国内生产总值中各产业的比重为：制造业为29%，贸易业为24.3%，金融和商务服务业为16.9%。

❖ 第六阶段：知识密集型经济（1991年至今）

随着21世纪的到来，为了继续保持在全球的领先地位，新加坡政府于1991年制定了《新加坡：新的起点》的跨世纪发展战略，重点着手于21世纪前30年的发展，制定了分阶段的目标和任务，到2020年人均国民生产总值达到荷兰水平；到2030年，人均国民生产总值将达到美国的水平，成为一个充分发达的国家。新加坡政府采取的措施有：（1）争取更多的跨国公司在新加坡设立总部；（2）把本国企业发展成具有世界一流水平的企业；（3）积极推进经济结构调整和产业升级，优先发展服务业，特别是国际服务业，使之成为国家经济发展的中心；（4）加快制造业部门的行业重组，集中发展高附加值的资本密集型、技术密集型和知识密集型产业；（5）重视科学技术的普及与提高，加速整体经济从技术引进型向创新型转变，使服务业、商业、制造业、贸易等各个领域都实现科技化。新加坡以知识创新为动力，将新加坡打造成"世界商都"的目标更加凸显，扩大生产和服务基地，包括提供完善会展设施、微电子和生物技术等齐全产业，把新加坡打造成全球商务中心。

2001年，吴作栋总理提出新经济政策，其内容包括从主要靠吸引投资促进经济增长转向走以全球化推动经济发展之路；注重创新，成立专门的国家创新委员会；大力培养国内人才，同时引进国外人才等。新加坡政府进一步明确经济发展政策方向为"三化""一中心"，即经济国际化、贸易自由化及企业高科技化，将新加坡发展成环球城市中心。新加坡政府持续吸引并奖励高科技、低污染、资本密集型工业的外来投资，协助本地企业成为跨国企业，大力发展服务业及加强人力资源投资等。2005年李显龙总理重申，努力把新加坡发展成为一个以知识经济为中心的"智慧之都"。2010年2月，新加坡经济战略委员会提出了经济发展的七大战略，具体归纳为三大重点：第一，提升各行各业从业人员的技能，建设一个国家级机制，开展继续教育和培训，让每个公民有提升知识和技能的学习机会。第二，提升新加坡公司的能力，以掌握亚洲的商机，在未来5~10年内吸引全球的中型企业来新投资，并促进本地企业发展为行业领导者。第三，把新加坡打造成一个独特的环球都市，继续吸引世界各地的顶尖人才。2014年，新加坡政府推出了"智慧国度战略"，推动多个经济部门的自动化和智能化发展，以互联网平台为基础建设实现电力、楼宇、园区、交通、城市等多个维度的智能化。

新加坡经济发展具有最佳潜力的领域，包括数字媒体、生化科学、水与环境资源和创新行业等高附加值的知识密集型产业，将新加坡建成一个全球人力与创新观念的中心，使其成为世界知识经济体系的一部分。同时，将新加坡建成亚洲区域私人银行业基金管理、医学健康、教育、知识产权保护和旅游中心。

第二节　现代都市农业

新加坡农业一直非常薄弱，由于土地资源和淡水资源的缺乏，农业在新加坡三大产业中所占比重极低，不到1%，尽管新加坡经济繁荣主要依靠工业和服务业，但政府在大力发展工业的同时，也加快了实现农业现代化的步伐。将不断减少的农业土地资源与高科技相结合的现代都市农业是新加坡农业的特色。

随着新加坡城市化进程及工业化用地的扩张，农业用地不断减少，1977年耕地面积减少至10 286公顷，2002年，农业用地仅有807公顷，占全国国土面积的1.18%；农业人口也相应不断减少，1977年农民有1.4万人左右，占总就业人数的2.2%，1990年农业人口减少到9 600人，仅占总就业人口的0.8%。新加坡所需食品的90%均需要从国外进口，但当地的农业提供了26%的鸡蛋、8%的蔬菜和8%的鱼。新加坡大力发展高科技、高产值的都市农业，实现农业经济的加速发展。全岛有6个农业科技园，主要有园艺种植、家禽饲养、水产和蔬菜种植。

一、养殖业

养猪业和家禽业是新加坡农业的主要部门，产值占农业总值的80%。后来，新加坡政府推行非污化农业和应用新技术生产高品质农产品的政策，污染环境重的养猪业逐渐被淘汰，政府从国外进口生猪和冻猪肉，以满足国内市场需要。新加坡将科技运用到养鸡场的鸡蛋生产，新加坡春成农场从蛋鸡饲料、鸡舍管理，到鸡蛋收集、分级、包装实现了自动化，既节省人力，又提高了对土地的利用和产量，解决农场污染环境问题。春成农场的鸡蛋供应量占本地鸡蛋市场的10%。

二、都市科技观光农业

新加坡充分利用科学技术、优化种植品种，主要种植果蔬、花卉等经济类农作物。成怀宝花场采用先进技术生产国花胡姬花，把细胞移植法用于胡姬花的培育中，推出花型各异、保鲜期长的胡姬花品种。新加坡成为世界驰名的胡姬花产国，每年都大批出口，换取大量外汇，出口到中国香港、日本、欧洲和美国。新加坡在城内小区和郊区建立小型农、林、牧生产基地。这些基地既为城市提供了部分时鲜农产品，又吸引着大量世界各地的游客，取得可观的观光收入。

三、渔业

新加坡四面环海，渔业较发达，裕廊和榜鹅是两大渔业基地。裕廊渔港设备先进，建有大规模的冷藏仓库和制冰厂，附近有鲜鱼加工厂，来自泰国、印度尼西亚、马来西亚等国的渔船在此港口卸鱼、加工或转口。裕廊渔业批发中央市场是新加坡全国最大的渔产品批发拍卖中心。新加坡在发展海洋捕捞业的同时积极发展水产养殖业。新加坡沿岸用于水产养殖的水面面积约600公顷，有100多家水产养殖场，40多家深水鱼养殖场，产生产鲜鱼4万吨，大部分在乌敏岛和林厝港海域。新加坡借鉴欧洲国家的深海养殖法已取得成功，养殖大量的鲜鱼，供应新加坡的日常所需。

新加坡十分重视海水观赏鱼养殖，产业基地主要分布在新加坡西北面和东北面，观赏鱼养殖采用引进国外优良品种和本地优质品种相结合的方法，杂交繁育了许多品质优良的观赏鱼类。现在新加坡向全球出售500多个品种的观赏鱼。新加坡有400多家观赏鱼商的产品出口到美国等60个国家，年出口值达6 000万~7 000万美元。

❀ 四、发展现代化集约的农业科技园

新加坡都市农业主要集中在现代集约的农业科技园，以追求高科技和高产值为目标，提高食品自给率。农业科技园始于20世纪80年代中期，为了推动高新技术农业的发展，推广农业科技成果，并开展国际农业技术咨询服务。21世纪以后，在现代化集约的农业科技园的基础上，新加坡大力兴建科学技术公园，公园内兴建大型集约农场，采用最新的适用技术，已取得比常规农业更高的产量和收益。动物学家、微生物专家、农业专家和蚕桑学家在内的科技专业人员都参与公园的组建和管理，园内陆续建立食品技术中心、技术示范中心、分子生物细胞研究所等一大批从事基础科学研究和高新技术开发的专业研发机构。新加坡利用科技园的研究成果，大力发展高科技农业：（1）发展无菌鸡蛋产业，计划在10年内使鸡蛋自给率从目前的30%提高到80%，并提高该产业的科技含量。（2）发展水耕农业技术，积极引进台湾的水耕法农业新技术。蔬菜水耕栽培有两大优点，一是立体栽培、分层栽植，既可节约用地，又可使产量倍增；二是无农药污染，产品品质高，营养价值高。水耕法种植水稻、榴梿、木瓜、小黄瓜、樱桃等，产量较一般种植的产量多4倍。（3）发展高科技水产种植场。（4）用细胞移植法培育花卉。新加坡将生物技术应用于花卉生产，已成为世界第二大剪枝胡姬花出口国。（5）建立食用菌生产工厂。

第三节　　工业

新加坡独立以前的经济以转口贸易为主，独立后的经济以发展制造业为主，20世纪80年代后政府大力扶持服务业发展。新加坡扬长避短，以金融业、国际物流业、能源工业、制造业为支柱性产业，其在新加坡国民经济中占有突出的地位。

一、能源工业

能源供给是物流枢纽运行的基础条件，新加坡高度重视对包括炼油业、石化工业和新能源等行业在内的能源工业的培育，发展油品贸易和能源设施建设，使新加坡成为世界上销量最大的加油港、亚洲最大的石油仓储中心和全球最重要的能源交易中心。

1.炼油业

近20年来东南亚是全球石油化工工业发展最快的区域之一，新加坡作为东南亚石化工业的引擎，是世界三大炼油中心之一。早在20世纪60年代，新加坡为了满足船舶、航空及工业生产的需要，发展炼油业和石油化学工业，在裕廊工业区设立炼油厂，从东南亚、中国、中东地区进口原油进行提炼加工，再分售到许多亚洲国家，成为新加坡重要经济行业。另外，新加坡还主攻海洋钻井平台建造。在1966年的对外出口部门中，炼油业处于领先地位，炼油业产品出口值占制造业出口总收入的20%。二十世纪六七十年代，因国内外的石油产品需求量提高，炼油业是美国、日本、荷兰等国在新加坡投资的主要领域，1972年新加坡炼油业获得的外国投资占新加坡制造业外资的53%。新加坡炼油工业进入黄金时代，各炼油工厂开始扩大生产规模。新加坡炼油工业迅速发展的另一个原因是印度支那战争，南越政府和美军大量采购军需石油，1969年新加坡向南越输出3.935亿新元的石油，占新加坡向南越出口总额的88%。1975年新加坡有六家大型炼油厂，分属世界著名的壳牌石油公司、英国石油公司、埃克森美孚石油公司等。这些工厂除一家由本地石油公司同美国石油公司合营外，其他企业全部属于外国投资者，尤其是美国投资者将90%的资本投放于新加坡炼油业。新加坡的炼油业在世界能源版图中仅次于美国休斯敦和荷兰鹿特丹位居第三，新加坡的炼油产量占东南亚地区的40%，其产值占了新加坡整个工业产值的37%。新加坡炼油业逐渐壮大，成为亚太地区最大的炼油中心，近250家本地公司和外国公司在新加坡注册参与石油勘探服务。

进入20世纪90年代后，世界对能源的需求增加，新加坡炼油业迎来新的发展机遇，新加坡加快技术、设备的开发和石油产品结构的优化。新加坡石油公司发展成为大型区域性石油天然气公司，拥有世界一流的石油炼厂、超大型储存中转设备，一举成为亚太地区最大的炼油中心。1990年炼油业产值占制造业产值的15%，日产83万桶，2010年已超过每日139万桶。

新加坡港口贸易繁荣，国际往来船只数量巨大，轮船、飞机所需的燃料油数量和品种不断增多，使新加坡本身成为国际上主要的燃料油消费市场。同时，中、美、日、韩等国都经新加坡输入大量的能源资源，东南亚各国对石油的消费需求日趋多样化。新加坡炼油工业主要用于加工再出口，各炼油厂从中东、西亚等地进口原油，加工后再出口至日本、中国、马来西亚和美国等国，从中获得较大利润。此外，新加坡新建和扩建油库，目前，新加坡有1 000万立方米的石油吞吐能力，原油及成品油的储存和集散能力吸引全球50多家大型石油公司在新加坡设置总部和数百家中小型石油贸易公司全天交易的集散中心，掌握亚洲油品市场定价的话语权，成为亚洲石油产品的定价中心。在全球经济危机后，因世界经济增速放缓、石油贸易不振，燃料和原油的进出口两端均大幅降低，但新加坡仍是全球性的能源贮存港口。新加坡炼油工业依赖于新加坡优越的地理位置，新加坡是中东、西亚原油产地和东方石油消费区之间的中转站。新加坡借助进口原油再加工，参与世界能源版图的分工，充分利用其扼守能源通道的特殊位置，审时度势，发展炼油工业，一跃而成为世界重要的炼油中心和亚洲石油交易市场。

2.石化产业

新加坡在发展炼油工业的同时着手发展石化产业。1977年，新加坡、日本各出资50%成立新加坡石油化学公司，并以优厚的信贷、税收政策，吸引外资投资新加坡石化产业，美国、日本、欧洲等国家及地区的企业家纷纷在新加坡投资设厂。20世纪80年代中后期以后，世界石化产品需求量迅速扩大，尤其1991年海湾战争降低了中东石化工业的生产能力，而亚太地区各国需求增长，为石化产业的迅猛发展创造了有利条件。20世纪90年代初，新加坡政府将石化产业民营化，合资和独资企业有17家，生产石化产品大部分出口国外。新加坡为了扩大石化产品的国际竞争力，在裕廊岛建立石化产业中心，建立了完整的石油化工产业集群。新加坡石化产业主要分为三大类：一是炼油和石油化工产业；二是特殊化工产品和液体仓储产业；三是为石化产业集群服务的公用工程系统。裕廊岛拥有得天独厚的海运条件、强大的港口吞吐能力、充足的原材料供应优势、完备的化工体系，吸引了众多欧洲、美国、日本石化厂商的投资，形成了完善产业一体化发展模式和石化产业集群。新加坡石油化学工业的"化学群"战略，上下游产品衔接，产出许多衍生产品，形成大而全的石化产品供应链。裕廊岛建成从石油精炼到生产高附加值的下游产品的连续生产体系。新加坡政府长期战略产业发展计划，石油化工被列入鼓励投产的产业，新加坡石化产业发展战略、招商引资政策、跨国石化公司的全球布局对裕廊岛石化产业的发展起到了非常重要的作用。

3.新能源产业

新加坡一方面通过市场谈判建立多方供应渠道的方法保证能源安全；另一方面，致力于将自身打造成世界清洁能源的枢纽之一。新加坡政府在环境工程、清洁能源等新兴产业投入资金，确立了五大目标：其一，实现能源进口的多元化。其二，大力发展太阳能、风能等新能源。其三，提高能源利用率。其四，发展能源工业。其五，加强国际间能源领域的合作。新加坡政府强调能源用户端的高效利用，建筑设计中充分重视减少能源消耗，结合花园城市建设，通过立体绿化，减少建筑能耗，实现低碳排放。新加坡80%的电能都由清洁能源天然气提供。目前，太阳能和风能在新加坡能源利用中所占比例较小，多体现在示范区中。如新加坡南湾的标志性建筑"太阳能超级树"并非传统意义上的摩天大厦，倒更像发电装置、垂直花园及人工树的合成建筑。"太阳能超级树"高30~35米，树上包括太阳能电池板、悬空花园、雨水收集部，既可以收集太阳能，也可以收集雨水，又能充当巨型装饰，其所产生的电能可以满足自身的照明用电需求。

❀ 二、航空工业

　　航空运输业的持续增长带动了新加坡航空维修产业的崛起与成熟。新加坡支持本土航空工业企业的发展，建立航空维修的产业基础优势。1978年新加坡制定了优先发展飞机设备和部件的修理业务、大力提高出口飞机和发动机零部件制造能力的方针，力图使新加坡成为东南亚地区最完备的航空维修中心及航空零部件的主要制造商。20世纪90年代新加坡政府制定航空工业发展的主要目标：（1）使新加坡成为一个一体化的"一次停留"的地区中心，即可以为各种与飞机有关的零部件提供高效和高附加值的修理及翻修服务；（2）使新加坡成为设计和制造各种复杂和关键飞机零部件的基地；（3）使新加坡成为航空电子设备、材料技术、各种软件及系统的开发中心；（4）使新加坡成为航空技术人员的培训基地；（5）使新加坡成为各大航空制造商设计和制造飞机机体、发动机零部件航空电子系统和飞机设备的战略合作伙伴。经过40多年的发展，新加坡航空维护、修理和翻修业日臻成熟，拥有了多家国家竞争力的维修企业。如今，新加坡共有100多家航空维修企业，并在全球赢得了行业品牌，已占据亚洲航空市场四分之一的份额。主要有新加坡航宇公司、新航工程有限公司、新科宇航等公司，可提供完整的服务，经营飞机保养、翻修和维修，飞机零部件制造和组装，发动机翻修和维护，航空设备的制造与装配等，可专门对6 000多种航空零部件进行翻修。

　　新加坡大力兴建工业园区，为引进国际知名的航空工业商提供良好的投资环境，改府于20世纪80年代在樟宜机场附近建立了占地16.8万平方米的航空高技术开发区——罗央工业区，将土地直接租给前来建厂的外国航空工业公司，罗央工业区现已吸引了通用电气等多家公司。2007年新加坡又重点建设实里达航空工业园，其拥有大型维修企业40余家。新加坡成为全球最重要的航空金融租赁中心之一，世界前十大飞机租赁巨头都已进驻。此外，新加坡政府鼓励新科宇航等企业同国际知名的航空工业商展开合作，不断完善并打造整个航空产业链条。

　　在政府的大力推动下，新加坡试图从亚洲飞机维修中心转型成亚洲飞机发动机制造中心，推动航空产业的跨越式发展。2016年1月新加坡政府宣布，在未来5年内安排130亿美元预算，用于鼓励和支持高端制造业，尤其是航空制造业的发展。新加坡进行了越来越多的航空设计和制造业务，包括发动机、阀门等设备。在研发方面，波音等国际大型飞机制造商与新加坡继续航天领域的项目合作，新加坡航空工业向着多元化、高效率与竞争力的产业集群发展。同时，新加坡加强航空工业精尖端人才的培养，提高产业研发队伍的创新能力及核心技术的革新，这也是新加坡航空制造业价值链中重要的组成部分。目前，航空产业对新加坡GDP的直接和间接贡献为142亿新元，其中包括：直接贡献87亿新元，与航空业有关的产业链间接贡献31亿新元。航空业的直接雇员约有6万人，加上产业链相关企业的雇员，总数近12万人。

❖ 三、电子制造业

由于电子制造业属于高附加值产业，科技含量高，耗材少、污染小、易运输，同时周边国家的工业水平相对落后，电子制造业的发展水平尚处于初级水平，该产业成为新加坡工业发展的最佳选择。电子制造业是新加坡制造业的龙头产业，新加坡现为世界电子产品最重要的制造中心之一，电子产品出口额已跃居亚洲第三。

新加坡的电子行业发端于20世纪60年代，1968年半导体转配业在新加坡兴起。20世纪70年代，欧美发达国家开始信息技术革命，对电子计算机、通信器材、家用电器、办公设备、电子零部件等需求急速增加，新加坡大力发展电子产业，开始在国际市场占有一定份额。进入20世纪80年代，欧美向东南亚地区进行产业转移，新加坡电子制造业得以迅猛发展，1985年产值为104亿新元，占制造业总产值的29.5%，1987年产值达175亿新元，占制造业总产值的39.1%，1990年产值达299.99亿新元，占制造业总产值的42%。同时，该行业的吸引外资额也相应快速增长，1980年为3.93亿新元，1990年上升到11.97亿新元，电子制造业成为制造业中增幅最大的行业。进入20世纪90年代，随着跨国公司积极开发和生产技术密集型产品，新加坡电子制造业开始发展集成电路设计和晶片生产，此时不仅能生产大批量的发电机、电冰箱等产品，而且能生产大量的电子计算机、高级集成电路、雷达及宇航设备等产品出口到欧美市场。利用新加坡电子企业生产元器件的国际著名电脑公司有国际通用机器公司、通用数据公司、创新技术公司等。1994年新加坡电子制造业总产值达493.5亿新元,占制造业总产值的49.4%,占世界电子制造业总产值的5%,其创造的附加产品占制造业产品出口的44.8%,电子产品的快速发展带动了整个制造业的增长。

20世纪90年代末,新加坡根据本国制造业的特点,将电子制造业作为优势产业发展与世界新科技的进步保持同步。2001年,制造业增加值中电子类所占比重为38%,电子制造业及精密工程在制造业的固定资产投资中占65%。电子制造业是新加坡新的经济增长的主要动力,每年提供约1.4万多个新的工作岗位。新加坡经济发展局计划将新加坡发展为世界一流的电子和精密工程中心,巩固制造业在全球市场的重要地位并占据高附加值环节。2007年新加坡电子工业增加值为108.4亿美元,其中半导体已成为新的支柱性产业,占电子制造业的58%,新加坡也成为全球半导体行业的产业重镇。电子产业是新加坡制造业转型升级的重要引擎,产值占其制造业总产值的30%,是新加坡经济的中流砥柱,2016年新加坡电子业产值同比增长15.9%,吸引固定资产投资22亿新元,是新加坡吸引投资最多的行业,电子产品的进出口额分别为1 172亿新元和1 578亿新元,稳坐新加坡商品贸易的榜首。

❖ 四、海洋工程产业

欧美国家是传统的海洋工程中心,从产业链角度,海洋工程产业可分成设计、建造、安装和维护等四个主要业务领域。近年来,海洋工程装备的制造业中心逐渐东移,新加坡凭借船舶工业的优势,在海洋工程建造领域占据了较大的市场份额。新加坡从20世纪60年代开始发展海洋工程产业,主要是钻井平台建造,20世纪80年代开始从建造向设计和研发领域突破,20世纪90年代吸收欧美国家海洋工程设计技术,提升本国的海洋工程产业价值链。目前新加坡在FPSO、半潜式平台、自升式钻井平台的建造领域处于世界顶尖水平,具有大规模自主研发和设计能力。在海工装备的安装和维护领域具有强大的竞争力。新加坡成为世界第二大钻井平台生产基地,仅次于美国,占世界钻井平台产量的1/4。新加坡成为世界海洋工程中心之一，海洋工程设备的产值占世界市场份额的一半，汇集了全球主要的海洋工程配套供应商、法律、金融等配套服务商，产业集聚效应明显。

五、船舶修造业

　　新加坡船舶修造业包括修船、造船及海事支援等。新加坡是国际航运的枢纽，俄罗斯远东地区、中国、日本、韩国及东南亚国家至中东地区、北非和欧洲国家海运航线上的商船都必须经过新加坡。得天独厚的地理位置为其发展海运服务、修造船业创造了有利条件。鉴于过境新加坡的船舶很多，新加坡在布局工业时，把发展修船和造船业放在重要的地位。20世纪60年代初，新加坡仅有36家船厂，除了船舶修理外，仅能制造一些小型船只。1963年新加坡政府把发展船舶修造业列为新兴产业，通过直接投资，制定优惠措施吸引外资和技术，船舶修造业迅速发展起来。1964年新加坡与日本石川岛播磨联合经营裕廊造船厂。1965年，新加坡船舶修造业的产值增至5 000万新元，1970年新加坡政府与新加坡发展银行同日本三菱财团达成共同建造新造船厂的协议，日本投资约为5 000万美元，日本培训新加坡造船技工，建造排水量达十万吨的轮船。日本投资的结果是新加坡各船坞的修船合同数量增加。在1971年新加坡船厂的修船量增加了近1/3，到1977年，船厂数量增至70多家，能制造出大中型船舶，1978年产值达到16.5亿新元，13年内增长了30多倍，新加坡成为苏伊士运河以东、日本以西的最大船舶修造中心。1987年船舶修造业营业额达11.09亿新元，同比增长53%，造船业营业额为3.37亿新元，钻井平台营业额为8 400亿新元。

　　20世纪90年代，受国际航运市场不景气的影响，新加坡传统船舶工业发展放缓，1993年，吉宝、裕廊、森巴旺三大船厂的修船净收益分别减少了4%、7%和24%。直到21世纪初，新加坡船舶修造业才出现复苏迹象，2001年新加坡海事业获得订单金额超过50亿新元，海事从业者达到3万人，收益达30亿新元，其中修船、造船收益占60%，占世界修船市场份额的16%，修船业成为世界第一。随着新加坡工业制造业的转型，船舶修造业在制造业所占份额不断被电子工业、生物制药及精密工程所取代，但新加坡的船舶修造业在世界船舶修造业领域仍占优势地位。新加坡已成为亚洲最大的修船基地之一，仅次于日本，能修理世界最大的超级油轮，同时可修理总吨位达200多万吨的船舶。近年来，新加坡船舶修造业面临着中国和中东国家的激烈竞争，但其高效率和高质量使其仍能在竞争中保持优势。

第四节　现代服务业

一、金融业

新加坡政府大力发展金融服务业作为经济发展的引擎，使新加坡成为继纽约、伦敦、香港之后的第四大国际金融中心和全球第四大外汇市场。20世纪70年代初，新加坡发展成为亚太地区金融业最发达的国家，其金融业的收入占GDP的7.5%，2016年上升到了13%。

新加坡国际金融中心属于政府主导型，转口贸易、制造业、空海物流和服务业的突出优势为新加坡成为亚洲国际金融中心，奠定了产业基础，形成了货币、资本、黄金、外汇等多层次金融市场体系。新加坡政府深化金融改革，出台了优惠政策，鼓励离岸金融活动及金融创新产品的开发，积极推动境内与境外金融市场的发展。早在1968年，新加坡便主导了亚洲货币市场的创立，市场范围已从新加坡扩展到香港、马尼拉和东京等地，成为亚太地区不可忽视的一个区域性乃至国际性的金融市场，填补了欧洲和美洲的空白，确立了新加坡成为亚元离岸中心，奠定了在国际金融市场中的独特地位。1972—1973年，新加坡建立几家合营的商业银行，新加坡大华银行和大通曼哈顿银行（美国）共同创办了联合大通证券银行，促进新加坡亚元市场的发展，促进本地资本大量流入金融部门。2008年9月，新加坡因全球次贷危机陷入经济衰退。世界经济遭受重创，全球银行崩溃，不少新加坡企业无法申请贷款，难以维持发展。新加坡政府改革监管理念，改革金融体系，着力保障企业的流动资金与竞争力，以稳定新加坡金融市场。新加坡政府为所有本地和外币定期存款提供1 500亿美元的担保，并在2009年新加坡公布的财年计划中，提出总额205亿新元的巨额振兴配套计划。新加坡政府动用58亿元的政府启动金用于"过渡性贷款计划"的实施，将政府分担的风险从50%提高到了80%。

新加坡跨国金融合作范围广泛，合作对象遍及全球，呈现出立足区域、放眼世界、多元并有重点合作特点的合作模式。新加坡是全球四大金融中心之一，在世界上具有举足轻重地位的离岸金融中心。新加坡汇集了众多金融机构，截至2016年1月，新加坡聚集各类金融机构700余家，包括商业银行122家、保险公司179家、基金公司275家、证券公司133家、期货公司67家等。近年来，新加坡注重境内与境外交易所的强强联合，新加坡交易所与多个交易所的数据中心直接联系，包括澳大利亚交易所（ASX）、欧洲期货交易所（Eurex）、香港交易所（HKEx）以及日本交易所（JPX）等。新加坡金融管理局作为新加坡中央银行及金融的监管机构，与中国、日本、英国、澳大利亚、美国以及几个主要的拉丁美洲国家的中央银行等均建立了紧密的联系，合作范围遍及亚洲、美洲、欧洲、大洋洲等多个地区。

在东盟区域内，新加坡积极参加东盟各项金融合作，推动东盟简化贸易金融结算、设立东盟清算办法和东盟货币交换安排、签订东盟互惠外汇信贷协定、建立东盟银行承兑市场、成立东盟金融公司等方面贡献突出。东盟金融公司成立之初，其股东为包括新加坡在内的东盟五国共139家主要银行和其他金融机构在新加坡注册。在亚洲，新加坡同中国、日本等国金融合作密切；在亚太地区，新加坡与澳大利亚近年来加强货币与资本市场的合作；在欧洲，新加坡与英国、泛欧交易所等开展金融合作；在美洲，新加坡与美国的金融合作呈现多方面齐头并进的发展态势，与南美的主要中央银行也有金融往来。

❧ 二、国际物流业

新加坡作为城市国家，发达的国际物流业支撑着国际贸易的发展。新加坡的国际物流业包括了便利的港口海运业、四通八达的航空运输业及现代化的陆路运输业。新加坡已成为最具国际竞争力的全球物流枢纽和供应链管理中心，物流业成为新加坡经济发展的支柱和重要动力。2015年，新加坡的物流产业产值超过150亿新元，约占该国GDP总量的10%，物流企业9 000多家，从业人员约18万人，占新加坡总人口的5%。依托高水平、现代化的基础设施和装备，新加坡已经形成专业化分工细密、物流功能完善、高效运转的强大物流集群，能够提供高效、周到、便捷和高附加价值的物流和供应链服务。港口物流保持长期增长，2012 年的集装箱吞吐量比 2011 年的 2 990 万标准箱增长了 5.9%，达到创纪录的 3 160 万标准箱，新加坡港的集装箱吞吐量在 2008 年达到 2 990 万标准箱，位居世界第一，但此后下滑，至 2011 年才恢复新加坡港船舶进出港总吨位，2012 年增长了 6.1%，达到创纪录的 22.5 亿吨，在新加坡登记油轮和货柜船总吨位为 6 500 万吨，比 2010 年增长 13.2%，是全球船舶登记总吨位最大的十个港口之一。2015 年新加坡港的集装箱吞吐量超过 3 000 万标准箱。平均每天处理 60 艘船、8 000 辆拖车和 5 万个集装箱，每周有 430 艘班轮发往世界各地，是世界上最繁忙的港口之一。2016 年全球十大港口排名（按集装箱吞吐量）如表 8-3 所示。

表 8-3　2016 年全球十大港口排名（按集装箱吞吐量）

排名	港口	国别	集装箱吞吐量/万标准箱
1	上海港	中国	3 650
2	新加坡港	新加坡	3 090
3	深圳港	中国	2 420
4	宁波–舟山港	中国	2 060
5	香港港	中国	2 010
6	釜山港	韩国	1 950
7	广州港	中国	1 760
8	青岛港	中国	1 750
9	迪拜港	阿拉伯联合酋长国	1 560
10	天津港	中国	1 410

资料来源：Lloyd's List Top 100 Ports 2017，英国劳氏日报。

2016 年，新加坡港的货物吞吐量达到 5.93 亿吨（其中杂货船为 3.53 亿吨，散货船为 2.40 亿吨），暂居世界第三，在非中国地区港口中排名第一。2016 年全球十大港口排名（按货物吞吐量）如表 8-4 所示。

表8-4 2016年全球十大港口排名（按货物吞吐量）

排名	港口	国别	货物吞吐量/亿吨
1	宁波-舟山港	中国	9.20
2	上海港	中国	7.01
3	新加坡港	新加坡	5.93
4	苏州港	中国	5.74
5	天津港	中国	5.50
6	广州港	中国	5.22
7	唐山港	中国	5.16
8	青岛港	中国	5.01
9	黑德兰港	澳大利亚	4.84
10	鹿特丹港	荷兰	4.61

资料来源：Lloyd's List Top 100 Ports 2017，英国劳氏日报。

在物流科技信息化建设方面，新加坡于1989年开始投入巨资，启动建设EDI贸易网络系统和港口网络系统，并成为政府监管机构、航运公司、货运代理和船东之间便捷的沟通渠道。目前，新加坡政府计划投入15亿新元，打造"智慧国"，其中包括整合贸易网络和港口网络为贸易交换网。物流企业高度集聚和由此形成的综合竞争优势为物流枢纽发展提供动力支撑。马士基、联邦快递等一大批国际物流企业纷纷进驻新加坡，带动大量国际物流企业、跨国公司的物流配送中心加快向新加坡集聚，使新加坡成为国际贸易货物的集散中心，提升新加坡各种物流活动的专业化和规模化水平，提高了使用大型运输工具如大型集装箱班轮、定期航空货运航班等经济效率，为新加坡开展大型物流枢纽之间、全球城市之间的规模化运输和物流服务创造了发展空间。

三、 国际化的交通运输业

1.海洋运输业方面

新加坡港居太平洋和印度洋之间国际海运的要冲，为远东地区各近洋航线必经的港口，是亚太地区最大的转口港、世界主要的海运与贸易航线的交汇处，也是世界最大的集装箱港口之一。新加坡海运业是国家经济发展的重要行业。新加坡政府有计划地大量投资港口设施建设，于1964年成立港务局，加强对港口的业务管理，对所有码头的不同港区继续进行功能化、作业专业化管理。这些港区分别是发巴港（面向远洋货轮）、直落亚逸港（为东盟及西亚国家船舶服务）、裕廊港（为裕廊工业区进出口服务）、巴西班让港（重点从事驳运）、东礁湖港（集装箱专用码头）、三巴旺港（主要装运木材）。2020年，15个泊位全部建成以后，新加坡港的处理能力将提高到5 000万标准箱，新加坡将成为世界上最大的转运中心港。新加坡港不断完善集装箱操作系统，简化船舶进出手续，新加坡港口成了高效率的"不眠之港"。新加坡港拥有一个40万吨级的巨型旱船坞和两个30万吨级的旱船坞，能够同时修理的船舶总吨位超过200万吨，是亚洲最大的修船基地之一。

新加坡港务集团设有15个公司、100多个子公司及合资公司，总公司及主要营业地点均设在新加坡，而子公司及合资公司则分散于国内外，如中国、意大利、葡萄牙、印度、也门、美国等地。新加坡国际港务集团另成立PSA海事公司（PSA Marine），经营港湾与海事业务。该公司总部也在新加坡，其主要业务为拖船、引航、加水、交通船、海洋环境服务及海事咨询等。由于优良的区位和高效的港务管理，20世纪90年代初新加坡港成为全球第二大港，新加坡港船舶吨位连续保持世界最繁忙之港的地位。新加坡港联系着世界上的200家航运公司和123个国家约700多个港口，是约700条航线的集中点，拥有4个现代化的集装箱码头，每周有2 700多艘船舶驶往世界各地，为货主提供多种航线，占有全球40%以上的海运吨位。新加坡作为国际集装箱的中转中心，极大地提高了全球集装箱运输系统的整体效能，成为国际航运网络中不可或缺的重要一环。集装箱国际中转衍生出了许多附加功能和业务，丰富和提高了新加坡作为现代意义上国际航运中心的综合服务功能。发达的集装箱国际中转业务，吸引了许多船舶公司把新加坡作为集装箱管理和调配基地，形成了一个国际性的集装箱管理与租赁服务市场，极大提升了新加坡作为国际航运中心的知名度，从长远意义上为新加坡港带来丰厚的回报。

新加坡海军及港务管理局负责管理新加坡海域船舶航行、港口服务和经济活动，伴随船舶大型化趋势，新加坡多次对海峡通道、港池及岸边装卸设施进行持续的改造和投资。为了在国际事务中保护其海事与港口利益，新加坡港务局对海运业进行调整和改革，建立完善的海运体制，奠定了新加坡国际海运的基础。另外，新加坡优惠的登记费用、所得税豁免及自由兑换外币等经济政策促进其海运行业的发展。同时，新加坡十分重视船舶安全、控制海洋环境污染及改善船员生活条件，对海运教育和人才的培养十分重视，努力建设海运与港口管理人才培训中心，吸引许多大型国际海上运输和海运管理公司，促进了离岸海事工程的蓬勃发展。新加坡可以成为世界海运中心之一和最繁忙的港口，与其长期稳定的政局、重要的地理位置、完善的港口设施和高素质的人力资源、良好的市场经济体制有着密切的关系。

2.航空运输业方面

新加坡拥有5个机场，每周有7 000多个航班起降，其中樟宜国际机场和实里达国际机场是民用机场，巴耶利巴机场、森巴旺机场及登加机场是军用机场。新加坡是亚太地区重要的航空运输中心，是联系欧洲、亚洲、大洋洲的航空枢纽。新加坡航空公司引领国际航空运输业的创新市场的荣誉，提供优质服务和高质量产品，创建航空品牌，尤其是在安全、服务和革新风格方面，被誉为最舒适、最安全的航空公司之一。新加坡的樟宜机场是世界第四大货运机场，也是东南亚最繁忙的机场，是全球著名的航空枢纽，每周4 000多个航班连接60多个国家的200多个城市，每天有30多个国家航空公司的班机频繁起降，航空货物吞吐量超过250万吨。新加坡航空公司与下属成员之间的航线网络遍及全球192个国家、1 330个目的地，提供通达全球的航空服务。高技术、高价值和高时效产业的快速发展，推动新加坡航空货运需求的发展，新加坡加大对重型货运飞机起降的货机跑道、停机坪以及货运机场等航空设施的大量建设和持续投资。

3.陆运运输业方面

虽然国土面积小，但是新加坡建立起现代化陆路交通运输体系，形成了一个高度发达的陆路交通网络。其陆运系统除了南接南部海港与裕廊工业区，北经柔佛海峡长堤连接马来西亚内陆的横贯全岛的唯一一条铁路外，主要是岛内四通八达的公路系统。整个公路系统的几条干线，一是泛岛高速公路，全长35.5千米，东起樟宜国际机场，西至裕廊工业区，新加坡各主要地区均与之连成一片；二是东西海岸大道，东海岸大道连接樟宜国际机场和市内交通，西海岸大道连接市内与裕廊工业区；此外，还有中央快速公路、三巴旺快速公路和武吉知马快速公路等。新加坡已经形成了由地铁、轻轨、公共汽车及出租车等系统构成的公共运输网络，岛内公共交通方便快捷，新加坡铁路与周边国家连接，主要运行开往吉隆坡、新山市等线路。良好的交通系统塑造了新加坡高效的现代化国际大都市形象，有助于新加坡商业、旅游业、工业发展及国民日常生活的便利，是新加坡经济高效、快捷、高质量运转的基础。2014年新加坡和马来西亚共同建设连接新加坡与吉隆坡的新隆高铁，计划于2020年完成，两地之间路程缩短为90分钟车程，新隆高铁项目是泛亚铁路衔接计划之一，旨在加强东南亚各国之间的联系，提高该地区物流运输速度。

四、旅游业

新加坡旅游业始于20世纪50年代，初期发展缓慢，但经过几十年的发展，旅游业成为新加坡经济发展的亮点。新加坡多元的文化、便利的公共交通、良好的社会治安和保存完好的自然文化遗产是新加坡旅游业发展的重要因素。2015年新加坡的游客达1 520万，2016年增为1 640万人次，入境游客的人数创历史新高，中国、印度、印度尼西亚、德国等国游客人数呈增长趋势，其中，中国到新加坡旅游的人数为286.4万人，同比增长了36%。2016年新加坡旅游业的收益约为248亿新元，同比增长约13.9%。新加坡旅游业的发展迅速带动了酒店业、零售业、餐饮业、会展业及交通业等相关产业的发展。会展业是新加坡旅游业一个非常重要的组成部分，平均每年有40多万国际游客赴新加坡参加4 000多场国际性会议和展览展销活动。旅游业的发展带动了交通业的快速发展，为了吸引中国、印度和德国游客，新加坡增加了杭州、金奈、杜塞尔多夫的航线。

新加坡旅游市场不断扩大，东盟及亚洲国家成为新加坡主要的客源市场。从新加坡入境旅游人数来看，新加坡旅游业最大的客源地首先是周边的东盟国家，其次是远一点的其他亚太国家和地区，然后才是欧美国家。来新加坡旅游的欧美游客数量正呈增长的趋势，新加坡不仅成为亚洲青睐的旅游目的地，而且越来越多地获得欧美旅客的认可，这使其成为名副其实的世界旅游天堂。新加坡旅游局制订中长期发展规划与目标，发布《国家旅游工作规划》《21世纪旅游：旅游之都的视野》，提出无限制旅游概念，开发世界级综合度假胜地、摩天观景轮等旅游产品，加强硬件设施建设，提出"新亚洲-新加坡"的口号，加强新加坡及所处区域的联系，让新加坡成为东南亚的旅游中心，从东南亚不断做大的整体旅游格局中赢利。新加坡旅游局加大旅游城市的宣传，强调新加坡的独特魅力，开发新兴旅游项目，如医疗旅游、艺术旅游、教育旅游、会展旅游等。2014年5月，新加坡旅游局启动服务中国市场的"惠聚狮城"计划并展开"从心发现新加坡"主题活动，吸引了大批中国游客，改变中国游客以往新马泰"打包"旅游的模式，使得选择新加坡进行一站式旅游的中国游客数量同比增加了22%。

第九章　对外经济关系

新加坡是城市国家，国内市场需求非常有限，市场空间和规模小，其经济外向型程度高，高度依赖国际市场，对外贸易是其长期经济发展的重要支持，转口贸易是主导产业，决定了自由贸易政策是新加坡的基本经济政策。新加坡与多国建立双边贸易关系，积极参与并推动区域贸易和全球贸易自由化。新加坡对外商品贸易的第一阶段以初级、单一的原材料大宗贸易，如锡、橡胶、石油等为主；第二阶段过渡到进口替代、出口导向、知识经济的发展等为主；第三阶段新加坡的商品贸易在数量和水平上远超过去同期水平，在品种上以机电产品、燃料和油、化工产品为主，在科技含量上以电子产品、工业机械、石油石化等为核心竞争力。

第一节　对外贸易发展概况

新加坡独立之初，对外转口贸易是新加坡经济的重心和赖以为继的经济基础，奠定了新加坡高度外向型经济结构。新加坡政府长期推行贸易立国的策略，利用原有的东南亚商贸集散中心的地位，大力发展对外贸易和转口贸易。新加坡脱离马来亚联邦起初一段时间，由于原材料市场供应中断和销售市场缺乏，新加坡转口贸易一度受到打击。新加坡政府迅速转变策略，鼓励制成品出口，成功地把转口贸易转型为工业制成品出口，对外贸易得到恢复与增长，对外贸易结构也发生了变化，出口商品中初级产品比重下降，工业制成品的比重不断上升，新加坡贸易的优势更为突出。20世纪70年代，新加坡对外贸易

额的年增长率高达20.2%，进出口贸易平均增长率高达20.6%和
19.9%。20世纪80年代后，由于世界经济危机的影响，世界贸易衰
退，新加坡对外贸易增长速度有所下降，但相比世界贸易的疲软状
态，新加坡外贸增长却仍保持相对较好的发展态势，1981年世界贸易
增长率只有1%，而新加坡的贸易增长率仍维持在10%左右。该时期新
加坡政府大力发展高新技术附加值工业，提高出口商品的国际竞争
力，稳定了新加坡的贸易市场。新加坡积极支持并建立多边贸易体
制，是WTO的积极参与者，把贸易最惠国待遇扩展到所有的贸易伙
伴国。新加坡重视在区域经济组织中的作用，作为东盟创始国之一，
新加坡也是亚太经合组织和亚欧会议的成员，推进减少国家间的贸易
壁垒。20世纪90年代，新加坡升级商品结构，加强国家战略的核心产
业、信息技术产业的发展，主要出口技术和资本密集型产品，电子产
品、化工及石油产品、运输工具的出口大量增加，新加坡成为全球重
要的集成电路、芯片和磁盘驱动器的生产基地和全球重要的出口国。
2001年新加坡对外贸易总额为4 257.2亿新元，2002年受美国经济复苏
的影响，全球电子产品需求回升以及东亚主要国家和地区需求上扬，
新加坡对外贸易保持增长，对外贸易总额达4 322.13亿新元，2011年
新加坡进出口贸易总额增长为9 743.9亿新元，同比增长率为8%。受
到全球金融危机及周边国家出口竞争的影响，2013年新加坡对外贸易
开始下滑，但仍长期保持贸易顺差，直到2017年开始恢复和发展。2017
年，新加坡对外贸易总额达到7 011.7亿美元，同比增长14.4%。
2012—2017年新加坡进出口贸易统计如表9-1所示。

表9-1　2012—2017年新加坡进出口贸易统计　　　（单位：百万美元）

年份	总额	同比	出口	同比	进口	同比	差额	同比
2012年	788 557	1.7%	408 621	-0.3%	379 935	3.8%	28 686	-34.4%
2013年	783 490	-0.6%	410 368	0.4%	373 122	-1.8%	37 246	29.8%
2014年	776 057	-0.9%	409 789	-0.1%	366 268	-1.8%	43 521	16.8%
2015年	643 500	-17.1%	346 701	-15.4%	296 799	-19.0%	49 902	14.7%
2016年	612 953	-4.7%	329 910	-4.8%	283 043	-4.6%	46 867	-6.1%
2017年	701 170	14.4%	373 367	13.2%	327 803	15.8%	45 564	-2.8%

数据来源：2017年新加坡货物贸易概况。

　　随着产业结构的不断优化，新加坡对外贸易的商品结构不断变化。新加坡进出口发生变化，出口商品中初级产品的比重不断下降，工业制成品的比重不断上升，商品进出口的数量不断扩大。进口贸易方面，20世纪60年代初期主要进口对象是食品和转口初级产品，约占进口商品总额的2/3。20世纪60年代中期至70年代中期新加坡主要进口工业原材料、半制成品、机械运输设备。1970年，进口机械和交通设备等工业制成品的数量最多。20世纪70年代中期至80年代中期，新加坡主要进口先进的生产设备和机械、日用电子材料、运输设备。1988年，原油在进出口商品中居第一，20世纪90年代后，新加坡进口商品中机械和交通设备最多，占总进口额的一半，化工产品、制造业类产品占进口额的30%，初级产品和原材料的进口不断下降，原油进口占比不足20%。新加坡农业用地面积的不断减少，导致粮食、蔬菜基本依赖进口。2001年新加坡商品进口额为2 076.9亿新元，2011年增加到4 586.5亿新元，在十年里新加坡进口额翻番，之后逐步下降，2016年减少到5 726亿新元。机电产品、矿产品是新加坡最主要的进口产品，占新加坡进口总额比重的63.3%。

　　出口贸易方面，20世纪60年代新加坡出口商品主要是橡胶、纺织纤维、食品、塑料、木材等原材料。60年代后期，主要出口石油产品、钻井平台、船舶以及纺织、服装、食品、塑料制品等劳动密集型产品。70年代，新加坡的出口产品则以石油制品、电子电器、船舶和化学制品等技术密集型产品为主，该时期电子电器和修造船业的出口贸易大幅度上升，主要以石油产品、橡胶和造船业为三项大宗出口商品。80年代新加坡工业化初见成效，高新技术产业迅速发展，主要出口电脑设备、计算机软件、机械及工业电子产品、石油及通信设备等。90年代石化产品、电子产品和元件等成为主要的出口产品，制造业占出口总额的97%，电子产品占出口的75%。新加坡繁荣的港口贸易和超强的运输能力使其转口贸易在对外贸易中仍有较重要的地位。2007年新加坡对外出口中，本国直接出口占52.1%，转口出口占47.9%，直接出口商品有机械设备、电子产品、船舶等，占直接出口额的39.1%，石油类产品占26.9%，化学品占19.2%。2011年新加坡商品总出口额达7 422亿新元，其中机械设备出口最多，占出口总额的31.7%。随着新加坡对外贸易的下滑，出口受到影响，出口总额下降，2015年降至7 139亿新元，2016年降为6 841亿新元。机电产品、燃油和化工产品是新加坡出口的主导商品。2016年机电产品、矿产品及化工产品是新加坡最主要的出口商品，占出口额的71.5%。新加坡对外贸易多年来处于顺差地位，中国香港、印度尼西亚、越南、澳大利亚是其贸易顺差的主要来源。多年来的高额贸易顺差为新加坡囤积了大量的外汇储备，截至2016年，新加坡外汇储备约2 500亿美元，排名全球第十二位，这为新加坡抵御全球金融与贸易波动风险提供了资金保障。

　　新加坡经济类型为外向型经济，高度依赖国际市场，从对外贸易对象国来看，独立后的新加坡积极寻求对外贸易结构的多元化，一方面，加强与贸易国家的关系，与欧美、东亚、东南亚、中东、西亚等地的国家建立了密切的经贸联系。中东地区是新加坡炼油工业所需原油的来源地，美国、东南亚和中国是新加坡电子产品的主要出口国。20世纪60年代，新加坡发展以出口为导向的外向型经济，制造业出口主要依赖发达国家市场，服务业主要输出方向为东盟国家。20世纪70年代，由于西方国家不断高筑贸易壁垒，新加坡开始扩大与中国、东盟、拉美以及北美国家的贸易往来，先后同日本、美国、韩国、欧盟、澳大利亚、印度等国签署双边自由贸易协定。

　　中国、马来西亚、印度尼西亚、美国、日本、澳大利亚、中国香港、韩国、中国台湾是新加坡主要的贸易伙伴。新加坡进出口总额的近六成来源于签署自贸协定的国家和地区。据商务部统计，2016年，新加坡共计出口3 299亿美元，进口2 830亿美元。其中，出口额前三位的贸易伙伴分别为中国内地、中国香港、马来西亚，各占新加坡对外总出口额的13.0%、12.6%和10.6%。进口额前三位的贸易伙伴分别为中国、马来西亚、美国，占总出口额的14.3%、11.4%和10.8%。

　　新加坡重视与区域组织之间的经贸合作，20世纪70年代末，东盟成员国达成贸易特惠协定，东盟国家协商削减关税、开放市场，促使新加坡发展与东盟成员国之间的贸易关系。新加坡从1993年与东盟国家签署自贸协定，至2012年已经先后同26个贸易伙伴签订了19个自贸协定，深化多边自由贸易关系。在这些多数双边自贸协定中，贸易互惠范围不仅包括商品，还包括各种服务，自由贸易协定远远超过了贸易范畴，也是一种全面的经济合作。新加坡和亚太经合组织

（APEC）、经合组织（OECD）、东盟（ASEAN）经贸关系最为密切，位居新加坡对主要区域组织进出口额的前三位。然而，新加坡和石油输出国组织（OPEC）的贸易规模却不断萎缩，进口额和出口额分别从2011年的631亿、497亿美元，缩减到了2016年的228亿、56亿美元。

第二节　对外投资概况

从对外投资来看，新加坡政府非常重视对外投资带来的利益，并以其推动本国经济的发展。新加坡对外直接投资主要集中在金融服务业、制造业、交通、通信、建筑业、房地产业和商业服务业等。20世纪末，新加坡对外投资总额为600多亿新元，2010年对外直接投资总额达4 071.5亿新元，海外投资业务收益占新加坡GDP的20%左右。新加坡对外投资迅速发展得益于政府对外投资战略和政策指导、政府对外投资服务机构的信息咨询、财政税收政策的支持、完善的培训和信息服务，政府鼓励中小企业走出去，并给投资海外的企业提供诸多财政支持、税收方面的减免政策及津贴和基金支持。

20世纪60年代，新加坡将有限的对外直接投资主要集中在马来西亚、印度尼西亚等邻国。70年代，新加坡产业结构调整，将劳动密集型产业向海外转移，将转移区域从最初的邻国扩大到整个亚太地区。新加坡在国外的直接投资相当一部分是投资于纺织、制革、木制品、砖和陶瓷生产等劳动密集型产业。20世纪80年代，随着日本资本大量涌入美国和其他发达国家，新加坡资本也开始大量涌入欧美国家，新加坡对外投资国家主要是美国、日本、澳大利亚和一些西方国家。通过对发达国家的投资，特别是对欧美企业的收购，新加坡企业获得了一些尖端技术及市场信息。90年代，中国、印度、越南等亚太国家逐渐开放市场，各国为吸引外资而提供优惠政策，新加坡再度调整投资方向，从欧美等发达国家大幅撤资，投资重点再度转移到亚洲各国，以巩固其在亚洲的优势地位，同时也带动了新加坡国内产业结构进一步优化升级，将一部分资本密集型产业向国外转移。新加坡与欧美联合在亚洲国家投资建立工业区，通过优势互补，新加坡在亚洲的投资日趋成熟，1990年新加坡对外投资额为84亿美元，1994年增至105亿

美元，超一半数额投资在亚洲，对外投资产业包括造船、工程、汽车
制造和钢铁等。21世纪，新加坡仍将投资的重点放在亚洲，重点投向
东盟国家和中国，并不断扩大投资规模，还将原来投向中南美洲的投
资大幅度转移至亚洲。新加坡对亚洲投资占其海外投资总额的比重从
2001年的48.5%上升到2008年的53.2%，对中南美洲的投资比重从
2001年30%下降到2008年的17.3%。2008年，新加坡在欧洲的投资存
量为393.8亿美元，占其海外总投资的13.2%。新加坡在东盟的累计
投资达到693.9亿美元，主要对象是马来西亚、泰国、印度尼西亚、
越南、老挝等国。2010年，新加坡对外直接投资总额达4 071.5亿美
元，对亚洲的直接投资为2 271.7亿新元，其中对东盟国家的投资为
953.9亿新元，占其在亚洲投资总额的41.9%。服务业成为新加坡经济
发展的新动力，也是新加坡海外投资的新领域，金融保险业是新加坡
最大的海外投资行业，2010年占海外直接投资的48.3%。其次是制造
业，直接投资额为975.2亿，占直接投资的24%。对外投资是新加坡经
济增长的重要动力，其在海外投资带来的利润促进新加坡经济增长，
在这一过程中新加坡政府起着重要的导向性作用，政府出台的对外投
资政策为企业的对外投资进行了有效的规划，指明了企业的发展方
向，并创造了很好的对外投资条件。新加坡政府推进自贸区的建设，
消除与贸易伙伴的进出口关税、开放服务业、促进投资、保护知识产
权、开放采购市场等，为新加坡企业拓展海外市场和自由投资提供了
很多便利。

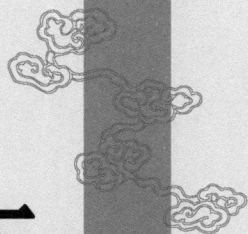

下篇

第十章 中新政治关系的发展

中国和新加坡是友好邻邦，两国的友好交往已有上千年的历史。新加坡独立后两国关系从"政冷经热"发展到政治、经济及文化等全方位发展，再到中新关系的全面升级。中新两国不断接触、对话、沟通、协商，加强互信，深化合作，政治关系的良好发展拓展了两国在经济、文化、教育、科技等领域的合作。中新政治关系形成了首脑外交为首要驱动，经济合作是两国关系的重要基础，在国际问题上相互交流对话促进双方的政治互信。总体上，中新政治关系向着平稳的方向发展。

第一节 中新外交关系的演变

一、1949—1989年的中新政治关系：政经分离

中华人民共和国成立直至新加坡独立及其以后的数十年里，由于两国国内政治因素和复杂的国际环境，中新分属不同的阵营，双边政治关系对立。因意识形态的对峙，新成立的中华人民共和国成为西方国家攻击和围堵的对象，以华人为主体的新加坡被包围，马来西亚、印度尼西亚等周边国家对新加坡充满了猜忌与不信任，中新两国在国家利益与意识形态方面也存在很大的差异。受西方影响，新加坡政府的对华政策相当谨慎，积极塑造亲西方的政治立场，这些因素妨碍了中新两国建立正式的外交关系。因此，相对于不断扩大的经贸关系，

中新两国政治关系显得疏远。

1956年，新加坡劳工阵线主席戴维·马歇尔访问中国，周恩来总理和陈毅副总理先后三次接见他，就新加坡局势和华侨国籍问题广泛交换意见，周恩来阐述中国政府关于新加坡华人国籍问题的立场。中新两国领导人首次政治接触是1963年8月2日，周恩来总理写信给李光耀总理，建议召开一次讨论所有国家禁止和销毁核武器问题的全球性会议。

李光耀政府持亲美立场，依仗美国的安全保障抵消中国在东南亚地区的传统影响力，新加坡是以美国为首的西方国家反华阵线上重要的一环。新加坡独立后相当长的一段时间内，中新两国的政治接触很少。新加坡在经济实用主义外交的主导下，无论政治关系好坏，仍开展双边经贸关系。经济利益是新加坡制定对华政策的关键因素，新加坡是东南亚国家中最早与中国建立直接商贸关系的国家。

在新加坡独立之初，华侨华人对中国有着强烈的民族认同感，希望中新建立友好关系。为了不引起邻国的不满，新加坡政府慎重处理族群关系，与中国保持距离，优先发展与马来西亚、印度尼西亚的睦邻友好关系。

20世纪60年代末，随着美苏、中苏大国关系的变动，新加坡对华持中立的立场，转变了其对中国在亚太地区大国的作用和地位的认识。新加坡领导人对华的务实政策还体现在主张美国和其他国家改善对华关系。1968年李光耀在同尼克松会谈时，建议美国争取联合中国以抗衡苏联。他认为："日本和中国是亚洲不可分割的一部分，从长远看，不管人们愿不愿意，它们将对东亚和东南亚发挥影响。"

20世纪70年代，随着东南亚国家对华关系缓和，中新政治关系有所改善。在1971年第二十六届联合国大会上，新加坡投票赞成恢复中国在联合国的合法席位。1972年7月，中国乒乓球代表团首次访问新加坡，受到李光耀总理的接见。此后的两三年中，新加坡派出体育、文化和商业贸易等多个代表团访问北京，加强与中国接触。1975年3月，新加坡外交部部长拉贾拉南访问中国，受到周恩来总理的接见。1976年5月，李光耀首次访华，毛主席接见他时，李光耀表达了新加坡不反华及重视中国的立场，他说，"中国越是强大，中国同美苏的力量就更加平衡，新加坡就更加安全"，他希望中国能在东南亚地区事务中发挥积极作用，并建议中新两国优先发展贸易，再逐步扩大双边关系。他还说，"由于民族利益或意识形态的缘故，新加坡和中国在某些方面会有不同的看法，但这不应该妨碍两国改善文化、贸易和其他关系，两国关系的前景是良好的"。实际上，两国无外交上的承认并未影响双边经贸的开展，中新经贸往来与投资关系日趋密切。

1978年11月，邓小平副总理首次访问新加坡，李光耀与邓小平会见，双方对两国经济合作给予积极肯定。邓小平考察了新加坡企业和经济建设成就，为他在十一届三中全会上提出以经济建设为中心和改革开放的重大战略决策起到了参考作用。邓小平提出要向新加坡学习、以新加坡为师，这是对新加坡的友好和赞扬，使得新加坡领导人对中国产生了更好的印象。中国实行改革开放政策后，社会经济快速发展，李光耀非常务实地看待中国实力的提升，他说，"一个致力于发展经济的中国是香港地区、新加坡，乃至整个东南亚经济发展的动力引擎，两国政治关系随之有了重大进展"。中新双边的沟通与政治互信增强，20世纪70年代后期，新加坡发挥了中国与其他东南亚国家联系的桥梁作用。

1979—1989年，两国高层领导人互访增多，签订了双边经济、科技及文化交流合作协定。1979年10月，中新签订了贸易协定、航班协定等；20世纪80年代，两国政府签订了8个官方协定，如《中新贸易协定》《投资协定》《海洋运输协定》等协定的达成使两国贸易额大幅度增加。1986—1987年，新加坡分别在上海、广州设立办事处。然而，新加坡在推进对华外交关系上表现得非常谨慎。除了双边贸易与投资大幅度增长，新加坡希望利用自身的经验与高效的管理成为中国发展的顾问或咨询者。新加坡与中国进行外交活动的目的是期望中国对新加坡更加重视，突出在大国外交中新加坡国家地位的重要性。新加坡是中国在改革开放之初了解世界的窗口，是中国学习国家建设、行政管理、经济发展与公共治理的典型范例，在中国掀起了一股"新加坡热"。李光耀在其执政后期对中国模式的认同度增加，对中国融入世界经济体系发挥了一定的积极作用。此外，两国在东南亚地区事务上相互合作，在解决柬埔寨问题上密切合作，共同为维护东南亚地区和平稳定做出积极贡献。

1976年李光耀访华之后，两国保持非正式性的政治关系，两国领导人保持了经常性互访交流，推动了中新政治关系的发展。这段时间里，新加坡的对华政策主要是：首先，贸易先行，渐进式推进双边政治关系，不急于建立外交关系；其次，不走在邻国前面，在邻国与中国恢复外交关系后再考虑与中国建交；再次，努力促进邻国了解中国，树立东南亚国家对中国的信任。

❧ 二、1990—2000 年中新建交和友好合作时期

20世纪70年代中期，国际格局急剧变化，中美两国关系改善，东南亚形势发生重大变化。1974—1975年，中国先后与马来西亚、菲律宾、泰国建交，1990年与印度尼西亚恢复外交关系，这些有利的周边环境有助于中新关系的推进。1990年8月，李鹏总理出访新加坡，在两国总理会谈中，李鹏总理表示，中新虽未正式建交，两国关系早已有良好发展，在两国已存在的友好合作基础上建立正式外交关系的时机已经成熟，希望双方加快谈判进程，解决尚未达成共识的具体问题，争取早日建交。经过三轮谈判，中新两国于1990年10月3日正式建交。1992年，新加坡内阁资政李光耀率领150多名企业家代表团访华，目的是进一步加强双边关系和扩大对华投资。

中新政治关系正常化后，两国合作开始全方位地深入到各领域，包括在国际和地区问题上加强合作，新加坡也在中国与东盟各国之间发挥了沟通的桥梁作用。在经济方面，李光耀多次来华访问考察，深入了解中国的发展，鼓励新加坡商人来华投资，还对中国的国家建设提出了很多中肯的意见。1994年，在双方共同努力下，中国政府与新加坡政府签署《关于合作开发建设苏州工业园区的协议书》等三个合作文件，苏州工业国成为中国首个开展开放创新综合试验区。同时，双方成立了中新联合协调理事会。

中新两国政府高层保持了频繁互访，有力推动了中新关系的发展。杨尚昆主席（1993年）、江泽民主席（1994年）、全国政协主席李瑞环（1995年）、李鹏总理（1997年）、朱镕基总理（1999年）等先后访新，新加坡的黄金辉总统（1991年）、李光耀总理（1990年）、吴作栋副总理（1993、1994、1995、1997年）、王鼎昌总统（1995年）、李显龙副总理（1995年）先后访华，有力推动了中新关系的深入发展。2000年是中新建交十周年，4月吴作栋总理访华，签署《中新关于双

边合作的联合声明》，内容涉及政治、防务、经济、教育、环境、交通、通信与法律合作等多个领域，为双边新一轮合作提供框架。在区域机制与多边合作方面，新加坡政府希望中国积极参与区域机制与国际合作，中国在地区和平与稳定上发挥重要的作用。双方在联合国、亚太经合组织、亚欧会议、东盟地区论坛等多边外交场合密切沟通，相互协商。在国际事务上，新加坡支持中国加入世贸组织，支持中国申办奥运会，批评西方国家干涉中国内政。

✿ 三、2001—2010 年中新关系：全面合作

新加坡政府不断深化与中国的友好合作关系，以图在大国博弈中寻找平衡点。

中新两国深入拓展了教育、社会人文、公共管理、防务与执法等领域的交流合作，及国际事务上的沟通。首先，两国首脑和政府官员交往增多。胡锦涛（2002、2009 年）、李岚清（2002 年）、吴邦国（2005 年）、温家宝（2007 年）、习近平（2010 年、2015 年）等国家领导人多次出访新加坡。吴作栋总理（2000、2003 年）、纳丹总统（2001、2006、2008、2010 年）、李显龙总理（2012、2013、2017、2018 年）、陈庆炎总统（2015 年）等新加坡领导人受邀访华。两国政府首脑的频繁交往，促进了两国关系持续友好发展。从 2001 年起，新加坡政府定期派中高级官员团访华。为了适应两国关系的迅速发展，中新两国外交部建立官员磋商制度，两国外交部高官每年进行一次磋商，一方面商讨和促进双方友好合作；另一方面，交流对本地区和国际形势的看法。

经济合作是双边对话的重要议题。2002 年 4 月，中国国家副主席胡锦涛访问新加坡，提出了在新形势下加强双边合作的四点建议，其中包括加强在高科技、中国西部大开发、中国企业"走出去"以及人才交流等方面的合作。2003 年 11 月，新加坡总理吴作栋访华，两国决定将新加坡参与中国振兴东北等老工业基地增列为新的合作重点，签署了备忘录，建立副总理级的中新双边合作联合委员会，其主要任务在于推进两国在贸易和科技领域的合作，并根据新形势对双方合作的方向和内容进行宏观规划。双边合作联委会的成立将中新合作提升到更高的层次，中新合作上了一个新台阶。2004 年中新成功举办了双边

合作联委会首次会议。新加坡企发局与中国驻新加坡大使馆合作，通过加强中新法律交流，进一步规范两国合作。2005年10月，李显龙再度访华，有力推动了中新自由贸易协定的谈判进程。此外，中新双边合作联合委员会第二次会议的成功召开为两国在各个领域开展全方位的合作给予了战略性指导。2006年新加坡副总理黄根成访问中国，主持中新双边合作联合委员会第三次会议，讨论新加坡参与中国地方经济发展、中国企业"走出去"，协助中国公务员培训等议题，就启动两国自由贸易区谈判达成共识。2007年温家宝总理访问新加坡，两国领导人就建立防务对话机制及加强国际与地区事务沟通进行了会谈，两国总理签署建立天津生态城框架协议。2009年11月，胡锦涛主席访问新加坡，两国共同确立在高科技、中国企业"走出去"、新加坡参与中国地方发展、人才培训等四个重点领域合作有效推进。胡锦涛就深化中新互利合作提出六点建议：第一，保持高层交往势头，为两国关系持续发展奠定坚实政治基础。第二，充分发挥双边合作机制作用，不断拓展和深化各领域交流合作。第三，深化经贸合作，继续做好苏州工业园区和天津生态城两个政府间合作旗舰项目，拓展中国企业在新加坡投资兴业的途径和空间，探讨环境保护、循环经济等领域合作。第四，扩大人文合作，在新加坡设立中国文化中心。第五，加强防务安全合作，大力开展人道主义救援、海上联合搜救、维护马六甲通道安全、反恐等非传统安全领域合作。第六，密切双边合作，继续加强在东亚合作、亚太经合组织、联合国等多边事务的协调与配合。

2010年9月，李显龙总理率团访问中国重庆、湖北、江苏等地，参加了上海世博会，以期加强新加坡与中国地方各省市之间在经贸、科技、文化、劳务等领域开展交流与合作。2010年时任国家副主席习近平访问新加坡，提及新加坡模式给中国改革开放和现代化建设提供了有益借鉴，双方加强战略沟通，扩大务实合作，巩固发展中新友谊。随着中新两国高层领导人频繁接触和两国民间交流的广泛展开，双边政治关系得到全面、快速、深入发展。

❀ 四、2011年至今中新关系的全面升级

中新两国正式建立外交关系以后，双方开展了领域广泛、层次多样、务实创新的全方位合作，两国领导人相互正式访问、工作访问及

在多边场合举行双边会晤从未间断，双方基于共同的战略利益，全面升级双边关系。

2011年7月，中新双边合作联合委员会第八次会议在新加坡召开，中国国务院副总理王岐山和新加坡副总理张志贤出席会议。会议回顾了最近一年双边关系以及双方在经济、金融以及人员往来等方面的合作情况，就地区及国际经济、金融等问题交换意见，签署关于修改中新自由贸易协议的议定书，对原产地和服务贸易的相关规定进行修改。

2012年2月，新加坡外交部部长尚穆根访华，与中国外交部部长杨洁篪会谈，就近年来中新关系、文化交流及地区问题交换了看法。7月，中新双边合作联合委员会第九次会议成功举行，进一步推动了双方在银行、金融、高新技术、人文交流、社会管理等领域的合作。9月，李显龙总理率团访华，参观中新天津生态城的建设，积极呼吁中新双方在新加坡建立人民币离岸中心，带动中新两国投资与贸易往来。

2013年5月3日，新加坡总理李显龙会见到访的中国外交部部长王毅，明确了双方下一步互利合作的方向和路线图，即中新要在新时期打造中新合作的"升级版"，加强在生态、科技以及社会管理等新领域的合作，积极探索搭建区域融资平台，深化金融合作，开展防务安全交流，加强国际与地区事务的协调配合。8月26日，李显龙访华，这是他担任新加坡总理后第四次对中国进行访问，同中方领导人在可持续发展、社会管理、环境保护等领域商讨合作交流，并通过此次访问进一步推进对华关系，加强双方经贸合作以及深化国际多边合作关系。新加坡政治精英积极看待中国的发展，李显龙表示，中国的发展对新加坡、对东盟、对本地区都是重要和必要的，新加坡将持续不断地参与中国的建设。他还强调，中国是东盟对话的重要伙伴，东盟愿同中国加强友好关系，新加坡愿努力促进东盟同中国的关系，推进中国-东盟自贸区建设。中新两国领导人就新时期发展中新关系达成重要共识，为两国进一步深化合作指明了方向。

2014年4月8日，新加坡荣誉国务资政吴作栋来华出席博鳌亚洲论坛年会并访问山东省。6月13日，新加坡外交部部长尚穆根访华，7月28日新加坡副总理兼国家安全统筹部部长及内政部部长张志贤来华出席第二届中新社会治理高层论坛。9月11日—18日，新加坡总理李显龙对中国进行正式访问，到访广东、广西和香港特别行政区；9月16日，新加坡总理李显龙率团出席第十一届中国-东盟博览会和主题国相关活动，博览会期间，新加坡围绕"21世纪海上丝绸之路"举办丰富务实的经贸交流活动，包括新加坡国家领导人与中国企业CEO圆桌对话会新加坡国家推介会，中国-新加坡企业家交流会、中国-新加坡经贸理事会成立仪式、中国贸促会-大华银行促进企业海外投资联盟之夜、中国-新加坡经济走廊城市市长圆桌会议、中国-新加坡经济走廊智库峰会等，充分利用博览会平台扩大与中国以及其他国家的交流合作。同时，举行了"新加坡之夜"交流活动、中国与新加坡合作电影《遇见》首映礼暨中新电影周，共建"21世纪海上丝绸之路"摄影展等人文交流活动。11月9日新加坡总理李显龙来华出席亚太经合组织第二十二次领导人非正式会议。

2015年是中新建交25周年，2月10日中国国家主席习近平的特使中共中央政治局委员、中央政法委书记孟建柱访问新加坡，强调两国关系正处于快速上升期，中方愿同新方共同努力，提升中新经济贸易合作水平，深化社会治理合作，积极推进建立新的政府间合作项目。3月23日，习近平主席就新加坡前总理李光耀不幸逝世向新加坡总统陈庆炎致唁电、慰问；29日，中国国家副主席李源潮赴新加坡，出席李光耀的国葬仪式。新加坡总统陈庆炎于6月对中国进行国事访问，习近平主席与陈庆炎总统会谈时表示，中国同新加坡是亲密而特殊的伙伴。8月，中国外交部部长王毅访新，签署《中新建立与时俱进的全方位合作伙伴关系的联合声明》。11月，习近平主席对新加坡进行国事访问，与李显龙总理举行会谈。会谈后，习近平主席同李显龙总理共同见证了两国在互联互通贸易、"一带一路"建设、城市治理规划、教育、海关等领域双边合作协议的签署。两国宣布启动中国-新加坡自由贸易协定升级版的正式谈判，签署在中国西部开展第三个政府间合作项目的协议。习近平主席在新加坡国立大学发表演讲时说："现在，中新两国政治互信不断加深，务实合作深入拓展。中新关系的发展紧密契合两国的发展战略，契合中国的发展方向和新加坡的独特优势，走出了一条与时俱进的合作之路。"习近平在新加坡《海峡时报》和《联合早报》发表署名文章，写道："中新关系得到长足发展，一是得益于两国领导人从战略高度和长远角度谋划两国关系，中新关系始终走在发展的正常轨道上；二是新加坡积极推动中国与东盟国家关系发展，坚持务实、包容合作，中新双方精心打造合作项目，推动经贸、投资、金融、科技及人文等各领域的全面合作。"

2016年1月，中新进行第九次外交磋商。2月底，新加坡外交部部长维文访华，与中国外交部部长王毅举行会谈。维文表示，东盟与中国的合作领域远大于分歧，新方愿扮演好中国-东盟关系协调国角色，推动中国-东盟关系持续发展。3月，新加坡荣誉国务资政吴作栋来华出席博鳌亚洲论坛2016年年会。5月，中央政治局委员、中央政法委书记孟建柱赴新主持第三届中新社会治理高层论坛。9月，新加坡总理李显龙来华出席二十国集团领导人杭州峰会并访问重庆。习近平主席会见李显龙时表示，双方坚持相互理解和尊重，在涉及彼此核心利益和重大关切问题上相互支持。加强发展战略对接，深化全方位合作；继续加强人文交流，促进民心相通，使中新友好传统得到更好的继承和发扬。同月，李克强总理赴老挝出席东亚合作领导人系列会议期间会见新加坡总理李显龙。

2017年2月，两国副总理级双边合作委员会磋商机制在北京举行会议。9月，李显龙总理来华访问，此行有四个方面的目的。第一，夯实中新在"一带一路"框架下的合作，修复之前新加坡在南海问题上不当言论对双边关系造成的影响。第二，新加坡将担任2018年东盟轮值主席国，为协调中国与东盟国家关系，在地区与国际事务上与中国领导人相互沟通。第三，推进连接马来西亚和新加坡的新马高铁项目，希望中资企业可以在新马铁路项目建设上提出中国方案。第四，推动中新合作老项目的新进展。李显龙表示，新中关系发展很好，新方愿同中方开展"南向通道"建设，促进地区互联互通；加快新中自贸协定升级谈判，推进区域全面经济伙伴关系协定商谈；加强金融、投资、航空、信息技术领域合作。欢迎中国企业参与新马铁路项目。李显龙称，中新政府间的三个合作项目——苏州工业园、天津生态城及中新（重庆）战略性互联互通示范项目"有意义、有价值"，希望这些项目在制度、运作、服务的便利化方面能得到提升，让这些项目在运转过程中能实现手续简化、时间缩短、成本降低。7月，在德国汉堡召开二十国集团（G20）峰会期间，习近平主席与李显龙总理进行了双边会晤，双方确定了下一步合作的原则和重点。习近平指出，中新传统友好，合作成果丰硕，走上了一条与时俱进、互学互鉴的合作道路。10月，中新自贸协定升级第四次谈判在新加坡举行，双方就服务贸易、投资、原产地规则、海关程序与贸易便利化、贸易救济及其他规则议题开展磋商。12月，中新投资促进委员会第五次联席会议在北京举行，就双边投资、政府间合作项目、新时代投资合作新机遇等问题举行磋商和讨论。

2018年，新加坡作为东盟轮值主席国，双方政府都重视中新关系的发展。在李显龙看来，"一带一路"倡议也是亚洲区域合作与发展的新动能，对于中新两国来讲，加强与中国的合作及推动两国自贸协定"升级版"、政府间合作项目的持续发展都是接下来双方务实合作的重点。4月，李显龙总理来华进行工作访问，李显龙在同中国国家副主席王岐山会谈时表示，新加坡相信中国将继续扩大开放、维护多边贸易体系，新加坡也将继续支持中国的进一步开放措施。中新双方一致肯定双边关系持续稳步发展，各领域的合作深度和广度不断拓展。李显龙在出席博鳌论坛讲话时强调在中美贸易战一触即发的国际局势下维护多边贸易体系的重要性，并呼吁中美两国相互妥协，避免贸易争端进一步升级。

第二节　中新人文、科技交流与合作

中新两国人民血缘相亲、语言相通、文化相近、风俗相仿，双边人文与科技交流有着得天独厚的优势。文化合作是加强中新两国交往、扩大经贸的纽带。中新建交后，两国人文、科技交流呈现多层次、多渠道的发展趋势。

中新公务员培训合作十分活跃，新加坡在国家治理、市政建设、地方事务管理等方面为中国公务员提供培训，提升了中国公务员治国理政的政治素养与国际视野。主要项目有中国赴新加坡经济管理高级研究班、中国市长赴新研讨班、中央党校中青年干部培训班赴新考察、两国外交部互惠培训等，内容涉及投资、贸易、金融、护理等广泛领域。1992年开始新加坡南洋理工大学为中国培训官员，1997年，中国市长协会组织市长级政府官员赴新加坡参加高级研修班。2001

年，双方签署《中华人民共和国外交部关于中新两国中、高级官员交流培训项目的框架协议》，并分别于2005年、2009年、2014年和2015年四次续签。2004年5月，双方决定成立"中国－新加坡基金"，支持两国年轻官员的培训与交流。2007年7月，签署《关于借鉴运用新加坡园区管理经验开展中西部开发区人才培训合作的谅解备忘录》。2009年以后，双方已联合举办六届"中新领导力论坛"。从1996年到2015年赴新培训的中国官员累计超过3万余人。以南洋理工大学为例，该校面向中国的主要教育项目涵盖管理经济学、公共管理、企业管理、教育管理和创业管理等。在中、短期培训方面，南洋理工大学已为中国各级政府、企业界培训了数千名官员和企业家，尤其是短期培训课程吸引着中国各省市官员乃至中组部派出的高级官员赴新加坡学习社会管理、城市管理、公共管理和经济转型等方面的经验。

中新在教育领域的合作成效显著，建立了基础教育、高等学历教育及交流访学等多层次、全方位的教育合作，包括学生、教师、学者、商人及政府官员等不同群体的教育交流，交流人数与日俱增。1998年起，新加坡南洋理工大学专门开设中文授课，招收中国学员为主的管理经济学硕士学位班。1999年，两国教育部签署《教育交流与合作备忘录》及中国学生赴新学习、两国优秀大学生交流和建立中新基金等协议，中国15所高等院校在新加坡开办了20个教育合作项目。2009年11月，胡锦涛主席访新并签署中新人才培训合作。2010年，中国在新留学生总数达4万人，新加坡在华留学生3 000人，2018年在新加坡留学的中国学生超过5万人，并且在不断增长，在中国留学的新加坡学生约有3 600人。因政治需要，新加坡政府在教育政策上做了一定的调整，实施"华文精英"计划，改变过去崇尚英文教育的局面，加强中文教育，鼓励新加坡华人讲汉语，培养精通中文的人才。新加坡政府和民间组织不断保送或赞助新加坡青年学生到中国高校深造，所学科目涉及人文科学、中医、艺术等专业。

文化科技合作全面而深入地开展。1992年，中新两国签署《科技合作协定》，两国可以互换科学家和技术人员，允许互聘人才，从事合作研究项目。次年，中新两国建立中新科技合作联委会，迄今已召开11次联委会会议。1995年成立"中国-新加坡技术公司"，中新两国大批科技人员赴对方国家开展诸多领域的合作。1996年，两国文化部签署《文化合作谅解备忘录》。2006年，两国政府签署《文化合作协定》，文化交流项目每年逾200起，双方在文化艺术、图书馆、文物等领域的交流与合作不断深入。1998年设立"中新联合研究计划"，合作项目共计28个。2003年10月，中国科技部火炬中心驻新代表处正式挂牌成立。2010年中新签订《中华人民共和国国家文物局与新加坡共和国国家文物局关于博物馆合作的谅解备忘录》，新加坡国立大学与苏州市人民政府合作共建新加坡国立大学苏州研究院，签署《关于南洋理工大学在中新天津生态城举办合作办学机构》谅解备忘录等多个合作协议和文件。截至2014年，中新双方联合研究计划完成10期，内容涉及材料开发、环境保护、生命健康等领域，取得了大量创新成果。2014年双方在新加坡国立大学苏州研究院的基础上成立"中国-新加坡创新中心"，它成为双边科技合作的重要平台，促进新加坡及中国科技实体或企业间的合作。两国的教育合作取得新成果，新加坡国立大学与苏州工业园签署了共建中国商务研究中心、李光耀公共政策学院苏州中心、城市化发展研究中心的合作协议。2015年11月，新加坡中国文化中心正式揭牌运作。到目前为止新加坡中国文化中心共举办了100多场次形式多样的活动，传播了中国文化，又融合了新加坡当地多元种族、多元宗教的文化特色，成为中新两国增进了解加强交流的重要窗口和平台。近几年中新广州知识城、新川创新科技园、新加坡南京生态科技岛等项目开展科技、文化旅游项目落地。

两国在旅游、质检和环保等领域也进行了密切的交流与合作。2007年，两国有关部门分别签署《出入境卫生检疫合作谅解备忘录》和《关于在城镇环境治理和水资源综合利用领域开展交流与合作的谅解备忘录》。2013年10月，双方签署《关于农产品质量安全和粮食安全合作的谅解备忘录》。2016年，双边人员往来292万人次。中新相关部门积极协商，促进旅游合作协议的达成，在签证制度、通关、航空等方面便利化水平提高。2007年新加坡来华旅游、探亲人数92.2万人，中国赴新旅客有111.4万人。2017年1—10月，中国赴新旅游人数达273.2万人次，同比增长11.8%，占新加坡游客总人数的18.9%，中国和印度尼西亚、印度是新加坡三大游客来源地，新加坡从中国游客市场获得旅游收入达18.8亿新元，占该国旅游总收入的14.8%。

第十一章 中新经贸关系的发展

第一节 古代中新贸易概况

一、朝贡贸易

　　处于交通要道的新加坡是古代海上丝绸之路上船舶往来的必经之地。早在2世纪前后，中国和马来西亚已有过境贸易，中国曾有商贾、使节、高僧经过马来半岛和婆罗洲，新加坡就成为中国-印度之间贸易的中继站和中国商人与印度商人汇合的地点。唐代，中国与印度、西亚的海上交通多直接通过马六甲海峡。宋元明时期，中国古籍记载到的新加坡相关地理名称包括凌牙门、龙牙门、单马锡等，宋赵汝适《诸蕃志》说到中国商舶到三佛齐贸易，必定先在"凌牙门经商三分之一"，然后始到三佛齐。新加坡考古出土大量中国闽南地区生产的陶瓷器皿、丝绸、铁制用具及钱币。新加坡出土的宋朝真宗（998—1022）、仁宗（1023—1063）时的铜钱和瓷片，表明宋代钱币在新加坡商埠十分通行。可见，古代中新海上贸易的兴盛使新加坡成为中国商品的转口贸易站。元朝中央政府已将新加坡视为一个国家，称为龙牙门，两国互派使节。元代的航海家汪大渊曾经到运新加坡，所著《岛夷志略》记载道："门以单马锡番两山，相交若龙牙状，中有水道以间之，男女兼中国人居之。"元朝延祐七年（1320）曾遣使龙牙门索驯象，泰定二年（1325）龙牙门也遣使奉表贡方物。明史永乐年记载室利·帝利-那建国后，跟随郑和船队进贡，派使臣朝贡，与明朝结盟，以解除暹罗的军事威胁。在古代朝贡贸易体系中，新加坡港与巨港、马六甲、巴达维亚、马尼拉、曼谷和亚齐等区域中心同属于海洋经济与区域贸易网络的环节，在印度与中国之间，东、西方世界的贸易与文化交流史上扮演着重要的角色。

❧ 二、大帆船贸易

中国大帆船在新加坡航运史上占有重要的一页，从十八世纪初到十九世纪四五十年代的一个多世纪是中国大帆船开展对外贸易的重要发展时期。中国大帆船不仅给新加坡带来中国的传统商品，还带来了许多中国商人、劳工和手工业者，这为新加坡殖民地早期开发提供了所需的商业资本、廉价的劳动力和精湛的工匠技艺。许多来自马六甲、槟榔屿以及廖内群岛的华商前来开设货栈及从事与中国大帆船贸易有关的经营活动。新加坡主要向中国输出锡矿、香料、燕窝、香木、海产等海峡土产方物和英国工业制造品及军火等，中国向新加坡输入陶瓷、丝、茶等。中国与新加坡港贸易航线的开辟使得原来停泊于巴达维亚的中国帆船纷纷集中到新加坡。19世纪20年代，新加坡的国际贸易地位迅速提升，并已赶超了巴达维亚，成为欧亚货物最大的集散中心，新加坡也是中国在东南亚地区最大的贸易中心。

❧ 三、西方横帆船贸易

19世纪40年代以后，西方横帆船在船数与吨位上始终占有较大的优势，在与中国帆船的竞争中明显居于优势地位，逐渐将中国帆船排挤出对外贸易竞争行列。新加坡开埠使从事港脚贸易的英国散商以新加坡港为据点打破东印度公司对华贸易的垄断权。一方面，在英属东方各殖民地中，新加坡是英国散商从中国运送钱款货物回英国的一个最为便利的转运口岸；其次，西方横帆船将中国生丝及丝织品经新加坡转运欧洲，新加坡成为贩运肉桂、樟脑、夏布以及生丝等东方产品前往欧洲市场的重要中转口岸，新加坡作为中英之间货物集散地的地位日趋重要。再次，英国横船通过新加坡将大量的英国棉纺织品输往中国。此外，以新加坡为转运据点向中国走私鸦片，是西方横帆船贩运贸易活动的主要内容之一。1863年以后，中国帆船在中国沿海贸易中遭西方帆船所排挤而日趋衰落。西方横帆船贸易的出现使中国帆船丧失了在东南亚地区贸易竞争的优势，依赖大帆船外销中国传统商品的市场不断压缩，打破了东印度公司对华贸易的垄断。

四、劳工贩运

英国人莱佛士初登新加坡岛时除了几个稀疏的小村落外，其余都是荒原、沼泽和山丘。英殖民者从中国、印度输入大量的廉价劳工进行开荒、城市建设和土地开发，使华工成为英国开发海峡殖民地的重要人力资源。1819年莱佛士雇佣二三百个华人、马来人和印度劳工平山填泽，从事新加坡的城市和港口建设。贩卖劳工的机构最初设立在新加坡、槟榔屿及澳门等地。鸦片战争后，英殖民者鼓励和支持海峡殖民地的华侨进行走私和贩运劳工，成为厦门和广州等地的主要劳工贩子。会党是当时贩卖契约华工的强大势力，除了贩卖劳工外，还给其他劳工经纪人提供保护，以此获取保护费。劳工经纪人则雇佣会党武装押送以免劳工逃跑。劳工经过会党招募与雇佣通道进入新加坡后，卖给雇主。基于语言沟通方便、同籍贯的雇主往往雇佣同乡劳工到甘蜜园当劳工或在市区当人力车夫。

英殖民者输入契约华工开发殖民地，新加坡成为向马来半岛和东南亚地区乃至世界各地转贩劳工的中心。据不完全统计，1881—1930年华人到达海峡殖民地共达830万人，其中70%以上是劳工，50年之中到达海峡殖民地的劳工近600万人，平均每年达10万人。这些运抵海峡殖民地的劳工多在新加坡登岸，然后再运到其他各地。如在1881年，新加坡签订的契约劳工中89.1%是华工，其中只有17.6%的签约华工留在新加坡做工，绝大多数签约到马来各土邦、荷兰属地、澳大利亚和暹罗等地做工。劳工贩运而来的华工构成了18世纪以来新加坡华人移民的主要类型之一。20世纪中期，新加坡华人达到了109万人。新加坡是除中国外世界上唯一以华人为主体的国家，华人占新加坡人口的3/4。

五、中新贸易结构与规模

从新加坡开埠起，在英属殖民地中，中新贸易额一直呈现上升趋势，新加坡对华贸易额跃居首位，直到1842年五口通商口岸开放后，新加坡的首要地位逐渐为中国香港所取代。就中国而言，新加坡仍是近代中国在东南亚地区最主要的贸易对象之一，在相当长时间内占中国与东南亚各国贸易之首位，一直持续到第二次世界大战前。1842年，虽然英国将其大部分对华贸易从新加坡转移至香港，但新加坡仍与香港、上海等中国沿海口岸有着贸易往来，英国、印度货物实际上都是通过新加坡港转售到中国。据中国海关统计资料显示，从1864—1924年，在与中国有贸易往来的东南亚诸国和地区中，中国与新加坡（包括海峡地区）的进出口贸易总额，除个别年份外一直居于首位。中国直到1924年以后，新加坡的地位为荷属东印度所取代居第二位，19世纪30年代以后又让位于法属印度支那排位第三，除了1941—1945年因新加坡沦陷而使中新贸易中断，这一地位一直持续到1949年前后。

在中新贸易额方面，根据1864年以来中国海关统计资料显示，双方贸易均呈稳步增长的趋势。1867年的贸易额以银两计值，当年双方贸易额为123 900两。从1868年至1932年的贸易额以海关两计值，1877年双方贸易额为1 978 000海关两，1887年增至2 728 000海关两，1897年增至4 714 000海关两，1907年增至9 407 000海关两。1910年以后，双方贸易额开始突破千万海关两，为11 578 000海关两，1920年增至24 342 000海关两，1930年增至28 766 000海关两。自1933年以后统计对象为：海峡殖民与马来联邦，新加坡在其中的比重约占70%左右，贸易以国币计算，当年的贸易额为28 212 000元，1937年增至29 574 000元，1940年又增至87 471 000元，至1941年突破亿元大关，为117 222 000元。中新贸易增多，促进了中国银行机构来新加坡投资，如20世纪30年代，中国银行、中国保险公司先后进入新加坡。

新加坡华人在中新双边经贸关系中有着独特的作用，一则是新马华侨人口众多，长期习惯使用中国货物；二是新加坡作为国际转口贸易的中心，华侨在当地的经济活动亦以商业为主，经营国货为当地华商经贸活动的重要内容。1906年成立的新加坡中华总商会以促进新马各地与中国经贸关系的发展为宗旨，在推动新加坡与中国贸易方面不遗余力。为了扩大中国商品的出口，商会每年都回国考察商务，组织国货出口，定期在新加坡组织召开国货展览推销大会。为了加强中国商品在海外市场的竞争力，新加坡华商多次向中国政府建议，放宽出口限制，以便华商能自由将国货销售至新马等地。

20世纪初，丝、茶等大宗出口产品已被布匹、食品、纸张以及其他商品所取代。在进口货物方面，早期中国从新加坡等地进口大宗货物为英、印的棉纱纺织品和鸦片所替代。从中新贸易的商品结构中，中国出口到新加坡的商品种类较多，且还有一定附加值较高的半制成品及制成品，20世纪20年代新加坡出口到中国的商品种类不多，且基本上是原料品、附加值低的初级产品及一些土特产品，主要有煤油、胡椒、燕窝、鸦片等产品。中国出口新加坡的商品主要有烟草、丝绸、茶叶、瓷器及食品杂货等。

第二节　当代中新贸易与投资的起步阶段（1959—1978）

1959年新加坡自治以后，虽然在发展对华关系上受到诸多因素的制约，但是新加坡实行积极的对华贸易政策，两国保持密切的经贸往来。1959年两国贸易总额为5 144万美元。食品、饮料、烟草与肉类在中国向新加坡输出商品中占主要地位。中国在双边贸易中享有顺差的地位。据新加坡官方统计，1960年中新贸易总额为2.24亿新元（约合1.34亿美元），其中新加坡从中国进口为1.38亿新元，向中国出口0.86万新元。到了20世纪60年代以后，中国茶叶出口受到了印度和锡兰的强烈竞争，中国茶叶出口至新加坡等地的增长幅度逐年下降，茶叶出口日趋衰落。

1965年独立后的新加坡政府认识到中新经贸关系对新加坡经济发展有益，因此非常重视与中国的经济联系、贸易往来。李光耀曾说道："我们一直都和中国保持经济和文化联系，我们从来也没有同中国断绝过贸易，我们认为它们的存在对两国的贸易是会有帮助的。"但由于政治关系的对立及两国都处于经济恢复或初步发展阶段，双边经贸关系局限于贸易领域且贸易额非常有限。20世纪70年代，随着中美关系的缓和，中新两国政治接触开始增多，带动了经贸关系的发展，双边经贸额从1965年的6 629万美元增长到1974年的3.42亿美元。在20世纪70年代末，新加坡资本就开始进入中国，以合资的形式在中国投资设厂。新加坡成为东南亚国家中最早在华投资的国家。

1979年12月中新签署贸易协定后，新加坡私人企业同中国公司在旅馆建设、港口管理和近海原油供给基地管理等领域建立合资企业。1965—1975年中新两国双边贸易总额如表11-1所示。

表11-1　1965—1975年中新两国双边贸易总额　　（单位：亿美元）

年度	1965	1966	1967	1968	1969	1970	1971	1972	1973	1974	1975
金额	0.66	1.17	1.45	1.60	1.46	1.46	1.46	1.66	3.32	3.42	2.73

资料来源：国际货币基金组织，国际金融统计年鉴与新加坡统计局编：《1984—1985年统计年鉴》。

20世纪70年代中后期，因中新两国经贸制度存在根本不同，中新经贸关系在该时期处于停滞状态，或增长不明显，贸易规模非常有限。1975年双边贸易额为2.4亿美元，次年略升到2.78亿美元，1978年增至2.94亿美元，但1976—1978年中新贸易额占新加坡对外贸易额的比重从2.4%降为1.7%。中国对新加坡出口以初级产品为主，如食品、肉类及其制成品所占比重最大，新加坡向中国出口资本和技术密集型产品的比重较大。

第三节　当代中新贸易与投资的初步发展阶段（1979—1989）

在世界贸易与国际分工体系中，中新双边的资源优势互补，经济互补效应日渐明显，新加坡的发展成就为中国改革开放提供了借鉴，而中国的广阔市场也成为新加坡产业升级、投资、贸易的最佳选择，高度的经济互补性是推动中新经济合作的原动力。20世纪80年代，新加坡经济取得世界瞩目的成就，国内积累了大量剩余资本，实现产业结构调整，力推区域经济自由化及对外贸易投资多元化，这成为新加坡主要的经济发展战略。而中国刚实行改革开放、发展市场经济，急需经济建设的资本和技术，为中新经贸合作的长足发展提供了契机和推动力。

一、中新经济关系的互补性

贸易互补体现在三个方面：一是一国优势产品是另一国的劣势产品，那么两国之间就存在互补性；二是一国集中出口的产品是另一国集中进口的产品，则两国之间就存在互补性；三是若两国之间存在贸易互补性，包括产业间互补和产业内互补两个方面。

1.市场、劳动力等生产要素及产业结构的互补

新加坡自然资源和物产匮乏，国内市场小，高度依赖世界市场。二十世纪七八十年代，新加坡周边国家盛行贸易保护主义及西方国家深受经济危机的困扰，世界市场的不景气影响到新加坡的经济，新加坡看重了中国这一新兴市场的潜力；20世纪70年代新加坡进行产业结构调整，从劳动密集型产业向技术密集型产业转型，产能与资本过剩，需找到向外转移劳动密集型产业及资本投资的理想市场，而处在改革开放初期的中国正可成为新加坡商品与资本输出的大市场；80年代新加坡出现人口增长率持续下降、劳动力资源严重短缺、资本过剩等问题。为了避免国内经济衰退，新加坡政府制定新的经济发展战略，积极鼓励和引导新加坡商人到海外投资，挖掘新的经济增长点。而中国是人口大国，自然资源十分丰富，剩余劳动力资源多，原料、租金等生产成本低，腹地市场广阔，经济容量大，现代化经济建设急需大量的外资；从1980年起，中国为了加强对外经济联系，改革对外贸易制度，放宽进出口贸易的限制，鼓励开展灵活多样的对外贸易。中国是新加坡产业升级、投资与贸易选择的较为理想之地。新加坡贸易发展局主席杨至耀在中国四川进行商务考察时说道："我们对中国有特别的兴趣，因中国市场广阔、物产丰富，有许多新加坡没有的东西和所不具备的条件，也因为两国语言相通，两国人民之间有着种种特殊的关系，新中贸易只要是在互利互惠的原则上进行，前途会十分广阔。"

2.新加坡先进的技术、发达的信息及高效的企业管理模式是中国社会经济发展所需

在改革开放之初，中国技术落后、信息滞后及企业效率不高，需要利用国外先进的技术、设备和管理经验。发展与新加坡的贸易可以借助新加坡国际贸易中转站的地位将中国市场与东盟地区、西方国家

市场联系起来，把急需的关键性技术、设备、管理理念引入中国，助推中国的现代化建设，使中国融入世界经济与贸易体系中去。新加坡在发展基础设施、城市建设和第三产业方面的成功经验值得中国借鉴，中国可以利用新加坡的区域优势，吸引驻新加坡的欧美等国的跨国公司来华贸易或投资，为中国及东南亚与西方国家的联系增加了一个重要渠道和窗口。此外，新加坡是一个重要的国际展览中心，拥有现代化的港口设施、仓储及集散设施，中国许多省市利用这一国际商业平台，举办大型商品展览会，促进对外贸易和商品出口，新加坡在很长一段时间内继续在中国与东南亚各国经济贸易往来中发挥桥梁或中转作用。

3.金融服务的资本要素在双边投资与贸易增长中发挥了推力作用

1987年新加坡华联、大华等著名银行在北京、深圳、厦门设立办事处、分行，其业务范围有：为在华企业和个人提供外汇贷款、处理出口贸易、发行担保票据、进行信息咨询、处理进口贸易、汇出汇款和外汇存款等。1985年新加坡几家银行联合上海贸海联合公司和香港中行投资公司提供贷款8 200万新元，资助这两家公司在上海兴建豪华宾馆，这是新加坡金融界首次联合向中国提供建设资金，对增进两国金融业务关系起到重要的推动作用。该时期广东银行和中国银行在新加坡运营，中新银行等金融机构开展货币、汇率、贸易服务等业务往来，对中国的现代化建设及中新双边经贸关系的发展起到了助推作用。

4.两国政府在政治推力下实施具有吸引力的税收、投资等互惠政策

西方贸易保护主义的盛行对新加坡进出口造成贸易壁垒，为了避免对西方经济体的过度依赖，扩大贸易伙伴，发展同中国的贸易与经济关系是新加坡政府关注的问题。1979—1989年，两国高层领导人签订了各种经济交流和科技合作协定。1979年12月，中新两国签订贸易协议，1980年双方签署互设商务代表处的协议，1985年签署两国政府促进贸易与投资协定，1986年中国国务委员兼中国人民银行行长陈慕华对新加坡进行访问，与新加坡总理李光耀、财政部部长胡赐道、贸工部代部长陈慕容进行会晤，就金融和其他领域的合作交换意见。1986年2月，双方签订了旅游、民航及商品展览合作协定，4月签订了避免双重征税和防止偷税漏税协定等，及后签订了避免双重征税协定，从法律上保护投资者的权益，助推双边投资与贸易的增长。

5.双边贸易商品结构互补，贸易与投资方式的多样性

在初级产品方面，中国和新加坡在"食品及主要供食用的活动物""饮料及烟类""非食用原料""矿物燃料、润滑油及有关原料"这四类商品上在产业内互补。中新双方举办各类商品展销会，取得较好的经济收益，对促进双边经贸发挥了重要的作用。1986年3月和8月分别举行了上海进出口商品洽谈会与广西商品展销会，获得订单额分别为1 450万美元和4 500万美元；随后举行了安徽出口商品洽谈会，成交金额为3 300万美元；1987年举行广西画眉盆景展销会，成交总额117万美元。中国借助新加坡国际贸易的平台，不仅向新加坡当地企业推销产品，还把中国商品推销到东南亚各国，吸引更多的新加坡及东南亚国家财团、企业家来华投资兴业；新加坡通过商品展销会，打开新加坡商品在华的广阔市场。

❀ 二、中新两国贸易发展

1978年，中国开始实施改革开放政策，与新加坡拓展全球市场的多元化战略相契合，两国经贸关系取得突破性进展。1979年12月，双边签订了中新贸易协议。1980年6月中新签署两国政府互设商务代表处协议，1981年9月双方互派商务代表。1984年两国贸易总额增至14.5亿美元，新加坡成为中国第五大贸易伙伴。中国在新加坡对外贸易伙伴中居第六位，仅次于美国、马来西亚、日本、中国香港和泰国。1985年两国签订关于促进和保护投资协定后，新加坡对华投资迅速增长。中新贸易也创下高增长率纪录，比1984年增长了62.5%，居中国与东南亚国家贸易额的首位，中国也跃居新加坡的第四大贸易伙伴，仅次于美国、日本和马来西亚。该年在两国进出口商品结构没有变化的情形下，新加坡向中国输出机械设备显著增加，中国输往新加坡的原油数量急剧增加。1986年由于中国对新加坡出口大幅度减少，双边贸易额下降，但1988年中新贸易又创历史最高纪录。1989年中国向新加坡出口额为33.11亿新元，从新加坡进口额为23.34亿新元。1979—1989年的十年间，两国贸易总额从4.01亿美元增至20.44亿美元，增长4.1倍。1978—1989年中新两国双边贸易总额如表11-2所示。

表11-2　1978—1989年中新两国双边贸易总额 （单位：亿美元）

年度	1978	1979	1980	1981	1982	1983	1984	1985	1986	1987	1988	1989
金额	2.94	4.01	6.11	5.68	7.96	8.25	14.5	22.65	17.68	19.45	25	31.9

资料来源：中国对外经贸合作部，《中国对外经济贸易统计年鉴》，中国对外经济贸易出版社，1990。

随着中国工业化建设推进，中国出口新加坡的化工产品、机械设备的比重不断增加。1987年，中国出口新加坡的化工产品为1.17亿新元，1988年增至1.65亿新元，机械设备从1987年的1.08亿新元增至1.58亿新元。20世纪80年代，中国出口新加坡的主要产品是农副产品、纺织、服装、矿产及机械等，中国从新加坡进口的主要商品有化工原料、天然橡胶、棕榈油等。由于新加坡能源极其缺乏，该时期中国的石油生产还有盈余，中国政府以石油出口换取外汇，石油贸易在中新贸易占有重要的份额。1980年中国首次向新加坡出口原油，1982年每天达1万桶，从1984年起，新加坡对从中国输入的大量原油进行提炼加工，中国向新加坡出售原油高达380万吨，比1983年17万吨增加了20多倍。1985年新加坡从中国进口原油达800多万吨，占新加坡原油总进口量的28%。1985年新加坡每天输进10万桶原油，中国成为新加坡加工原油的最大供给国。同年，李光耀访华，中国应允在以后三年输出新加坡的原油每年不少于300万吨。1989年输出到新加坡的原油增为353.1万吨。此外，新加坡还参与中国的石油开发，并与中国合作在黄埔建造海上钻井平台。

三、新加坡对华投资的增长

20世纪70年代末，新加坡开始在华直接投资，投资以中小型企业为主。1984年以后新加坡商人对华投资的积极性增强，平均每月至少有两项合作协议达成。1985年中新签订投资保护协定之后，新加坡在华投资规模急剧扩大。1983年新加坡对华投资项目有6项，合同金额为1 627万美元，到1985年底，新加坡公司在华兴建了91个工程项目，耗资4.14亿美元，这些建筑与工程项目绝大多数和先前许多项目都是由与中国有着长期关系的新加坡华商所兴建。20世纪80年代中期，新加坡著名企业如泛联集团、华昌集团和丰隆集团等纷纷在中国投资，投资范围遍及12个省市，投资涉及港口、仓库、城市住宅建设、管理，以及石油开发为基础的服务业务等。1989年底，新加坡在华累计投资项目达390个，合同外资额为5.25亿美元，实际投资额为1.79亿美元，仅次于中国港澳地区、美国和日本，成为中国第四大投资者。新加坡对华投资无论是项目数额、合同金额以及实际投入金额等方面不断增长，但因受各种因素的影响，新加坡对华投资在不同年份有较大起伏。据统计，1979—1993年新加坡在华投资的合同金额为5 447万美元，平均每年1 000多万美元，其中1983—1989年新华投资情况如表11-3所示。

表11-3　1983—1989年新加坡对华投资

年份	1983	1984	1985	1986	1987	1988	1989
项目数（个）	6	25	62	53	53	105	78
合同外资额（万美元）	1 627	6 256	7 551	13 700	6 979	13 700	11 100
实际投资额（万美元）	—	120	1 013	1 300	2 163	2 782	8 414

资料来源：根据http：//fdi.gov.cn相关数据整理所得。

四、中新两国在联合经营、劳务合作、工程承包等方面合作日趋扩展

在合资联营方面。自20世纪70年代末，新加坡的万年、华昌和丰隆等财力雄厚的集团进入中国，投资范围遍及中国12个省市。新加坡企业刚进入中国市场，为了减少投资风险，大部分投资项目都以合资经营的方式进行，包括港口、仓库、旅馆、城市住宅建设等为主的基础性工程。据中国相关部门统计，1979—1985年，新加坡同中国企业先后达成20多个联合投资项目，成立合作经营企业14家，金额达520万美元。在承包工程与劳务合作方面，中国承包新加坡工程建设及劳务合作，新加坡企业为中国大型基础设施工程提供技术、信息咨询，聘请管理人员和技术人员等。

在劳务合作方面。新加坡政府于1985年开始向中国开放建筑劳务市场，中国劳务公司开始向新加坡派遣建筑工人，从1986年起，新加

坡3年内从中国招收1万名建筑工人。从1980年至1990年，中国对新加坡的承包工程3 371万美元，劳务合作8 450万美元，总计为11 821万美元。1985年新加坡开始向中国输送高级管理人才和技术专业人才，中国政府聘请新加坡前第一副总理吴庆瑞担任中国沿海开放经济顾问兼旅游业顾问。新加坡利用其发达的第三产业和新兴工业优势，向中国提供诸多经济、科技、信息咨询等方面服务，主要涉及房屋及交通设施工程建设、饭店管理、石油勘探、外语翻译、计算机技术、设计与工程服务、会务展览、旅游管理、金融服务等十多个领域。1987—1989年，新加坡国际发展与咨询公司派遣了70名工程师常驻中国，协助中国进行房屋设计。

第四节　当代中新贸易与投资的飞跃式发展阶段（1990—2002）

20世纪90年代以后，新加坡积极参与中国经济现代化建设，成为中国重要的投资和贸易伙伴，把发展中新经济关系作为新加坡经济发展的新动力，认为中国的发展对新加坡、对东盟地区都具有积极的意义。

一、中新贸易的增长突飞猛进

1.中新贸易增长概况

20世纪90年代以后，两国经贸合作关系因中新正式建交而步入了一个崭新的历史阶段。尤其是在1992年中国确定市场经济体制以后，两国经贸合作稳步快速发展，双边贸易增长，新加坡对华投资持续增长，投资结构不断优化。据我国海关统计，1992年，两国贸易额为32.67亿美元，与1978年的2.94亿美元相比增长了近11倍。在双边贸易中，中国一直保持顺差。1992年中国对新加坡出口额为20.31亿美元，从新加坡进口额为12.36亿美元，中方顺差7.95亿美元。中国成为新加坡进出口的新市场和增长最快的贸易伙伴，极大地缓解了西方市场疲软带给新加坡的压力。该时期新加坡出口到中国的主要产品是化工产品、电子配件和机械装备等。1999年10月，中新签署《经济合作和促进贸易与投资的谅解备忘录》，建立了两国经贸磋商机制。双方还签署《促进和保护投资协定》《避免双重征税和防止漏税协定》《海运协定》《邮电和电信合作协议》《成立中新双方投资促进委员会协议》等多项经济合作协议。1990—2003年中国与新加坡双边贸易统计如表11-4所示，1990—2001年中新两国双边贸易额与环比增长速度如表11-5所示。

表11-4　1990—2003年中国与新加坡双边贸易统计

年份	中国对外贸易总额（亿美元）	中新贸易总额（亿美元）	中新贸易额增长比重	中新贸易额占中国对外贸易总额比重	中国对新加坡出口额（亿美元）	中国对新加坡进口额（亿美元）	中新贸易差额（亿美元）
1990	1 154.4	25.32	38.6%	2.45%	19.74	8.57	11.17
1991	1 356.3	30.76	8.6%	2.27%	20.14	10.62	9.52
1992	1 655.3	32.66	6.2%	1.97%	20.31	12.36	7.95
1993	1 957.1	48.90	49.7%	2.47%	22.44	26.45	-4.01
1994	2 367.3	50.40	3.1%	2.13%	25.58	24.82	0.76
1995	2 808.5	68.98	36.9%	2.45%	35.00	33.97	1.03
1996	2 898.8	73.47	6.5%	2.53%	37.47	36.00	1.47
1997	3 251.6	87.80	19.5%	2.70%	43.2	44.60	-1.4
1998	3 239.3	81.54	-7.1%	2.52%	39 30	42.24	-2.94
1999	3 606.9	85.63	5.0%	2.37%	45.02	40.61	4.41
2000	4 743	108.21	6.4%	2.28%	57.61	50.60	7.01
2001	5 096.5	109.91	1.6%	2.16%	57.91	51.28	6.63
2002	6 207.7	140.31	27.7%	2.26%	69.84	70.47	-0.63
2003	8 512.1	193.53	37.9%	2.30%	88.69	104.84	-16.15

资料来源：中华人民共和国海关统计数据。

表11-5 1990—2001年中新两国双边贸易额与环比增长速度

年度	1990	1991	1992	1993	1994	1995	1996	1997	1998	1999	2000	2001
贸易额（亿美元）	28.20	30.77	32.67	48.90	50.40	68.99	73.5	87.84	81.54	85.60	108.2	109.34
同比增长率	—	9.11%	6.17%	49.68%	3.07%	36.88%	6.54%	19.51%	−7.17%	4.98%	26.40%	1.05%

资料来源：中华人民共和国海关统计数据。

21世纪初，矿物燃料、机械与运输设备、化工产品、食品是中国出口新加坡的主要产品，中国从新加坡进口产品主要是化学品、机械设备和原料等。转口贸易在中新双边贸易中占有的比重较大，据统计，2000年，新加坡出口额中的42.8%是靠进口总额中40%左右的份额以再出口（即转口）的方式实现的，其中对华转口贸易额为23.17亿美元，占对华出口额的45.8%，位于新加坡转口对象国的第九位。中国出口新加坡的商品中的化工、钢材、家电、家具、陶瓷及农副产品等20多种商品多为转口贸易。中国还借助新加坡转口贸易的优势，以国际通行的先进售后服务方式，降低出口成本，在机械、五金、纺织品、食品等大宗商品出口方面进行合作，通过新加坡扩大中国同南亚、非洲及南太平洋之间的贸易。2001年双边贸易额由109.3亿美元增长至2011年的634.8亿美元，年均增长率为19.2%，2012年为692.8亿美元。2001年后中新双边贸易迅猛发展，2002年两国贸易总额达到156.23亿美元，比上年增长了25.3%，中国成为新加坡第四大贸易伙伴、第四大进口来源地和第五大出口市场。为了减少对传统欧美市场的依赖，刺激国内经济增长，新加坡与中国积极发展商贸关系，2002年新加坡对华贸易总额首次超过对美贸易额。

2.中新贸易迅猛增长的原因

第一，除了市场杠杆因素的调动外，中新紧密的政治合作直接推动了贸易与投资的迅猛发展。中新政府首脑高度重视双边投资与贸易的进展，中国领导人出访新加坡，通常会见新加坡工商界人士，了解他们在华投资遇到的困难，推动有关部门妥善处理，改善投资环境，为新加坡企业提供良好机会。新加坡领导人常率领新加坡企业家、商人组成经贸代表团访问中国，并到各省考察商机，与地方政府协商具体的经济合作。

第二，中新两国民族同源、语言相通、习俗相近，方便了双方在经贸领域的合作。中新两国在语言、风俗、文化传统、道德观等方面有着共同之处。新加坡人口的75%左右是华人，华人同中国祖籍地有着密切的经济、文化联系，同时又谙熟西方的市场运作模式，是中国同新加坡及其他国家之间交流的中间桥梁。正如西方学者达斯指出，"在发展互补作用和东盟协力发展对华贸易方面，新加坡拥有大量的机会，特别是新加坡同中国没有文化和语言上的阻碍，新加坡了解中国人做生意的方式与经营管理的方法，这一切都是其余东盟国家在发展对华贸易方面可利用的宝贵财富。"

第三，两国政府高度重视双方的经济合作。在世界经济不景气的背景下，国际商业竞争日趋激烈，中新两国都需要能够拉动本国经济的新增长点，进行经济结构调整，以求在世界经济的竞争中取得优势。新加坡政府坚持认为，中国的发展与崛起对东南亚地区经济发展是机遇，采取了积极引导与鼓励的方式，推动新加坡大中型企业到中国投资，借此扩大新加坡的经济发展空间。新加坡政府承认中国市场经济地位，积极推动中国-东盟自贸区建设。

✿ 二、中新贸易合作的特点

1. 贸易顺差逐渐转变为贸易均衡

1979—1989年，中国在对新加坡双边贸易中一直保持顺差地位。1993年以后，由于中国对新加坡进口需求增加，中国对新加坡的平均出口增长率达12.8%，稍低于同期的中国出口总额15.5%的增长水平，进口增长幅度为11%，远高于同期中国进口总额4.9%的增长幅度，也高于同期新加坡对外出口9.3%的平均增长率。这一时期中国对新加坡的贸易顺差开始扭转，顺差减少并逐渐变成贸易逆差，但逆差较小，双边贸易呈现大抵均衡的状态。两国在扩大出口的同时也注重增加相互之间的进口，促两国贸易均衡发展。

2. 贸易结构逐渐优化

中新两国经济上互补性较强。从两国进出口商品结构看，双边商品互有需要，互补性强，且高附加值工业制成品比重逐步提升，商品结构不断优化。20世纪90年代以前，中国向新加坡出口的商品以附加值不高的初级产品为主，如原油、纺织品、粮油、食品以及土特产品；从新加坡进口的商品有矿物燃料、润滑油以及有关原料，这些恰是中国经济发展所需的能源与原材料。20世纪90年代以后，中国出口新加坡的商品中石油、饮料、烟草、食品等的比例下降，特别是石油产品出口大幅度下降，因为从1993年起中国从石油出口国变成进口国。中国从新加坡主要进口的产品是工业制成品，如电器、化工及机械设备等。按照国际一级贸易产品分类方法划分的四大类产品中，中国与新加坡贸易初级产品占百分比的平均值为19.66%，1998年以后急剧下降，低于平均值，1998年之前中新贸易中初级产品占重要地位，1998年之后初级产品贸易逐渐减少，资本技术密集型产品所占百分比基本呈上升趋势，虽受全球金融危机的影响略有下降，但平均值为58.14%，2003年最高值达68.42%。中新贸易的商品结构发生变化，以初级产品为主的贸易结构转变为以资本密集型产品为主的贸易结构，也反映了贸易结构从资源、劳动密集型产品逐渐转变为资本、技术密集型产品。

根据联合国国际贸易商品标准分类（SITC）第三次修订标准公布的商品分类标准对中新两国对外贸易情况进行研究如表11-6所示，国际贸易共分为10个行业类别，其中前五个部门为初级产品行业，后五个部门为工业制成品行业；根据产品要素禀赋的不同，初级产品行业属于资源密集型，工业制成品中的SITC5和SITC7两个行业属于资本技术密集型，其他工业制成品行业属于劳动密集型。1992—2002年中新双边贸易结构比重如表11-7所示。

表11-6　标准国际贸易分类表（SITC）

SITC0	食品和活动物	SITC5	未另列明的化学品和有关产品
SITC1	饮料和烟类	SITC6	按原料分类的制成品
SITC2	非食用原料(不包括燃料)	SITC7	机械及运输设备
SITC3	矿物燃料润滑油及有关原料	SITC8	杂项制品
SITC4	动植物油脂及醋	SITC9	其他商品

表11-7　1992—2002年中新双边贸易结构比重

年份	初级产品 SITC0-SITC4	劳动密集型 SITC6、SITC8	资本技术密集型 SITC5、SITC7	未分类产品 SITC9
1992	56.11%	23.49%	19.17%	1.23%
1993	52.69%	23.05%	22.65%	1.61%
1994	41.14%	26.09%	31.37%	1.40%
1995	30.40%	23.90%	45.06%	0.65%
1996	28.73%	23.04%	47.48%	0.75%
1997	27.53%	24.99%	46.57%	0.91%
1998	17.74%	20.66%	60.84%	0.76%
1999	16.74%	20.41%	61.96%	0.90%
2000	15.92%	19.65%	63.84%	0.60%
2001	14.57%	19.44%	65.46%	0.53%
2002	14.32%	18.77%	66.69%	0.22%

资料来源：钱耀军，《中国与新加坡贸易合作研究——基于"21世纪海上丝绸之路"战略背景》，《阅研世界》，2018年第4期，第51页。

三、中新双边投资的规模化

1.新加坡对华投资的增长态势

20世纪90年代，新加坡将投资重点转向了亚太地区，掀起了对华投资高潮，1990年共投资353个项目，直接投资金额7.43亿美元，仅次于中国香港、日本、美国、加拿大，居第五位。1992年新加坡在华投资项目之多超过前几年投资项目总和，达到了742个，协议金额达到9.97亿美元，高于1979—1991年累计合同投资总额7.8亿美元。新加坡对华投资以规模小的轻工业、饭店、旅馆等中小项目为主，投资形式也是以合资、联营为主，新加坡独资企业少，投资地区从广东、福建等沿海地区向内陆推进。新加坡还向中国提供经济、技术和信息咨询等方面的服务，主要涉及饭店管理、旅游服务、会展管理、翻译服务、设计与工程服务、石油勘探及房屋建造等方面。中国在新加坡投资，涉足金融、保险、运输、劳务成本、检验等行业的企业有71个。

1993年吴作栋总理在访华时说到，新中两国经贸关系迅速发展的一个重要标志是"两国贸易关系已提升为投资关系"。1993年以后新加坡对华投资猛增，使占新加坡对外投资额相对比重逐年提升。至1995年3月，新加坡对华累计投资已达4 811个项目，投资额94.7亿美元，其中24亿美元已实际投入。1994年新加坡对外投资额达105亿美元，其中在中国的直接投资金额为22.4亿美元。

1997年的亚洲金融危机使新加坡经济发展深受影响，加之20世纪末日本及欧美发达国家经济发展放缓，而中国经济的高速发展有效吸引了新加坡的投资。1997年，新加坡对华实际投资额达到26亿多美元，在华外来投资国中排名第五位，1998年实际投资额为34亿多美元，增长率高达30.42%，新加坡在中国的外资来源国上升到第四位。新加坡对华投资占其对外直接投资的比重及排名的上升，突显了中国市场对新加坡海外投资战略地位的重要性。截至1999年底，新加坡对华投资协议金额累计332.5亿美元，实际投入达148亿美元。由此，中国超过马来西亚，成为新加坡海外投资最多的国家。

为了方便来华投资的新加坡企业寻找合作伙伴，2001年中国政府促成新加坡中国工商会的成立，为中新企业提供信息交流和经验学习的平台。新加坡贸易发展局与联合早报网合作开发了中国经贸资讯网站，为有意到中国投资的企业提供完善的咨询。截至2001年年底，中国共批准新加坡来华投资项目9 793个，合同外资金额373.7亿美元，实际使用金额191.6亿美元。截至2004年年底，新加坡在华投资项目累计13 150个，累计合同外资额479.9亿美元，实际投入资金260.96亿美元，新加坡已成为对中国直接投资最多的国家之一。从统计的实际利用外资金额看，新加坡仅次于日本、美国和韩国，为中国第四大投资来源国。1990—2004年新加坡对华投资统计如表11-8所示，1994—1998年新加坡对华投资比重如表11-9所示。

表11-8 1990—2004年新加坡对华投资统计

年份	项目数（个）	协议金额		实际收入	
		金额（亿美元）	增长率(%)	金额（亿美元）	增长率（%）
1990	72	1.04	—	0.5	—
1991	169	1.55	49.96	0.58	15.48
1992	742	9.97	524.26	1.22	109.52
1993	1 751	29.5	195.93	4.9	301.84
1994	1 445	37.78	28.07	11.80	140.73
1995	1 281	86.73	129.57	18.61	57.77
1996	851	63.14	−27.19	22.44	20.56
1997	734	44.7	−29.21	26.1	16.33
1998	566	30.04	−32.8	34.04	30.42
1999	50.	21.64	−27.97	26.25	−22.90
2000	622	20.3	−5.8	21.7	−17.32
2001	675	19.84	−2.3	21.44	−1.20
2002	930	27.85	40.4	23.37	9
2003	1 144	34.2	22.8	26.15	11.9
2004	1 279	44.2	29.4	20.08	−2.44
累计	13 150	479.9	—	260.96	—

资料来源：根据 http: sg.mofcom.gov.cn相关数据整理。

表11-9　1994—1998年新加坡对华投资比重

年份	1994	1995	1996	1997	1998
实际利用金额(万美元)	117 961	185 122	224 356	260 641	340 397
占中国实际利用外国直接投资比重	3.5%	4.9%	5.4%	5.76%	7.5%
占新加坡对外直接投资的比重	5.1%	6.6%	9.6%	—	—

资料来源：杨宏恩，《中国与东亚的经济关系》，北京：社会科学文献出版社，2007年，

这一时期，新加坡在华投资增长势头强劲，投资热点从华南、华东沿海一带扩大到内陆地区。从1988年中国批准中新合资的24个企业分布看，除了广东深圳1个、福建泉州1个、上海2个外，其余均分布在内陆各个省市。新加坡贸易局组织考察团赴山东、东北及四川考察，先后同山东、四川、湖北、河南等省签订合作协议，成立联合工作委员会，如山东-新加坡经贸理事会，四川-新加坡贸易与投资委员会等，建立经贸合作机制，逐步扩大投资。如新加坡在华投建企业最多的美亚集团在中国设立的10多间工厂均分布在内陆地区的贵州、云南、辽宁等省。1990年该集团又分别与成都、重庆等市商定合资建立塑料包装企业。新加坡商人将投资地从沿海转向内陆地区的原因有两个方面：第一，外资企业之间在沿海地区就土地、市场、劳动力、税收政策等要素争夺激烈，新加坡企业难以与港澳企业竞争，开拓商机需要新的投资地域。第二，广东、上海、福建等沿海省市的经济发展达到了一定水平，企业成本不断提升，内陆地区虽然交通较闭塞，但地域辽阔、物产丰富、劳动力价格低廉，对新加坡企业投资具有较强的吸引力。

2.新加坡对华投资特点

（1）投资结构呈多元化趋势

20世纪90年代以前，新加坡对华投资涉及食品制造、酒店经营、

石油化工等领域，主要集中收益高且开发周期短的房地产，特别是酒店的建造与经营。20世纪80年代中期，新加坡对华投资大多数是在劳动密集型的轻工业方面。随着新加坡劳动密集型产业向外转移，制造业在新加坡对华投资结构的比重逐步上升并居于首位。1997年新加坡在华制造业投资额达104.8亿新元，占总投资比重的60%；2000年达到最高，占68.3%。大多数工业投资集中在轻工业方面，涉及轻纺、服装、电子、医药等行业，源于这些行业中国劳动力相比新加坡低廉的缘故，中国劳动力成本仅是新加坡的1/8。新加坡在中国其他行业的投资比重比较小。1997年新加坡在中国房地产、商业、金融、商贸服务业及其他产业的投资比例依次为21%、5.5%、3%、1%、9.5%；2000年为11.7%、4.8%、4.7%、0.8%、10.7%。重点项目有苏州工业园区、无锡工业园区、上海三林住宅开发项目及大连港集装箱码头等。1990—2000年新加坡对中国直接投资的行业分布如表11-10所示。

表11-10　1990—2000年新加坡对中国直接投资的行业分布

行业	1990年		2000年	
	金额（百万美元）	比重	金额（百万美元）	比重
制造业	115.4	48.1%	7 999.1	68.3%
建筑业	0.3	0.1%	84.2	0.7%
商业	49.1	20.5%	561.3	4.8%
交通、通讯业	48.3	20.2%	590.6	5.0%
金融服务业	1.7	0.7%	547.9	4.7%
房地产	—	—	1366.5	11.7%
商业服务业	6.2	2.6%	90.2	0.8%
其他	18.7	7.8%	477.6	4.1%
总计	239.7	100%	11 717.4	100%

数据来源：李晓，《中国在东亚经济中地位的提升：基于贸易动向的考察》，《世界经济与政治论坛》，2005年第5期。

随着中国加入WTO，中新双边贸易高速发展，推动了中国的金融业和服务业等行业的对外开放，在中国市场的前期投资回报率高。新加坡结合自身的优势，其对华投资结构发生了变化，服务业成为新加坡在华投资的新热点，主要领域集中于包括金融、风险投资、保险、旅游、教育、管理、咨询、卫生保健等服务业及高科技产业和环保产业等行业。如新加坡淡马锡控股集团投资入股中国民生银行和中国建设银行，大华银行、华侨银行和星展银行在华开分行和增设办事机构，继续投资中国的地方商业银行。

　　另外，新加坡还在会展、酒店和服务式公寓的专业化连锁管理经营方面加大了投资力度。如天津泰达集团同新加坡国际会展集团达成协议，在当地合资组建会展管理公司，共同管理天津滨海国际会展中心，合约总价值1.2亿元。新加坡对华投资的另一个重要部门是基础设施，如港口、机场的兴建与经营以及电信业，还有兴建大型工业园区。总之，新加坡对华投资行业及涉及领域越来越广，投资结构多元化，由原来的产品加工、制造业和房地产等行业向基础设施、高科技、环保、物流、金融及航运等方面拓展。如新加坡投资天津生态城作为世界第一个国家间合作开发的生态城区，推动新加坡企业走出去，新加坡有关清洁技术、生态科技、信息科技和现代服务业等类型的企业组团入园。

　　（2）投资主体项目大型化，投资地域扩大

　　新加坡对华投资的主体由建交前个别中小企业的小规模投资发展到大公司、大企业集团和政府控股公司的大规模投资。1979—1991年，新加坡对华投资累积总额约8.9亿美元，平均每个项目约100万美元，其投资规模小。1992年以后新加坡许多大型私营企业和大型政府控股公司纷纷进驻中国，如大华银行集团、郭氏丰隆集团、国有企业淡马锡集团下属的吉宝企业以及新加坡科技控股公司下属的新加坡科技工业有限公司等。这些国家控股公司采取独资或与私营企业联营的方式共同投资中国市场。1998年，投资项目的平均额度上升至600万美元，新加坡对华投资项目趋于大型化。随着新加坡大企业和跨国公司对华投资的增加，2002年投资项目的平均金额将近300万美元，2005年增加到428.5万美元。投资地域也发生显著变化，最初主要集中在交通便利、社会经济文化较为发达的东部沿海地区，但随着新加坡在华投资的顺利落地及中国投资环境的改善，新加坡在华投资地区由沿海地区转移到内陆省份。根据《新加坡-中国贸易投资手册》记载，在新加坡最初几年对华投资的577个项目中，北京居首位，有106

个，占总投资项目的19%；其次是广东省，有71个项目；福建排名第三位，有60个项目。仅上述3个地区的项目就占新加坡对华投资项目总数的41%，江苏省和上海市则分列第四位和第五位。截至1992年新加坡对华投资的80%集中在广东、福建两省。1998年，在地方吸引新加坡对华投资的100个新项目中，居于前四位的省市是江苏、上海、山东、四川。

21世纪初，新加坡关注新增长的区域经济发展战略带的商机，从最早投资长江三角洲、珠江三角洲，逐步向中部和西部地区发展，加大了对四川、重庆、陕西、天津、辽宁、吉林和黑龙江的投资力度。相对集中在经济增长快、经济竞争不大的中等城市，如苏州、青岛、烟台、宁波、厦门等地，以及具有发展潜力的内陆城市，如成都、武汉等，同时也开始到南昌、合肥、郑州等二线城市投资。

（3）由政府主导的投资转变为政府支持

新加坡对华投资有着明显的政府指导色彩，在新加坡对华投资的运行过程中，由政府主导运作的形式逐渐转变为支持的方式。二十世纪八九十年代，新加坡政府十分看好迅速增长的中国经济发展势头和广阔的中国市场前景，把中国列为新加坡海外投资的重点地区之一，国家高层领导人多次访华，力推新加坡企业进入中国投资。如1992年李光耀访问中国，极大增强了新加坡企业对华投资的信心，仅1992年新加坡对华投资合同金额就相当于过去13年的总和。1993—1996年，新加坡领导人吴作栋、王鼎昌、李显龙先后来华亲自考察中国的投资环境，确定大规模投资的地点等。进入21世纪后，为了协助新加坡企业开拓中国投资市场，新加坡贸易发展局推出了三大计划，即新加坡政府出面促成新加坡中国工商联会的成立；新加坡贸易发展局与联合早报网合作建立中国商贸资讯网站；提供新的一站式中国投资咨询服务。新加坡贸易发展局与中国许多地方省份建立经贸合作机制，以及新加坡政府通过设立在上海、北京、济南的贸发局办事处协助在华投资企业解决问题。新加坡政府主要通过双方高层的合作模式为对华投资企业提供支持。

2000年之前，新加坡对华投资集中在制造业和房地产领域，这些行业的企业大多是新加坡政府控股企业，如新加坡航空公司、电信集团等21家大型直属企业。苏州工业园区、无锡工业园区、青岛和福州的集装箱码头都是淡马锡集团在中国的投资项目。21世纪初，新加坡政府发挥其补充市场作用的职能，在为新加坡企业在华投资、开拓中国投资市场有一定的基础之后，新加坡政府转换角色，由对华投资的主导者转变为积极的支持者。进入21世纪以后，新加坡在华投资主体发生了变化。新加坡私人企业如丰隆集团、泛联集团以及跨国公司驻新加坡总部等纷纷对华进行投资。欧美等西方国家的跨国公司通过其在新加坡的分公司与中国相关企业合资设立新公司，进行在华投资，促进了新加坡在华投资行业的扩展和规模的扩大。

3.中国对新加坡投资情况

1987年，中国在新加坡的投资从2家增加到5家。1976—1988年，中国在新加坡设立合资、合作经营企业14家，投资额达520万美元。20世纪80年代，在新加坡设立的中国公司大约有30家，他们在新加坡以设立代表处、联营公司或独资公司形式开展营业，一方面在新加坡及以外市场推销中国商品，另一方面，负责从新加坡及其以外市场采购商品销回中国，这批最早的贸易投资企业对促进中新双边贸易与投资发挥了积极作用。20世纪80年代至90年代初，中国的贸易、运输、航空、信托、银行等行业的公司进驻新加坡。据中国方面统计，到1992年年底，中国在新加坡已建立各类公司75家，据新加坡方面统计则有105家。中国的国有企业"借船出海"，构成中国在新加坡投资的主体，但企业数量和投资规模还相当有限。

20世纪90年代后半期，中国企业开始大规模投资新加坡，如中航油、深圳华为、TCL集团及海尔集团等涉及能源和高科技企业，尤其是大量民营企业的进入，在新加坡市场业务扩展迅速。在新中国企业数量的不断增加，促进了中方企业与新加坡当地企业之间的合作，有效维护了中国企业的合法权益。1992年中远控股新加坡有限公司、中建南洋发展有限公司、中国银行新加坡分行、中国保险有限公司等11家驻新加坡中资机构联合发起成立中资企业新加坡协会（CEA），协会会员达到160多家，协会会员企业总资产超过110亿美元，雇员近万人。21世纪初，中国加大了对新加坡的海外投资，中国远洋公司、光大集团、中信集团、中化公司等大型企业在新加坡纷纷设立分支机构。

4.中国对新加坡投资的特点

第一，中国企业在新加坡的投资领域不断拓宽，经营范围从海运、能源、金融、建筑扩大到高科技、信息、航运、材料、旅游等新领域，投资主体由贸易公司为主转变为高科技企业。早期来新加坡投资的中国企业主要为外贸公司。1992年年底在新加坡的中资企业的75家各类公司中，贸易公司有40多家，占据了50%之多，而从2001年后，进驻新加坡的中国高科技企业逐年增多，约占30%。约有200家中资企业在新加坡设立办事处，其中高科技企业占了很大的比例，上市的中国企业有68家，科技服务公司逐年增多，如金迪生物科技、TCL集团、夏新电子等企业推出手机、视频电视、电脑等各种电子消费品价廉物美，赢得新加坡的市场份额。

第二，投资目的的多元化。新加坡地处国际航运的十字路口，是全球金融中心、物流中心、会展中心及IT行业中心，吸引了中国企业。中资企业投资新加坡还有其他方面的便利：一是企业在新加坡注册上市，吸引新加坡资金或国际资本，壮大企业规模和知名度，实现企业走向国际化、集团化的一个重要融资渠道。中资企业倾向于选择在新加坡设立总部，以此作为辐射东南亚其他国家市场业务的中心，开拓国际市场。新加坡作为东盟十国中经济实力与影响力最强的国家，覆盖周边近20亿人口的消费市场，包括东南亚国家、印度和澳大利亚等国，这可为中国制造的商品和高科技产品拓展更大的市场空间。如中国开拓海外市场较为成功的中远集团便在新加坡设立了其在该区域的总部——中远控股新加坡有限公司，作为中远集团在东南亚地区的投资中心和管理中心，其管辖的业务范围覆盖周边14个国家，下属25个公司。

第三，从企业构成来看，在新加坡投资的中国企业不仅有大型国企，也有省属地方企业和私人企业或贸易公司等。在新加坡的中国企业发展状况较好，有些企业在新加坡已经站稳脚跟，并获得很高的知名度和业界较大的影响力。如在航运业里的中远控股新加坡有限公司，工程建筑领域里的上海隧道工程股份有限公司和中国水利水电新加坡公司，金融领域里的中国建设银行新加坡分行，等等，这些企业在新加坡的成功为更多中资企业投资新加坡提供了商业信息和有益经验。

第五节　当代中新经贸与投资的蓬勃发展阶段（2003年至今）

中国经济的长足发展，缩短了中新之间的发展差距，两国之间的贸易与投资有了新的增长动力。新加坡政府看好中国经济高增长率带来的利好，以前所未有的力度推进对华贸易，中新经贸提升到新的水平，新加坡对华投资重点正逐渐由东南部向中西部和东北部转移，以实现在华东南西北的全方位布局。伴随中国企业走出去战略的实施，中新两国投资结构发生了变化，中新资本流动的双向性特征日益明显。中新两国在新技术、新能源、中国西部大开发和振兴东北老工业基地等重点领域以及两国企业联合走出去等方面有着良好的合作，在工业园区、生态保护及互联互通建设方面合作成果显著。新加坡深化对华经济关系，搭乘中国经济增长的快车，以大力开拓中国市场作为新加坡经济增长的新引擎。

❀ 一、中新贸易的猛增

中新两国领导人多次进行正式互访，并共同建立高层理事会，寻求多领域的合作，使中新贸易更上一个新台阶。2003年中新两国贸易总额达193.53亿美元，同比增长37.9%，2004年增加到266.84亿美元，比2002年增长了90%之多，新加坡再次成为中国在东南亚国家中的最大贸易伙伴。2005年两国贸易额增加到331.5亿美元，5年时间里增长了2倍多，年平均增长率达26.1%，增长率大大高于同一时期新加坡对外贸易增长9.6%的水平，与中国对外贸易年均增长速度相一致。该年新加坡对其主要出口国马来西亚的出口增长9.9%，对美国出口增长4.1%，而对中国出口增长达到26.7%，在新加坡主要出口国家和地区中增幅最大。同年新加坡从其主要进口国马来西亚的进口额增长7.9%，从美国的进口额增长12.25%，而从中国的进口额增长24.9%，在新加坡主要进口国家和地区中从中国进口的增幅最高。

从2005年以后，中国在对新加坡的贸易中持续处于贸易顺差的状态，在出口方面具有一定优势。2006—2008年，中国对新加坡商品贸易的出口额分别为231亿美元、299亿美元和323亿美元，两国贸易规模相对稳定，中国贸易顺差保持在120亿美元左右。2007年，中国超过美国，成为新加坡第二大贸易伙伴。

2008年10月，中新两国签署了《中华人民共和国政府和新加坡共和国政府自由贸易协定》（简称《协定》），于2009年1月1日生效，《协定》涵盖了货物贸易、服务贸易、人员流动、海关程序等众多领域，新加坡取消所有自中国进口产品的关税；我国取消97.1%的新加坡进口产品的关税，其中87.5%的产品从《协定》生效时起即实现零关税。双方在医疗、教育、会计等服务贸易领域做出高于WTO的承诺。双方在中国-东盟自贸区的基础上，进一步加快贸易自由化进程，拓展双边自由贸易关系与经贸合作的深度与广度。《协定》的签署是中新双边贸易发展的里程碑，不仅将全面推进中新双边贸易关系的发展，而且将推进东亚经济一体化进程，维持区域经济稳定发展和贸易自由化。《协定》签署后，中国对新加坡商品贸易的出口额从2009年的300亿美元增长到2015年的531亿美元，总体来看其数值稳步上涨。

美国次贷危机的蔓延演变为全球范围内的经济危机，波及世界各国之间经济贸易往来，中新贸易也不可避免地遭受负面影响。一方面，2009年全球经济表现出明显的下滑，世界进出口总额比2008年总体下滑了23.9%，新加坡进出口贸易总额下降了21.6%，中国贸易也受到影响。另一方面，中新自由贸易协定的生效从一定程度上抵消了世界经济不景气带来的负面影响，2009年中新两国的双边贸易只下降了8.72%，远低于世界总体贸易额下降水平。2010年，中新双边贸易得到恢复与增长，全年贸易额达571亿美元，比2009年增长19.3%。2011年双边贸易额达634.8亿美元，同比增长14.3%。新加坡官方统计，2011年双边贸易额为806.1亿美元，新加坡是中国在东盟各国中第三大贸易伙伴，中国是新加坡最大的出口对象国。中新双方贸易统计存在一定差异，主要是由计价方式、转口贸易等技术性原因导致。2011年以后，中新双边贸易进一步好转，摆脱了国际经济与贸易不景气的困扰。2012年双边贸易额增长到830.8亿美元，2016年中新贸易额达到705.1亿美元，较1980年的19.9亿增长了34.4倍，中新贸易在新加坡对外贸易总额的比重持续攀升。据中国海关统计，1992年中新贸易总额占中国贸易总额的比重偏低，约占2%，2014年比重上升到10%，2016年达到11.5%。2013—2017年中国连续5年成为新加坡第一大货物贸易伙伴、第二大服务贸易伙伴，新加坡连续5年成为中国第一大投资来源国、第二大对外投资目的国和第三大外派劳务市场。中新贸易日益紧密，两国贸易结合度越高，两国的经济关系越密切。2003—2016年中新双边贸易结构比重如表11-11所示。

表11-11　2003—2016年中新双边贸易结构比重

年份	初级产品 SITC0—SITC4	劳动密集型 SITC6、SITC8	资本技术密集型 SITC5、SITC7	未分类产品 SITC9
2003	13.64%	17.81%	68.42%	0.12%
2004	12.72%	16.71%	70.42%	0.16%
2005	11.77%	16.96%	70.97%	0.30%
2006	10.72%	19.10%	69.51%	0.66%
2007	9.93%	23.03%	66.62%	0.43%
2008	12.88%	20.56%	66.16%	0.41%
2009	13.06%	17.66%	68.99%	0.29%
2010	15.51%	16.39%	67.84%	0.24%
2011	13.29%	18.94%	67.17%	0.61%
2012	12.52%	23.66%	62.9%	0.92%
2013	13.32%	25.02%	61.16%	0.50%
2014	13.18%	25.77%	60.53%	0.52%
2015	10.74%	25.48%	81.81%	1.96%
2016	12.4%	24.47%	59.94%	3.19%

资料来源：钱耀军，《中国与新加坡贸易合作研究——基于"21世纪海上丝绸之路"战略背景》，《调研世界》，2018年第4期，第51页。

从双边贸易产品结构看，中新两国的贸易已经从初级产品贸易扩大到多元商品贸易，包括工业制成品、环保及高科技产品。近几年，随着中国的资本型或技术密集型工业产品出口量的增加，中国进口70%的新加坡商品及出口新加坡87%的商品都是工业制成品、资本密集型或高科技产品。2014年中国自新加坡进口的产品主要有电子产品、矿物燃料、塑料及其制品、机械和有机化学品，累计进口总额达253.43亿美元，占中国自新加坡进口产品总额的70.3%。其中，以电子产品进口额为最多，达89.96亿美元；其次是矿物燃料，进口额为47.45亿美元；再者是塑料及其制品，进口额为42.12亿美元；机械位居第四，有机化学品进口额为32.06亿美元。同期，中国对新加坡出口的主要产品是矿物燃料、机械产品、电子产品、船舶和家具，累计出口总额达313.52亿美元，占中国对新加坡出口产品总额的55.3%。其中，电子产品出口最多，出口额达114.97亿美元；其次是机械产品，出口额为85.11亿美元；再者是船舶，出口额为43.53亿美元；矿物燃料位居第四，出口额为39.54亿美元；家具产品出口最少，出口额为30.37亿美元。2015年机电产品是新加坡对华出口的主导产品，1—9月出口额为202.4亿美元，占新加坡对华出口总额的56.7%。塑料橡胶、化工产品和矿产品是新加坡对中国出口的第二至第四大类商品，2015年1—9月出口额分别为35.5亿美元、34.8亿美元和30.3亿美元，占新加坡对华出口的10%、9.8%和8.5%。2017年机电产品是新加坡自中国进口的主要商品，进口额为288.8亿美元，增长18.3%，占新加坡自中国进口总额的63.7%。电机和电气产品进口额为191.4亿美元，增长21.4%；机械设备进口额为97.4亿美元，增长12.6%。矿产品和贱金属及制品是新加坡自中国进口的第二和第三大类商品，2017年进口额为49.9亿美元和22.5亿美元，占新加坡自中国进口总额的11.0%和5.0%，化工产品、光学钟表、医疗设备和纺织品及原料等也是新加坡自中国进口的大宗商品。

二、中新两国投资的新增长

新加坡针对中国社会经济发展不同阶段对华贸易与投资采取不同的战略，并结合新加坡自身的能力启动投资项目。20世纪90年代初，中国经济发展的重点是吸引外资发展现代工业，新加坡启动苏州工业园。90年代末，中国政府日益重视经济可持续性发展，中新共建天津生态城。21世纪后，随着中国西部大开发不断推进和提出"一带一路"倡议，新加坡以互联互通为主题启动中新（重庆）互联互通示范性项目。伴随着新加坡政府"赶搭中国经济顺风车"政策的引导，中国经济体制改革下市场机制、营商环境的日趋改善，新加坡产业升级和企业利润的驱使，推动了新加坡对华投资的新一轮热潮，尤其是加大了对中国沿海、中西部地区的投资力度。

面对21世纪经济全球化的挑战，新加坡提出了三大战略，即高科技战略、中国市场战略和扩大腹地战略。其中中国战略和扩大腹地战略是新加坡扩大海外对华投资市场、增强自身经济发展后劲的可持续战略。新加坡国际企业发展局与上海外高桥国际贸易运营中心、上海自由贸易区管委会签署合作谅解备忘录，以增强新加坡企业对自由贸易区的重视，协助新加坡企业在区内注册公司开展业务，加强双边贸易投资金融合作企业的管理监管。

中国是新加坡企业投资的重要市场，投资增量非常可观。根据新加坡统计局的数据显示，2002—2009年，新加坡在中国的直接投资增长了300%。2009年新加坡在中国投资了54亿新元，相当于新加坡对外直接投资总额（340亿新元）的15.9%。2010年新加坡对华投资为705.9亿新元，占其在亚洲投资总额的31.1%。截至2012年5月，新加坡在华累计直接投资额559.7亿美元。2012年新加坡对华投资额为65.39亿美元。2003—2012年，中国累计吸收新加坡投资达724.33亿美元，超过新加坡在欧盟28国投资总和，约为新加坡在英国等投资总额的2倍，中国是吸纳新加坡外资最多的国家，投资项目达20 231个。新加坡2013年对华直接投资为73.27亿美元，同比增长12.06%，新加坡取代日本，成为对华投资的第二大外资来源国。2014年，新加坡对华投资额为59.3亿美元；2015年新加坡对华投资额为69亿美元，同比增长18.5%，新加坡对华项目投资超过2.3万个项目，同比增长12.06%，新加坡成为中国第一大外资来源国。江苏省是新加坡企业在华投资的首选地，投资总额占新加坡在华投资的37%。双方签订了多项合作项目协议，涉及园区开发、电子信息、新能源、生物医药、物流、金融、教育等多个领域，推进了一批重大合作项目，如新加坡南京生态科技岛与苏通科技产业园已进入实质性开发阶段，腾飞集团苏州创新园成为国际服务外包合作示范项目，泰州中国医药城与新加坡中国科学技术交流促进协会的合作全面展开等。

2016年新加坡对华投资额为61.8亿美元，占"一带一路"沿线国家对华投资总额的85.2%。在上海自由贸易区，六成的新加坡企业从事贸易，四成从事与服务业有关，经营范围涉及跨金融服务、物流、食品、医疗、保健及贸易等领域。仅在2014年，在上海自由贸易试验区成立1年后，落户上海自由贸易区的新加坡企业接近600家。2017年新加坡新增对华投资项目706个，同比增长3.2%，实际投资额为47.6亿美元，累计投资项目达23 871个，实际投资额累计900亿美元。新加坡对华投资地区遍布江苏、广东、上海、天津、四川、重庆、广西等东部沿海发达地区及中西部省份。开发区及园区建设合作是中新经贸合作的一大亮点，苏州工业园和天津生态城是中新合作的示范项目。

新加坡对华投资行业分布如下：（1）银行与金融业。（2）节能环保，环境与水务、清洁能源。（3）制造业，电子业、海洋工程、精密工程。（4）以交通物流为主的服务业，即港口运营管理、海运、航空服务、物流与供应链管理；商务服务业，即商贸流通业、医疗保健服务、教育服务。继苏州工业园成功合作之后，先后又建立了天津生态城、中新（重庆）战略性互联互通示范项目等项目和平台。两国2007年达成协议，共建天津生态城，借鉴新加坡的先进经验，在天津的城市规划、环境保护、资源节约、循环经济、生态建设、可再生能源、可持续发展以及促进社会和谐等方面进行广泛合作。

金融业投资方面，新加坡大华银行、华侨银行、星展银行均在中国设立分支机构，新加坡淡马锡控股公司先后投巨资购入中国民生银行、中国建设银行、中国银行的股权，新加坡对华金融业投资大幅增长，投资金额累计接近5亿美元。2016年初，淡马锡公司与中国银行签订协议，投资约15.2亿美元，购入中国银行5%的股份。与其他外国金融机构相比，淡马锡对中国银行业的投资额目前已升至第一位，成为中国银行业最大的境外投资者。地产投资方面，除了政府关联企业外，新加坡的民间地产企业也纷纷投资中国地产业，加大对中国房地产业的投资。如新加坡嘉德置地集团目前在华总投资规模已达18亿多人民币，成为新加坡投资中国地产业的巨头。

工业园区建设方面，新加坡投资兴建的新加坡工业园区除了苏州外，还增加了无锡、重庆、成都、威海、潍坊、北海等工业园区的投资建设。交通物流为主的基础设施建设投资方面，中国经济的迅速发展使得交通、港口、水务等基础设施行业投资需求大。同时，中国加入WTO后，交通、港口、水务等基础设施行业逐步对外资开放，新加坡对华海洋基础设施领域的投资因此得到了增长。新加坡在华的港口物流投资项目主要有大连大窑湾集装箱码头、福州青州和鳌峰集装箱码头、广州黄埔新港和新沙集装箱码头。此外，中新以苏州工业园区、天津生态城和中新（重庆）战略性互联互通示范项目为主的三大政府间合作项目，还实施广州知识城、吉林食品区、川新创新科技园等合作项目的投资，新加坡对华投资的力度不断增强。

新加坡地理位置优越，基础设施完善，投资环境优良，作为亚洲的金融中心和物流中心，健全的资本市场吸引中国企业到新加坡投资，其动机基于实现融资、扩大企业规模。而新加坡宽松的投资环境、政策鼓励及有序的法制环境等对中国企业的创业与发展提供了诸多良好条件。新加坡成为中国企业走出去的重要平台，是中资企业国际化的重地。近年来，随着中国企业加快"走出去"步伐，中国在新加坡的投资稳步增长，涉及新加坡电力、煤气及水的生产、供应和专业技术服务、采矿、商务服务、批发零售等领域。中国资本对新加坡经济的影响日益显现：首先，东南亚区域新兴市场国家的基础设施类项目融资需求巨大，新加坡的重要设施如道路、桥梁、地铁、公寓等由中资企业承建，中资企业大举进入新加坡餐饮业、零售业等服务领域；其次，许多中资企业金融机构等以新加坡为总部或基地开拓东南亚市场，新加坡逐渐成为中国在东盟最大的投资目的地，大量的中国投资进一步巩固了新加坡在东南亚的商业中心、金融中心地位。

据中国海关统计，2003年中国企业在新加坡累计投资近50亿元人民币。2004年中方在新加坡投资共188个项目，合同投资总额为1.15亿美元。2014年，中国对新加坡直接投资存量达256亿美元，2015年中国企业直接投资额为49.6亿美元，增长120%。截至2015年年底，新加坡在华累计投资金额为792.2亿美元。2005—2016年，中国在新加坡的直接投资累计达152.7亿美元，仅2016年中国在新加坡非金融领域投资共计42亿美元，占中国在东盟非金融领域投资总额的45.2%。2017年，中国对新加坡投资额为33.6亿美元，同比增长0.8%，新加坡成为中国在东盟各国中最大的投资对象国。中国对新加坡投资主要集中在能源、矿业、水上运输、房地产和服务业等领域。

进驻新加坡的中国企业数量逐年递增，新加坡成为全球中资企业最为集中的国家之一。据外经贸部统计，中国在新加坡新增企业数量从1999年的509家增加到2003年的1 161家，2005年超过了1 500家。

中国在新加坡的独资、合资企业仍在不断增长中，前往新加坡登记上市的中国企业也相应地增加。据新加坡证券交易所统计，截至2003年年底，在新加坡上市的中资企业共有33家，在新加坡证券交易所注册的500多家上市公司中，外国企业有120家，其中内地中资企业已跃居外资企业数的第二位，仅次于香港企业。中国企业在新加坡的投资及上市保持持续增长的势头。在新加坡交易所新上市企业一共为82家，境外有48家，其中中国企业就占了33家。据新加坡方面统计，2005年在新加坡由中国公民控股的企业已经超过1 200家，其中加入中资企业新加坡协会约150家，总资产超过100亿美元。2015年在新加坡的中资企业已超过6 200家，2016年在新加坡注册的中国企业超过7 500家，比2011年多出近一倍，涉及金融、贸易、能源、运输、建筑、服务等领域。

中国企业在新加坡设立分支机构，中新两国企业间合作进一步密切，推动了中新以更为紧密的方式开展合作，规避投资风险、探索企业联合、共同开发利用第三方市场等方式的合作路径。如新加坡腾飞集团和新加坡太平洋船务集团与中国国企的国际项目合作。2015年新加坡腾飞集团与中国机械设备工程股份有限公司建立合资公司，在印度、越南、印度尼西亚、马来西亚等亚洲国家从事产业及商务园区投资开发。2016年新加坡太平洋船务集团与中国招商局港口控股有限公司在原有良好合作关系的基础上，结合两国企业特色以合资形式携手开发、建设、运营"一带一路"沿线国家的经济项目，如非洲、南亚和东南亚各国的新市场的冷链物流业。中国机械设备工程股份有限公司与新加坡太平洋船务集团合作拟开发非洲地区的船舶运营以及物流服务。中新企业通过强强联合方式走出去，参与"一带一路"建设，通过优势互补、资源共享，降低运营成本，增强企业竞争力。中新企业联合组团模式的成功将带动更多的外资企业参与"一带一路"建设。

与此同时，新加坡是中国重要的海外承包工程市场、第二大海外劳务市场，是中国在东盟最大的劳务派遣市场。目前，中国在新加坡各类劳务人员约10万人。2015年中国企业在新加坡新签承包工程合同金额为16.8亿美元，完成营业额为35.4亿美元，增长4.9%。2016年中国企业在新加坡累计签订承包工程合同金额为191.6亿美元，完成营业额为161.3亿美元。新加坡是中国在全球的第二大劳务市场，仅次于日本，中国在新加坡投资项目涉及人员共8.4万人，其中承包工程项下外派人员1.1万人，劳务合作人员7.3万人。

❖ 三、中新金融合作成新亮点

新加坡法律法规健全，拥有良好的融资环境，是东南亚地区最大的国际金融市场，金融服务合作是新加坡对外合作的重点领域。新加坡非常重视与中国的金融合作，主要有两国货币互换、人民币离岸市场建设、跨境人民币投融资、金融监管合作等方面。中新金融领域合作紧密，成为两国互利共赢的新亮点。

在跨境人民币投融资合作方面，随着中国企业实力的增强，大型中资企业选择在新加坡挂牌上市，实现企业的国际化。截至2005年6月，共计83家中资或含中资企业在新加坡证券交易所上市，向公众发行股票，融资总额超过27亿新元，总市值超过147亿新元。2006年有130家中国风险投资公司和70多亿美元的风险基金。在新加坡上市的中国公司也从2005年的85家上升到2010年的155家，几乎翻倍增长。2007年后受金融危机的影响，新加坡股市大幅度缩水，中国企业赴新上市趋冷。2013年新加坡交易所与中国证监会合作，为中国企业赴新加坡上市提供监管便利，鼓励中国企业到新加坡上市。新加坡证券市场在中国企业"走出去"和利用外资方面发挥了积极的作用。2010—2018年，中新金融合作范围拓展，双方在金融市场监管、银行业准入和人民币离岸市场建设等领域开展合作。

新加坡作为人民币离岸交易的重要中心，在中国推行人民币国际化进程中起着不可替代的重要作用。中国招商银行、民生银行、浦发银行纷纷计划在新加坡开设海外分行。2010年7月，中国人民银行宣布与新加坡金融管理局成立双边货币互换机制，提供高达1 500亿人民币和300亿新元的流动性资金，将新加坡发展成为继香港后的第二个人民币离岸金融中心。2011年中国工商银行新加坡分行人民币业务中心正式开业，2012年6月，中国人民银行批准新加坡金管局在华设立代表处。7月，中新两国签署中新自贸协定有关银行业事项的换文，为两国银行开展人民币业务提供政策支持。中资银行在新加坡银行业逐步取得特许全面银行业务牌照。10月，新方授予中国银行和中国工商银行新加坡分行特许全面牌照。随着中新金融合作程度的加深，双方开放人民币跨境结算和证券市场，中新双方在金融合作上达成共识：一是在两国银行间外汇市场推出人民币与新元直接兑换；二是将人民币合格境外机构投资者试点范围拓展到新加坡；三是加强中新在期货和衍生品方面的合作。2013年2月，中国人民银行授权中国工商银行新加坡分行担任新加坡人民币业务清算行；3月中新双方续签本币互换协议，扩大本币互换的规模；4月，中国工商银行新加坡分行在新人民币清算业务正式启动；5月，新加坡金管局北京代表处正式揭牌。新加坡成为首个国外人民币结算中心和首个发行人民币债券的国外市场。同时，新加坡交易所先后与上海商品交易所、中国期货业协会和大连商品交易所签订合作协议。

中新两国不断创新跨境人民币业务的推广模式，扩大跨境人民币业务试点范围。新加坡银行机构较早地在新加坡苏州工业园区、新加坡天津工业园区开展跨境人民币创新业务试点，如跨境人民币贷款业务、股权投资基金人民币对外投资业务、个人对外直接投资跨境人民币业务等。2013年10月，中国和新加坡双边合作联合委员会举行会议并签署协议，中国给予新加坡500亿元的人民币合格境外投资者（RQFII）额度，使其成为中国香港和英国伦敦之后第三个获批额度的国家和地区。2014年1月，新加坡金管局向合格机构投资者发放人民币业务牌照。3月，新加坡政府投资公司（GIC）以约5.4亿人民币投资兴业银行，持股5%。随着中新金融合作的不断深化及新加坡金融环境的稳定发展，新加坡市场对离岸人民币债券的需求增加。新加坡华侨银行经济学家谢栋铭表示，过去10年人民币业务在东南亚发展很快，新加坡是私人银行中心，很多个人客户对人民币离岸债券的需求不断增加。2014年10月，两国外汇市场正式推出人民币和新加坡元直接交易，降低经济主体汇兑成本，促进人民币与新加坡元在双边贸易和投资中使用的便利化，降低企业营业成本，提高资金运转效率，有助于积累海外人民币资金存量、开拓境外人民币投融资渠道。2015年11月，中方同意将新加坡境外投资者的额度提高到1 000亿元人民币，新加坡成为中国的海外第二大人民币离岸中心。目前，中国多家中资银行和非金融机构在新加坡发行离岸人民币债券，吸引许多投资者认购。

中新双方合作领域不断拓展，新加坡是人民币走向区域化、国际化的重要平台。2016年3月，中国人民银行同新加坡金融管理局续签双边本币互换协议，互换规模扩大至3 000亿元人民币（约合600亿新元），有效期为3年。2015年中新双方将跨境人民币业务试点从中新苏州工业园区、中新天津生态城扩展至苏州市、天津市、重庆市等地区的工业园区。新加坡宽松的金融政策有助于进一步推动中新两国金融市场的互通，为两国国际金融合作提供了开阔的空间，活跃了人民币离岸资本市场。2014—2018年，中国银行新加坡分行、中国工商银行新加坡分行、中国建设银行新加坡分行一共发行了80亿元离岸人民币债券。2015年国内首个非金融企业开始发行离岸人民币债券，2015—2016年天津生态城投资发展有限公司、重庆粮食集团等企业一共发行22亿元人民币债券。

四、中新双边与多边经济合作机制日益健全

为了适应不断发展变化的经济贸易形势，中新两国之间成立了多层次、宽领域的合作机制，为两国经贸合作的深化保驾护航。首先是副总理级四个合作机制，即中新双边合作联委会、中新苏州工业园区联合协调理事会、中新天津生态城联合协调理事会、中新（重庆）战略性互联互通示范项目联合协调理事会。中新合作的苏州工业园和天津生态城进入新的发展阶段，推动产业升级，重点拓展新兴产业，加大在生物医药、纳米技术应用、云计算等领域的投资，实现由工业园区向综合城市体的转变，就体制创新、社会服务等方面进行有益的探索。此外，新加坡与中国山东、四川、浙江、辽宁、天津、江苏、广东7省市分别达成了经贸理事会合作机制，分别是新加坡-江苏合作理事会、新加坡-广东合作理事会、新加坡-辽宁经贸理事会、新加坡-山东经贸理事会、新加坡-四川经贸理事会、新加坡-天津经贸理事会和新加坡-浙江经贸理事会。此外，还有自由贸易区商谈机制、劳务合作工作组机制、服务贸易工作组机制等，这些机制是扩大新加坡与中国地方经贸合作的基石，深化了双边的经济合作。两国在世贸组织、亚太经合组织和"10+3"等多边经济合作机制中有着良好的合作。随着全球化和中国-东盟自贸区"升级版"全面生效，中新两国经济贸易合作领域将更加广泛，合作层次不断提高，合作机制更为健全，双边合作同国家发展战略将更加紧密结合起来。

五、中新两国经济互补性强、经济合作潜力大

两国在一些技术含量和附加值比较高的货物贸易领域比较有优势，促进两国产业内贸易的不断发展。中新两国产业优势各有千秋，两国之间既存在竞争性，也存在互补性，双边贸易关系紧密。两国在劳动密集型产品和资本、技术密集型产品方面的互补将大大促进两国贸易。新加坡不仅是中国在东盟国家中最大的经合伙伴国，也是中国在全球主要的经合伙伴国之一。新加坡政府制订"产业21世纪计划"提出"中国战略"，进一步巩固经济利益关系，搭上中国经济发展的"顺风车"，加深中新经济的相互依存度。随着中国经济转型升级的加快，中新经贸合作的重点从以往主要集中于制造业开始转向生态现代服务业、环境保护、国际金融服务业、现代科技信息等核心技术领域。中国政府希望新加坡积极参与中国地方发展，借鉴新加坡经济转型、可持续发展、国家治理等方面的经验，借助新加坡在东盟中的作用及其在亚太地区的战略地位、成熟的国际金融中心和贸易平台，帮助中国企业海外投资，推动人民币国际化，增强中国对世界经济的影响力。新加坡把中新经济合作作为新加坡经济增长的新引擎。可以说，中新经贸合作目前已成为双边关系发展的"压舱石"和"推进器"。

随着中国产业升级，中新贸易互补性有所减弱，竞争性进一步增大，中新经济合作将在原有的基础之上拓展新领域，并加强两国发展战略的对接，双边高科技、环保、制造、金融、现代服务业等领域互补性强，两国将进一步扩大教育、文化等各领域的双向交流及中新合作项目的转型升级。

第十二章 "一带一路"倡议与中新南向大通道建设

中新大通道，是"一带一路"倡议的重要抓手。中新欧国际通道南经贵州至广西北部湾港海运，实现将货物向南经海运中途经过香港，运至新加坡及整个东南亚地区，乃至全球，中新南向大通道建设与中欧班列为单一铁路运输方式不同，它是一条兼具内外贸易功能的国际海铁联运大通道，全长 4 080 千米。中新大通道以互联互通的综合运输大通道为载体，以经济、贸易、产业的互补性为基础，以优势产业合作为核心，推动跨境经济合作，深化和拓展中外产业合作，提高贸易和投资便利化水平。

第一节 新加坡对"一带一路"倡议的积极支持

2013 年习近平主席提出"一带一路"合作倡议，"一带一路"倡议依托陆上亚欧国际大通道，以沿线中心城市为支撑，以重点经贸产业园区为合作平台，共同打造中国与中西亚、东盟、南亚、非洲、欧盟等国际经济合作走廊；海上以重点港口为节点，共建基础设施联通、贸易畅通、资金融通、民心相通。新加坡因其特殊的地理位置、经济实力和区域影响力，必然成为在"一带一路"尤其是"21世纪海上丝绸之路"的必经通道和重要节点。马六甲海峡和新加坡海峡等亚洲航道关键咽喉点的自由航行，对"一带一路"至关重要。2015 年

11月，中新双方启动自由贸易协定升级谈判，两国企业在"一带一路"框架下，开拓第三方市场合作模式，共同打造区域间产能合作支撑平台，支持中国企业走出去，在第三方国家合作开展项目以响应"一带一路"倡议，双方在研究和创新领域携手合作。

首先，新加坡是"一带一路"倡议的积极支持者，新加坡主流社会正面回应"一带一路"倡议。"一带一路"建设将给中新双边贸易与投资合作带来互利共赢的更大商机，得到了新加坡政府的积极响应。李显龙总理指出，在区域一体化加速发展的时代背景下，新加坡要以更积极、更长远的眼光发展新中合作，契合"一带一路"建设的目标。在2014年亚太经合组织峰会上，李显龙总理表示，只要新加坡发挥好交通运输、物流和航运枢纽的作用，就能从"21世纪海上丝绸之路"倡议中发现商机，深化与周边国家的合作，特别是通过"21世纪海上丝绸之路"加强与中国及周边国家的贸易和投资合作，使新加坡的海港和航空网络服务于沿线国家。新加坡国家金融与交通运输部高级部长杨莉明在2015年首届新加坡暨区域商务论坛上表示，"一带一路"倡议应被视为一个共建过程，在这一过程中，参与国能够对项目结果、合作进度和性贡产生影响，新加坡将迎来惠及所有国家的全新的合作时代。2017年李显龙访华时曾表示："随着中国经济的不断发展，中国在国际体系里所扮演的角色越来越重要，对国际关系的影响也越来越深，'一带一路'倡议可让中国融入整个区域和国际经济体系，又可积极促进其他国家的繁荣发展。"在中新合作的共识下，基础设施完善的新加坡将成为"21世纪海上丝绸之路"的重要转运中心。新加坡作为"一带一路"建设最为积极的参与者，同东盟其他国家一起主动对接"21世纪海上丝绸之路"，是"一带一路"沿线的重要支点。

其次，新加坡政府加强与中国战略对接，积极参与和推进"一带一路"建设。新加坡领导人还就"21世纪海上丝绸之路"建设提出了具体的建议：（1）"21世纪海上丝绸之路"应推进区域合作机制形成互补；（2）"21世纪海上丝绸之路"倡议应具有开放性和包容性；（3）"21世纪海上丝绸之路"应集中在互惠互利的合作项目；（4）"21世纪海上丝绸之路"的合作范围尽可能宽广。新加坡政府官员在多个场合积极评价"一带一路"倡议，认为该倡议是促进东南亚、中亚和欧洲国家间合作的积极方案，希望该倡议持续下去，也希望能在中国做得更多。新加坡政府商业网站专门设置介绍"一带一路"倡议的网页，并提供商业资讯。新加坡积极支持共建"一带一路"和成立亚洲基础设施投资银行，助力本地区和世界共同发展。新加坡将积极促进中国－东盟合作关系不断深化。中国"一带一路"倡议为中新合作带来了新的契机，打开了新的通道，为两国战略对接提供了平台和轨道。2015年习近平主席对新加坡进行国事访问，李显龙总理表示，中新推进"一带一路"建设是两国关系中的一项重要内容。新加坡高层多次表示，一个强大并与东南亚国家保持良好关系的中国，会给该地区带来巨大好处，维持东南亚地区的和平稳定和蓬勃发展符合东盟国家和中国的战略利益；"21世纪海上丝绸之路"与"东盟大互联互通计划"有异曲同工之妙，在战略目标上有诸多契合之处。开展在"一带一路"框架下的合作是2017年李显龙总理访华的重要议题之一，中新政府签订《共同推进"一带一路"建设的谅解备忘录》。李显龙表示，愿将"一带一路"倡议同新方发展战略更好对接，进一步提升中新贸易投资合作，共同推进区域全面经济伙伴关系协定（RECP）和中新自贸协定升级谈判，拓展金融、科技、创新等领域合作。支持和鼓励欢迎更多新加坡企业来华投资兴业，新加坡作为中国－东盟关系协调国，愿继续为中国－东盟关系和东亚合作发展发挥积极建设性作用。新加坡是2018年东盟轮值主席国，继续担任中国－东盟关系协调国，在促进中国－东盟命运共同体建设和共建"一带一路"上继续发挥了积极作用。

再次，新加坡工商业界支持"一带一路"建设，是"一带一路"项目的推进者。从"一带一路"倡议发起后，新加坡商界就开始跟踪、关注，积极探讨两国在"一带一路"框架下的合作，开拓第三方市场合作模式，共同打造区域间产能合作支撑平台，通过一定的协调机制把"一带一路"项目配置给最适合的企业。新加坡著名的税收、会计和商业咨询公司就对"一带一路"倡议的发起、运作方式、给东盟带来的机会以及面临的挑战等方面做了比较详尽的介绍。新加坡许多商业组织和企业寻求参与"一带一路"合作项目并从中受益，新加坡国际企业发展局在推动新加坡作为"一带一路"倡议支点方面发挥主要作用。新加坡的商界领袖更是看好"一带一路"给新加坡26 000多家跨国企业和7 000多家中资企业带来的商机。2015年11月,新加坡工商联合总会与中国银行签署"一带一路"全球合作协议,新加坡工商联合总会还举办各个层次的商业论坛,邀请外交官、商界领袖和学者共同探讨"21世纪海上丝绸之路"对区域商界的影响以及带来的商机。新加坡中华总商会还组织商业代表团访问中国,助推自贸协定升级,支持"一带一路"建设,希望新加坡企业,尤其是中小企业有更多参与机会。新加坡对亚洲基础设施投资银行(AIIB)、"21世纪海上丝绸之路"基金等也做出了积极回应,认为AIIB的成立和运作将推动区域的发展和贸易量,为新加坡企业带来更多商机,新加坡本地基础设施咨询和工程设计者参与区域基建的发展,金融法律和会计业者协助亚投行进行融资。新加坡国有发展董事会已经同意和中国的建设银行合作,向"一带一路"涉及的工程项目注资,总额大约为220亿美元,其他国际养老基金保险公司主权财务基金以及私人投资公司已经向"一带一路"工程注入资金。总之,新加坡商界正在把新加坡打造成中国的主要贸易伙伴和亚洲的金融和贸易中心,积极参与"一带一路"基础设施和物流建设,发展旅游业和金融业,并从中获益,为新加坡和"一带一路"沿线国家创造更多的就业机会。2016年4月新加坡国际企业发展局和中国建设银行共同组织了"一带一路"圆桌会议,30多家中新两国的企业就基础设施和联通项目举行商谈,进一步加强"一带一路"项目合作的洽谈。9月10日,新加坡国际企业发展局联合中国国家发改委和中国国际合作中心在北京联合举办中新"一带一路"圆桌会议,新加坡基础设施、交通和物流部门的14家新加坡公司和中国国企、私企的18家企业参加此次会议,商讨在东南亚或以外的第三国进行协作的问题。这不仅是双方的联通与合作,而且是双方着手在第三国开展的"一带一路"合作项目,新加坡在推动"一带一路"的建设上发挥了重要支点和关键节点的作用。

新加坡政府资助并鼓励设立智库,先后组建了新加坡国际事务研究所、拉惹勒南国际问题研究院和东南亚研究院等一批具有世界影响力的智库。新加坡企业局不断收集"一带一路"建设的信息,与中国企业和公司寻求建立重要伙伴关系,通过中国相关机构为新加坡公司和企业创造项目合作机会，新加坡工商联合总会搭建新加坡暨区域商务论坛，与新加坡《联合早报》推出"一带一路"专网等平台，以及参与"一带一路"论坛和研讨会，向新加坡商界人士分享"一带一路"倡议的相关信息，加深新加坡商业界对倡议的认识。新加坡的智力支持对提升沿线国家对"一带一路"建设的信心也发挥了积极作用。

　　最后，新加坡凭借其在世界重要贸易中心、物流和运输枢纽的优势，在融资、保险、法律、仲裁、项目管理、培训与发展等方面的经验，为"一带一路"建设提供众多项目商机，密切中新双方在基础设施、互联互通、人力资源等各领域合作。新方同中方开展"陆海新通道"建设，促进地区互联互通；进行新中自贸协定升级谈判，推进区域全面经济伙伴关系协定谈判；加强金融、投资、航空、信息技术领域合作。目前，正在建设中的泛亚铁路从中国昆明贯穿泰国、马来西亚到达新加坡，将是连接中国同东南亚的重要陆路通道，这一通道开通后，中国大西南地区可通过新加坡港同东南亚、南亚及中东直接进行转口贸易，对新加坡推进"一带一路"建设有着积极的意义和重要的战略价值。中资银行在新加坡发行"一带一路"债券并启动融资项目。作为亚洲基础设施投资银行的创始成员国，在"一带一路"倡议的背景下，新加坡在人民币国际化、中国资本"走出去"等方面都有所作为。新加坡国家发展部部长兼财政部第二部长黄循财在出席"一带一路"国际合作高峰论坛时称，新加坡是国际金融中心，也是全球最大的人民币离岸结算中心之一，能在"一带一路"项目融资尤其是在东南亚项目方面与其他世界金融中心一起扮演互补的角色。2015年中国银行与新加坡工商联合总会签署《"一带一路"全球战略合作协议》，内容包括中国银行在2016—2019年为新加坡工商联合总会的企业会员提供不少于300亿元人民币的意向授信，2016年4月，中国建设银行与新加坡国际企业发展局签订《"一带一路"基础设施战略合作备忘录》，内容包括中国建设银行为中新两国企业参与"一带一路"基础设施项目提供300亿美元的金融支持。9月，中国工商银行与新加坡工商联合总会、新加坡报业控股、新加坡交易所等机构达成《"一带一路"倡议下合作意向协议》，推动双方在跨境电商、"一带一路"建设及资本市场等领域合作。这些在"一带一路"倡议下签署的多边合作协议为中新企业在地区"一带一路"东南亚沿线地区合作，提高互联互通建设提供了金融支持。2017年伊始，新加坡依托地区金融中心地位，为"一带一路"的融资提供支持，通过中新双方在重庆开展的互联互通项目，把"海上丝绸之路"和"陆上丝绸之路"连接在一起。

新加坡在"一带一路"倡议中的区位优势明显。新加坡扼守马六甲海峡，是中国海上能源物资运输的重要中转站，其地位在当下甚至未来相当长的一段时间内不会动摇。新加坡的经济实力和区域影响力助力新加坡在"一带一路"倡议中起到有效的引领作用和协调作用，新加坡的东盟创始国身份及经济实力使其提出的许多议题在东盟国家中得到积极的响应，政治影响力为各方公认。新加坡国内市场狭小，经济发展对国外市场与资源的依赖程度高，新加坡政府对亚洲及亚太地区的区域性或次区域经济合作倡议和一体化构想都持支持的立场，"一带一路"建设无疑是有助于地区甚至跨洲经济合作和资源整合，有利于新加坡的长远发展。"一带一路"的实施会促使更多的金融机构和跨国企业到新加坡来投资，将新加坡作为在东南亚、甚至南亚和东北亚开展经济和投资活动的跳板。在"一带一路"框架下，交通通道（高铁高速公路港口）等设施的大力改善最终实现互联互通，使新加坡的休闲和商业旅游以及文化交流可以得到更好的发展。因此，从谋求自身利益和拓展发展空间角度上，新加坡积极支持和参与"一带一路"倡议。

在"一带一路"建设背景下，中新两国推进贸易便利化进程，加快构筑互利共赢的合作机制，确立适合中新双边贸易合作伙伴关系的自由化标准、贸易准则和合作机制，破除两国贸易的市场壁垒、体制机制障碍，拓展贸易中心市场规模。中新经济走廊的建设将有力带动中新两国出口的增长，促进统一大市场建立，扩大市场规模，推动两国贸易的深度化发展，优化贸易结构，在巩固和提升传统劳动密集型产品的竞争优势基础上，加快中国产业结构不断优化升级，加速产业核心竞争力的形成，加强拥有核心技术的高端装备制造业的输出能力，对新兴类型的贸易增加产品的附加值，扩大优质品牌输出，发挥品牌增值带来的附加效应，加快中国加工贸易产业的升级步伐，逐步从产业链的中低端向高端迈进。推进中新贸易在产品结构和贸易合作方式上的双重创新发展，提升出口产品价格竞争力，加快国内产业升级、产业转型，提高产品品质和出口价格竞争力。

第二节　中新南向大通道建设

中新南向大通道（国际陆海贸易新通道），以中国西部地区的重庆市为运营中心，以广西、甘肃、贵州等省级行政区为关键节点，延伸到越南、老挝、柬埔寨、泰国、马来西亚、新加坡，贯穿中国西南地区、西北地区，是一条衔接东南亚、中亚、欧洲国际贸易往来的重要通道。中新通道建设以中国-新加坡经济走廊建设为重要组成部分，也被称为南向通道，推进"一带一路"的实施和推进西部大开发。中新大通道北上连接陆路丝路经济带，南下对接"海上丝绸之路"，与"一带一路"建设实现了对接，辐射和带动西部地区的货物出口东南亚。中新南向大通道为中国东盟经济区域合作描绘了新"路线图"，推动中国-东盟合作关系的发展。国际大通道作为中国与东盟国家间的重要通道，丰富了"21世纪海上丝绸之路"建设的内涵，推行共商、共建、共赢、共享、共荣的新合作理念和新发展模式。国际大通道在中国与东盟国家关系的发展中举足轻重，对于中国"一带一路"的沿线国家来说，新加坡与中国经济关系的发展起到了非常好的示范作用。通道对接"一带一路"建设主要从基础设施的互联互通、金融合作、第三方国家的合作等方面进行。

❖ 一、中新南向大通道建设的提出

国际陆海贸易新通道是中国与新加坡两国政府合作以中新战略性互联互通示范重点项目为抓手，有效衔接"一带一路"的重大战略工程，是对"一带一路"纵深拓展的新创举，实现了中国西部内陆地区与东南亚、欧洲之间的海陆空连接，拉动通道沿线海陆空港基础设施、运输体系、产业园区、临港产业的发展，为中国内陆地区对外合作开通了便捷的海陆通道，打开了广阔的东盟市场。

2015年11月，习近平主席访问新加坡，与新加坡总理李显龙共同见证下，双方签署了《关于建设中新（重庆）战略性互联互通示范项目的框架协议》，为我国西部地区搭建对外国际物流网络、降低物流及融资成本、缩小与沿海地区的差距、打造西部地区内陆对东盟地区开放的新高地创造了条件。2017年2月，新加坡副总理张志贤在中新示范项目联合协调理事会第一次会议上提出，探讨通过北部湾和新加坡连接重庆和"21世纪海上丝绸之路"的海陆贸易线。之后，广西、重庆、贵州等西部省级行政区围绕构建海陆贸易交通线路开展了可行性调研。2017年4月28日，从重庆经广西北部湾港到达新加坡的南向通道首趟测试铁路班列于通，7月，首趟满载22车集装箱货物的火车班列从重庆出发，经贵阳、南宁到广西北部湾，再通过海运至新加坡及全球，重庆至北部湾班列的常态运营标志着中新南向通道的落地实施。

为了更好推进南向大通道建设与"一带一路"项目的对接，2018年4月，中新两国政府又将中新南向通道正式更名为国际海陆贸易新通道。广西、重庆、贵州、甘肃与四川、云南、陕西、青海、内蒙古、新疆等10个西部省级行政区联合发布《重庆倡议》，共建国际海陆贸易新通道。2018年4月，在李克强总理与新加坡李显龙总理共同见证下，中新南向通道正式更名为"国际海陆贸易新通道"，作为南向通道的升级版。同时，中新两国政府依托通道建设的平台，搭建合作机制，建立物流运营平台，加强组织货源、金融服务、信息平台、沿线物流园区规划建设等方面发挥牵头作用。例如，国际陆海贸易新通道以渝、桂、黔、陇四省市共同成立物流公司，并引进新加坡的企业与甘肃、贵州的企业参与联营，统一组织沿线的货源和火车班列的开行，提高物流运输效率。

❧ 二、国际大通道建设的现状

铁路、公路、航空是中新国际大通道交通运输的主要方式，交通基础设施建设，沿线各大城市陆地交通，及中国与东盟国家之间互联互通建设，形成陆海空立体互联互通大格局，提升了通道沿线国家、地区或国内相关省市的合作，是提升中国西部地区对外开放的牵引工程，是连接"一带一路"面向东盟的国际合作发展的新通道。

1.港口建设逐步完善

在港口建设方面，新加坡港和马六甲海峡在古代海上丝绸之路的中间节点，新加坡港是"21世纪海上丝绸之路"建设的重要枢纽，东亚、东南亚各国与欧洲、非洲大宗货物海运的必经之地和最短的交通要道。经马六甲海峡、新加坡港的海运成本要低于欧亚大陆的陆路运输成本。中国对外经济贸易活动高度依赖马六甲海峡，新加坡港在中新经济合作中占有重要的地位。经过中新两国政府的大力推进，国际陆海贸易新通道形成了以海陆联运和跨境陆运为主要的交通运输方式。海陆联运是通过火车班列经甘肃、重庆、贵州抵达广西北部湾，再经过北部湾港轮船海运抵达新加坡。目前，稳定运营的线路已拓展至六条线路，其中主营三条线路每日稳定运行。跨境陆运是重庆、贵州、成都等西部地区货物通过铁路或公路运抵广西的中越沿边口岸，再经过边境口岸抵达越南、老挝等中南半岛国家，最后跨过中南半岛抵达新加坡。截至2018年7月底，重庆至广西北部湾港班列开行268列，累计发运集装箱14 174个标箱。北部湾—香港、新加坡集装箱班轮航线分别累计开行191.5班、72.5班，经凭祥友谊关口岸连通的中国-中南半岛跨境公路运输日均通行车辆从600辆左右迅速攀升至1 300辆以上。2018年，广西北部湾经济区加密了中国北部湾港口与东盟港口的航线。北部湾港—新加坡港实现每周3班，11月1日实现了"天天班"；加密北部湾港至泰国林查班港，越南胡志明港、海防港，马来西亚关丹港等班轮。航次的不断加密进一步提升了北部湾国际航运中心对东盟主要港口的全覆盖。广西北部湾区域吸引了大量国内外企业的投资，加之与东盟港口合作机制的不断深入，港口的运输能力和服务水平不断提升，已拥有万吨泊位54个，吞吐量超过2.4亿吨。

2.公路体系亟待升级

大通道的陆海联运路线，利用西南地区铁路网络，通过广西凭祥、云南磨憨等沿边口岸跨境公路联运，共有3条线路，分别为东线、中线和西线，东线是重庆南彭—广西凭祥—越南河内，约1 400千米；中线是重庆南彭—云南磨憨—老挝万象—泰国曼谷—马来西亚吉隆坡—新加坡，约4 200千米；西线是重庆南彭—云南瑞丽—缅甸仰光，约2 700千米。2014年，南宁—友谊关—河内的路段已升级为高速公路和一级公路，但是越南因为资金和自然环境的限制，基础设施完善速度较慢，仍难以实现与广西公路标准化对接。昆曼公路，尤其老挝段，也因道路等级过低，且年久失修，通行能力很差。中新南向大通道的陆路交通同中国与东盟国家正在合作建设的泛亚铁路的国际交通网络衔接，高效连接中南半岛的南向国际铁路联运系统，跨国公路与国际铁路联运延伸及辐射区域更广。

3.铁路的互联互通建设

2016年，东盟各国联合制订了《东盟互联互通总体规划2025》，该规划主要包括四个重点领域，其中交通基础设施建设位居首位。据悉，泰国、越南、马来西亚分别投资585亿美元、560亿美元、480亿美元。2016—2020年，越南需要投资4 800亿美元完善基础设施，以满足本地区经济发展的需要。东盟区域内互联互通的推进也将有助于中新国际大通道建设的快速实现。此外，中国政府高度重视大通道的建设，以大通道建设为契机，实现中国与东盟互联互通的提速。中国与东盟建立的中国—东盟交通部长会议已经形成长效机制，中国与东盟制订了《中国—东盟交通战略规划》，其中包括多个中新经济走廊沿线项目，如中老铁路、中越铁路、中泰铁路等项目。通道的支线，南宁—东兴—河内—胡志明市—金边—曼谷—吉隆坡—新加坡的铁路，全长5 100千米，该铁路通车后，北与中国铁路网相连，南接新加坡，连接太平洋西岸的东亚大陆。

与通道沿线其他各国轨道技术标准不统一直接导致大通道铁路互联互通对接不畅。广西境内连接东盟的铁轨为标准轨，轨距为1.435米，通道沿线国泰国、越南、柬埔寨、老挝的铁路轨距多为1米和1.067米的米轨铁路。国际大通道的互联互通，必须提升通道沿线东盟各国的铁路基础设施和运营管理水平。东盟国家面对铁路基础设施质量不平衡问题，表现出了加快推进互联互通的需求。

❀ 三、通道经贸合作

随着中新通道建设的推进，中国与东盟国家间贸易畅通，东盟地区的农产品、电子产品及服装等制造业产品通过通道运输到中国内地、中亚甚至欧洲市场，有助于中国与东盟国家贸易与投资、物流等领域的发展。

（1）在贸易与投资方面，通道建设拉动了新加坡与中国的经贸与投资合作。新加坡是中国在东盟最大的投资来源国。仅以广西为例，截至2016年，新加坡在广西的投资项目数为201个，合同金额为14.04亿美元，实际利用12.06亿美元。2017年，双方举办中国（广西）-新加坡经贸合作交流会，同年新加坡太平洋船务有限公司投资100亿人民币正式启动新加坡综合物流产业园项目，建成后服务范围将辐射广西周边省份和中国西部地区、新加坡等东盟国家以及世界各地的进出口商家。在南宁举办的第14届中国东盟博览会期间，62家新加坡企业、8家商会参展，中新双方签署了《"南向通道"建设合作备忘录》，推助中新南向通道建设。大通道建设体现了中国与沿线国家根据自身的产业优势参与地区分工合作，通道沿线国家大多环境优越，土地、矿产、天然橡胶、棕榈油、石油、大米等自然资源丰富，主要依靠资源开发和出口来拉动本国经济增长。中国拥有科技、人才、高级设备和资金优势，双边资源互换、产业优势互补，可以缓解中国资源供给方面的压力，也使东盟国家的资源得到了有效的开发利用，推进沿线国家经济的发展和社会进步。

（2）在物流方面，中国与通道沿线国家之间通过基础设施建设合作，建立起包括铁路、公路、航空、港口在内的比较完善的物流设施网络，具备发展物流业的良好基础设施条件。方便、及时、低成本、高效率的现代化物流系统成为跨国营销和出口的服务保障。国际物流园区和物流集聚的快速发展，进出口货物报审、查验、放行一次性完成，缩短了物流时间，降低了消耗；北部湾港口是广西面向东盟国家海上货运的最前沿，货物流通量巨大，北海港、防城港、钦州港打造了国际物流流通平台，防城港已成为中国—东盟进出口采购基地、北部湾国际航运服务中心等。2014年，第十一届中国-东盟博览会暨中国-东盟商务与投资峰会上，新加坡太平船务有限公司与广西北部湾国际港务集团有限公司签署关于集装箱航线、集装箱码头、物流园区的合作框架协议，进一步加强新加坡与中国广西在航运海事工业港口及物流等领域的合作，为中国-东盟自由贸易区及建设"21世纪海上丝绸之路"进行有益的探索。由于技术标准对接的不平衡限制了港口进出口的物流效率，北部湾港口标准化程度参差不齐，通道沿线国家只有马来西亚的港口完全符合了港口物流信息标准、物流基础标准、物流技术标准、物流服务标准、物流管理标准，新加坡、泰国、越南则缺少相应的港口服务标准。虽然具有完备的物流设施，但是标准化的不一致和基础设施能力的不足限制了中新国际大通道运输能力的提升。

（3）在金融合作的便利化方面，新加坡是东盟金融中心，也是全球金融中心之一，还是香港以外最大的人民币离岸交易中心，拥有治理良好的金融网络，在亚洲地区的金融资产管理、投融资管理等方面发挥着积极作用。中新南向大通道连七国，里程长，交通网络复杂，所需建设资金数目巨大。通道沿线国家发展水平不一，融资能力各异，新加坡作为亚洲金融中心和财富管理中心，资本市场发达，企业管理项目融资经验丰富，融资规划水平有资深团队保障。中新南向大通道建设首要任务是提高沿线国家的基础设施水平，基础设施的建设推动沿线国家的经济合作。通道沿线国家也缺乏建设资金建设公路、铁路和港口建设所需大量资金，亚洲基础设施投资银行和新加坡国内外融资渠道可以为通道建设带来大量资金。新加坡是中新南向大通道重要的融资国家，中新南向通道建设可以有效利用域内外国际金融机构合作基金，调用包括私营部门在内的各种资源，不断创新投融资渠道与途径，探索适合经济走廊建设的国际区域金融合作模式。

第三节 "一带一路"倡议与中新（重庆）战略性互联互通建设

中新（重庆）战略性互联互通示范项目是中新两国政府间的合作项目。早在2013年10月习近平主席发起"一带一路"倡议时，张高丽副总理到访新加坡时提出，倡议两国展开继苏州工业园区和中新天津生态城之后的第三个政府间合作项目。2014年10月，中新（重庆）战略性互联互通项目以互联互通和现代服务业即现代互联经济为主题，契合"一带一路"倡议，同时以重庆为运营中心的政府间合作项目，合作内容包括通信、物流和金融等方面，能促进经济活动、金融服务的网络和枢纽。初步确定第三个政府间合作项目的基本原则是既要符合中国经济发展由沿海走向内陆西部省份的战略思考，又结合"一带一路"构想，且新加坡能为实现该愿景贡献力量并受惠。

2015年10月13日，重庆市代表随张高丽出访新加坡，同年11月6日习近平主席访问新加坡，正式宣布中新第三个政府合作项目落户重庆，新加坡总统陈庆炎也表示此项目将支持中国提出的"一带一路"倡议。中新战略性互联互通示范项目落地重庆，基于重庆特殊的地域优势考量，重庆占据了西部优越的地理位置，拥有陆海空交通枢纽，港口贯通长江，渝新欧铁路直达欧洲。经由重庆，可以深入中国西部腹地并直达东南亚、南亚、中亚和欧洲等广阔的市场。此外，重庆作为中国西部地区唯一一个直辖市，将重庆打造成西部的经济中心、互联互通中心，以拉动西部地区经济的全面发展，也完全符合新加坡发展民航、货运、物流、金融、教育等方面的需要。因此，重庆给新加坡扩大与中国的合作提供了更广阔的空间。

2015年11月7日，中新两国政府签署关于建设中新（重庆）战略性互联互通示范项目的框架协议及其补充协议，重庆市人民政府与新加坡贸工部签署《关于建设中新（重庆）战略性互联互通示范项目的实施协议》，标志着中新第三个政府间合作项目正式启动。同时，重庆市将实施协议写入《重庆"十三五规划"建设》，全力打造高起点、高水平、创新型的示范性重点项目，提升中心枢纽和集聚辐射功能，充分发挥项目在推进中国"一带一路"倡议、西部大开发和长江经济带战略中的重要作用。重庆市成立中新示范项目管理委员会，设立金融服务、航空产业、交通物流、信息通信等四个专门委员会，还专门成立中新示范项目管理局，统一管理中新示范项目。新加坡从贸工部和国际企业发展局抽调专员，成立重庆互联互通项目办公室，主抓该项目的落地。2016年1月，中新双方签约第一批12个项目，金额为65.6亿美元。4月，新加坡贸工部与重庆市政府共同举办了"推进中新（重庆）战略性互联互通示范项目交流会"，中新双方在中国西部实施"一带一路"倡议合作平台机制建成运行。5月签约第二批25个项目，金额为65.8亿美元，努力推动教育、医疗、旅游等领域的深化合作。在2016年中新双方共签约3批，共计60多个重点项目，累计金额达

150多亿美元。中新（重庆）战略性互联互通示范项目对接"一带一路"倡议，在地域范围、规划理念、合作模式产生辐射效应，以重庆市为运营中心的第三个政府间合作项目显示出新加坡对"一带一路"倡议的深度参与。

中新（重庆）战略性互联互通项目的主题是互联互通、现代服务业，为中国西部大开发起到示范性作用，涵盖金融服务、航空、交通物流和信息通信技术等四个领域的合作，中新双边制度、运作和服务便利化和简化，企业能够尽量发挥其潜力。

❀ 一、物流方面

"一带一路"倡议下重庆铁路物流发展以中欧班列为支撑点，北向以铁路为主体，即陆上丝绸之路线路实现了重庆与欧洲之间铁路联通；南向由渝桂新铁路物流和新加坡—欧洲的海运物流形成共同海上丝绸之路线路，实现了重庆与东南亚、欧洲之间的海陆互通。渝桂新陆海联运物流大通道的开通加强了重庆与东南亚市场的联系。2017年7月，陆海新通道首次全程贯通运行，首趟满载22车集装箱货物的班列从重庆出发，经贵阳、南宁到广西北部湾，经10天能到达东盟主要港口，之后通过海运到达新加坡及全球各地。比较重庆—上海—新加坡江海联运模式，其可以缩短20天以上的运输时间，成为中国内陆地区货物出海的快捷新通道。该项目打造重庆跨境物流服务平台，新加坡丰树物流投资4.56亿元在重庆西部物流园建设跨境物流服务中心，定位为国际高端汽车整车及零部件分销中心、跨境电子商务运营中心、现代医药及医疗器械组装及高附加值现代物流平台的建设、运营和管理。西部物流园区正积极申请国际进出口医药口岸。除了三大中心合作项目外，还有3个跨境电商物流的项目，大龙网跨境电商出口基地、嘉民跨境贸易及电子商务物流园和重庆电商电视购物平台，有助于推动物流园成为重庆跨境电商贸易聚集区。渝桂新实现了重庆向南延伸，贯穿中南半岛连接新加坡，经新加坡连接东南亚和欧洲各国，重庆北上的"丝绸之路经济带"和南下"21世纪海上丝绸之路"的无缝对接，为中国大西南乃至西北面向东南亚、欧洲、非洲、大洋洲的对外贸易打通了全球性的国际物流大通道，实现了国际市场的衔接。重庆市与新加坡电信旗下的NCS集团合作的重庆国际铁路枢纽信息互联互通信息化项目，主要内容包括研究"渝新欧"及"泛亚"铁路沿线各国数据和相关信息的互联互通，合作研究整合重庆市对外贸易各个主体间信息和数据的互联互通及整合铁路口岸及物流园区内部政府、企业和居民信息数据互联互通。

❖ 二、空运方面

在空运互联互通建设上，航空运输的时效性和可达性在中新（重庆）互联互通中将充当载体角色，在承载两个地区之间、两个地区与其他地区之间的贸易往来和交流协作中发挥至关重要的作用。重庆至新加坡直飞航线的开通、重庆两江新区与新加坡机场集团正式签订了中新航空物流配套项目战略合作协议书，共建新加坡-重庆国际空运枢纽信息互联互通平台，都体现了空运互联互通的积极成果。重庆江北国际机场有意和新加坡樟宜机场组建合资公司，对即将建成的第三候机大楼进行国际化管理和运营维护。重庆西部航空公司从2016年9月开始，每周运行4趟从新加坡经重庆飞往乌鲁木齐的航班。该航空公司计划不久实现每天有1趟班机从新加坡经重庆飞往乌鲁木齐。新加坡樟宜国际机场往返中国航线市场扩大，其中重庆客流量增幅最大，达160%，每周往返航班从8趟增至34趟。重庆市依托"渝新欧"和航空口岸，推进中新国际航运开通，建设重庆航空货运基地，开展面向新加坡等亚太国家的国际货物空铁联运服务；推动对新加坡投资者逐步放开信息通信领域业务的外资股权比例限制。

❖ 三、金融方面

在金融方面搭建跨境投融资平台，进一步拓展融资融通渠道。自中新（重庆）项目启动后仅9个月内，达成金融合作协议总值超过60亿美元，成为规划中四大重点推进领域中发展最快、阶段性成果最显著的一个领域，围绕"现代互联互通和现代服务经济"的主题，金融服务作为重点合作领域之一，中新跨境融资、中新互联互通股权投资基金、渝新航线加密等8个项目已基本落地实施。重庆市与新加坡星展银行合作在海外发债项目，西部物流园与新加坡星展银行合作，拟在新加坡发行期限5年的美元债券，本金5亿美元，搭建跨境投融资平台，进一步拓展现有的融资融通渠道，解决园区自身发展和入园企业的货币需求，促进境外业务快速发展。重庆市大力支持企业赴新加坡上市、发行债券，开展跨境人民币业务；新加坡3家主要银行积极促成重庆和东南亚市场的跨境投资，还牵头参与发行中国西部基建和物流项目的人民币和美元债券，增进新渝金融合作。以新加坡大华银行为例，2018年以来大华银行已促成重庆和东南亚之间的跨境投资额超过5亿元人民币，其中近90%是新加坡和重庆之间的投资项目。

四、搭建人才合作平台

由新加坡和重庆的高校以及重庆两江新区共同建设中新重庆国际联合研究院，使之成为覆盖中国西部的科技研发、成果孵化、学术交流的基地。合作方结合自身的定位、特色和优势，资源互补、信息互换、成果共享。新加坡的高校可依托自身师资和科研优势，着眼于中新合作整体战略，针对重庆需求，组织精干师资队伍，整合相关领域的国际知名专家和学者，协调新加坡政府、企业等有关机构开展人才培养、人员交流、高端咨询及科技成果转化等活动。此外，双方还拟合作筹建"中新国际人才培养与合作交流中心"，为项目可持续发展提供人才培养和技术支撑。

中新双方的第三次政府间合作项目是在苏州工业园区、天津生态城的基础上建成的更符合新加坡对外合作战略和中国区域发展战略以及国际合作趋势的一次新的尝试。重庆不仅处于中国政府十分重视的长江经济带，而且处于中国正在全力提速发展的西部地区。同时，也是中国实施"一带一路"倡议的重要区域，对实现真正意义上的互联互通，改善中国东西部发展不平衡的状态等方面意义十分重大。随着重庆项目的启动与推进，中新两国政府间的合作会越来越多，从经济领域向其他领域拓展，从中国的沿海地区向内陆地区不断拓展，最终实现全方位的互利共赢。

新加坡在"一带一路"倡议中是积极的支持者、实质性的参与者和努力的协调者，发挥着良好的示范作用。随着"一带一路"建设的深入开展，中新双方探讨打通重庆经广西北部湾出海的南向通道，缓解长江目前的货运压力，将广西多年来所致力建设的泛北部湾经济合作纳入南向大通道建设规划中，为中国与东南亚地区的经贸交通和物流合作提供助力。新加坡借助其经济实力和国际影响力，在一定程度对其他东盟国家参加"一带一路"倡议发挥了积极引领作用。新加坡参与大通道建设，推进东南亚地区经济一体化以及东盟其他国家建设，对"一带一路"倡议的长远发展具有积极的先行与导向作用，有助于"一带一路"倡议在东南亚地区乃至沿线地区的顺利实施和推进。

参考文献

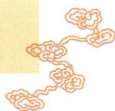

[1] 衷海燕，钟一鸣.新加坡经济社会地理.广州：世界图书出版公司，2014.

[2] 杨言洪."一带一路"黄皮书（2014）.北京：社会科学文献出版社，2015.

[3] 刘雁琪.旅游目的地概括况.北京：旅游教育出版社，2015.

[4] 陈荣顺，李东珍，康仁成.清水绿地蓝天：新加坡走向环境和水资源可持续发展之路，北京：团结出版社，2013.

[5] 新加坡国家档案馆.李光耀执政方略.北京：人民出版社，2015.

[6] 毕世鸿.新加坡概论.广州：世界图书出版公司，2012.

[7] 林远辉.新加坡马来西亚华侨史.广州：广东高等教育出版社，1991.

[8] 李路曲.新加坡现代化之路：进程、模式与文化选择.北京：新华出版社，1996.

[9] 吕元礼.新加坡为什么能：一党长期执政何以保持活力、廉洁.南昌：江西人民出版社，2007.

[10] 李光耀.经济腾飞之路：李光耀回忆录.北京：外文出版社，2001.

[11] 鲁虎.列国志·新加坡.北京：社会科学文献出版社，2004.

[12] 姜士林，鲁仁，刘政.世界政府辞书.北京：中国法制出版社，1991.

[13] 王瑞贺.新加坡国会.北京：华夏出版社，2002.

[14] 塞缪尔·菲利普·亨廷顿.第三波：20世纪后期民主化浪潮.刘军宁，译.上海：上海三联书店，1998.

[15]　《联合早报》. 李光耀40年政论选. 北京：现代出版社，1994.

[16]　吕元礼，等. 鱼尾狮智慧：新加坡政治与治理. 北京：经济管理出版社，2010.

[17]　韩福光. 李光耀：新加坡赖以生存的硬道理. 北京：外文出版社，2013.

[18]　张骥，董立彬，张泗考. 新加坡现实主义外交论纲. 北京：世界知识出版社，2011.

[19]　李一平，周宁. 新加坡研究. 北京：国际文化出版社，1996.

[20]　董秀丽. 中国周边国家文化外交：东南亚卷. 北京：世界知识出版社，2015.

[21]　张跃，张琨. 新加坡文化概论. 广州：世界图书出版公司，2014.

[22]　涂成林，史啸虎，等. 国家软实力与文化安全研究. 北京：中央编译出版社，2009.

[23]　古小松. 东南亚：历史、现状、前瞻. 广州：世界图书出版公司，2013.

[24]　张晓希. 比较文学与比较文化研究丛刊. 1辑. 北京：中央编译出版社，2013.

[25]　赵和曼. 东南亚手册. 南宁：广西人民出版社，2000.

[26]　北京大学法律系宪法教研室. 东南亚国家联盟各国宪法. 北京：商务印书馆，1979.

[27]　金湘. 腾飞的东盟六国. 北京：时事出版社，1995.

[28]　中华文化通志编委会. 中华文化通志（中国与东南亚文化交流志）. 上海：上海人民出版社，2010.

[29]　敦斯利拉囊. 马来纪年增订版. 许云樵，译. 新加坡：新加坡青年书局，1966.

[30]　哈. 弗. 皮尔逊. 新加坡史. 《新加坡史》翻译小组，译. 福州：福建人民出版社，1972.

[31]　柯木林. 新加坡华人通史. 福州：福建人民出版社，2014.

[32]　许心礼. 各国手册丛书：新加坡. 上海：上海辞书出版社，1983.

[33]　康斯坦丝·玛丽·藤布尔. 新加坡史. 欧阳敏，译. 上海：东方

出版中心，2013.

[34] 万龙. 堡垒的陷落：新加坡之战. 西安：三秦出版社，2016.

[35] 米尔顿·奥斯本. 东南亚史. 郭继光，译.北京：商务印书馆，2012.

[36] 毕世鸿. 太平洋战争期间日本对东南亚的经济统制. 北京：社会科学文献出版社，2012.

[37] 米良. 东盟国家宪政制度研究. 昆明：云南大学出版社，2006.

[38] 王瑞贺. 新加坡国会. 北京：华夏出版社，2002.

[39] 刘振平. 新加坡华文教学研究. 南京：南京大学出版社，2014.

[40] 殷强. 东盟舞蹈艺术. 南宁：广西师范大学出版社，2016.

[41] 林积. 新加坡价格管理概述. 广州：广东人民出版社，2013.

[42] 马小丽. 民族地区职业技术教育与经济互动发展研究. 成都：四川大学出版社，2013.

[43] 金正昆. 涉外礼仪教程. 3 版. 北京：中国人民大学出版社，2014.

[44] 李荣建. 社交礼仪. 4 版. 北京：清华大学出版社，2018.

[45] 苏志武，丁俊杰. 亚洲传媒研究（2003 年）. 北京：北京广播学院出版社，2004.

[46] 赵靳秋，郝晓鸣. 新加坡大众传媒研究：媒介融合背景下传媒监管的制度创新. 北京：中国传媒大学出版社，2012.

[47] 雷跃捷，张彩. 国际新闻频道研究. 北京：中国广播电视出版社，2013.

[48] 李健，兰玺. 新加坡社会保障制度. 上海：上海人民出版社，2011.

[49] 陈耀东. 房地产法. 上海：复旦大学出版社，2006.

[50] 陈岳，陈翠华. 李光耀：新加坡的奠基人. 北京：时事出版社，1990.

[51] 龚晓辉. 马来西亚概论. 广州：世界图书出版公司，2012.

[52] 刘建立. 李光耀传. 长春：时代文艺出版社，2003.

[53] 龙坚. 新加坡华商之文化资本的积累与转换. 厦门：厦门大学出版社，2013.

[54] 陈国贲. 华商：族裔资源与商业谋略. 香港：中华书局，2010.

[55]　周维宏，唐衡，等. 亚洲都市农业发展的国际比较研究. 北京：世界知识出版社，2014.

[56]　刘东民，何帆，张春宇，等. 中国海洋金融战略. 北京：中国计划出版社，2016.

[57]　张青. 出使新加坡：情系东南亚之一. 北京：中央文献出版社，2002.

[58]　杨晓强. 东盟发展报告（2014）. 北京：社会科学文献出版社，2014.

[59]　陆建人，范祚军. 中国-东盟合作发展报告2014—2015. 北京：中国社会科学出版社，2015.

[60]　崔晓麟. 东盟黄皮书：东盟发展报告（2013）. 北京：社会科学文献出版社，2014.

[61]　魏炜. 李光耀时代的新加坡外交研究（1965—1990）. 北京：中国社会科学出版社，2007.

[62]　曹云华，鞠海龙. 南海地区形势报告（2011—2012）. 北京：时事出版社，2012.

[63]　龚缨晏. 鸦片的传播与对华鸦片贸易. 北京：东方出版社，1999.

[64]　马士. 东印度公司对华贸易编年史. 区宗华，译，广州：中山大学出版社，2015.

[65]　林远辉，张应龙. 新加坡马来西亚华侨史. 广州：广东高等教育出版社，2008.

[66]　岩崎育夫. 新加坡华人企业集团. 刘晓民，译. 厦门：厦门大学出版社，2001.

[67]　杨宏恩，朱秀云，张晖，等. 中国与东亚经济关系. 北京：社会科学文献出版社，2007.

[68]　高歌. 东南亚经济与贸易. 长沙：中南大学出版社，2016.

[69]　韦民，周强武，王春生. 中日关系与亚太经合趋向·博弈·应对. 北京：中央财政经济出版社，2016.

[70]　中国世界贸易组织研究会. 中国世界贸易组织年鉴2013年. 北京：中国商务出版社，2013.

[71]　熊灵，谭秀杰. "一带一路"建设：中国与周边地区的经贸合

作研究（2016—2017）. 北京：社会科学文献出版社，2018.

[72] 沈北海. 泛北部湾区域合作研究中国-东盟"一轴两翼"新格局. 南宁：广西人民出版社，2007.

[73] 古小松. 中国与东盟交通合作战略构想：打造广西海陆空交通枢纽. 北京：社会科学文献出版社，2010.

[74] 黄成授，陈洁. 亚洲史的创新范式：中国与东盟的合作共赢. 南宁：广西人民出版社，2011.

[75] 赖玛. 广西北部湾港口物流发展战略研究. 北京：中国经济出版社，2009.

[76] 周英虎. 连接中国-东盟自由贸易区的桥梁：广西通道经济研究. 北京：中国财政经济出版社，2008.

[77] 胡建华，覃洁贝，吴金艳. 南宁蓝皮书：南宁经济发展报告（2016）. 北京：社会科学文献出版社，2016.

[78] 王江雨. 威权体制下的"司法独立"：新加坡司法体制对中国的启示. 中国法律评论，2014（01）.

[79] 范姣艳. 新加坡多元文化背景下的民族法治之借鉴. 湖北民族学院学报（哲学社会科学版），2016（06）.

[80] 王学风. 新加坡宗教和谐的原因探析. 东南亚纵横，2005（09）.

[81] 岳文可. 新加坡宪法初探. 法制与经济，2016（09）.

[82] 王正强. 联合、整合、融合：新加坡媒体融合与转型发展的经验与启示. 新闻前哨，2016（02）.

[83] 厉伟. 中国与新加坡的政府间合作及经贸关系. 现代国际关系，2017（09）.

[84] 罗梅. 新加坡2017年经济回顾与2018年展望. 东南亚纵横，2018（01）.

[85] 刘昌明. 多重身份视角下的新加坡南海政策与中新关系的走向. 当代世界社会主义问题，2018（01）.

[86] 李忠林. 美国-新加坡海洋安全合作新姿态. 国际论坛，2018（01）.

[87] 钱耀军. 中国与新加坡贸易合作研究：基于"21世纪海上丝绸之路"战略背景. 调研世界，2018（04）.

[88]　王虎，李明江. 支持、参与和协调：新加坡在实施"一带一路"倡议中的作用. 南洋问题研究，2016（04）.

[89]　韩惠民. 中远海运：乘"南向通道"之机，打造"一带一路"海陆新干线. 中国远洋海运，2018（05）.

[90]　陈秀莲，张静雯. 中国−东盟港口互联互通建设存在问题与对策. 对外经贸实务，2018（02）.

[91]　磨虹任. 广西区域物流整体情况透视. 物流科技，2018（01）.

[92]　LEE K W, HAN H F. Lee Kuan Yew: Hard Truths to Keep Singapore Going. Singapore：Straits Times Press，2011.

[93]　LEE K Y. The Singapore Story: Memories of Lee Kuan Yew. Singapore：Times Editions，1998.

[94]　CHIA S Y. ASEAN Economic Cooperation：Singapore's Dilemma, Contemporary Southeast Asia, Vol. 2, No. 2.

[95]　JOHN S T. Quah, Singapore, in edited by John Funston, government and politics in Southeast Asia, Singapore：institute of Southeast Asian studies.

[96]　LEE K Y. The Singapore story: memories of Lee Kuan Yew. Singapore：Singapore Press Holdings，1998.

[97]　KENNY J. A history of Malaya（A. D. 1400—1959）. St. Martin's Press, New York, 1967.

[98]　SAVAGE V R, HUANG S, CHANG T C. The Singapore river thematic zone：sustainable tourism in an urban context. The Geographical Journal, 2004, 170.

[99]　LEIFER M. Singapore's Foreign Policy: Coping with Vulnerability, New York：Routledge, 2000.

[100]　KUIK C C. The essence of hedging：Malaysia and Singapore's response to a rising China, contemporary Southeast Asia, Vol.30, No. 2, 2008.

[101]　SANDERSON C. Singapore and Europe：From Strength to Strength, the Commonwealth Journal of International Affairs, 2015, Vol. 104, No. 4.

[102]　ALLISON C, SUSSEX M.Energy transit states and maritime

security in the Malacca Strait: the case of Singapore, Australian Journal of Maritime Oceans Affairs, 2012.

[103] KHOO L. Singapore can leverage a Reviewed Silk Road, Straits Times, Nov. 11th, 2014.

[104] CHONG K P. The Singapore Connect in "One Belt, One Road" Initiative, Straits Times, July 28th, 2015.

[105] CHAN Irene. China's Maritime Silk Road: The politics of routes, ESIS Commentary, No. 051, March 12th, 2015.

本书是

　　广西民族大学相思湖青年学者创新团队项目"一带一路"倡议下广西海洋经济发展与海外华侨华人研究创新团队的研究成果

　　教育部区域与国别研究基地(东盟研究中心)的阶段性研究成果

　　广西民族大学东盟学院新加坡研究所的阶段性研究成果

　　广西致公东盟研究中心的阶段性研究成果